MW01114330

Martin Hagenmaier

Man will wissen, was dahintersteckt

Nachdenken über
Religion und Philosophie

Bibliographische Informationen der Deutschen Bibliothek

Die Deutsche Bibliothek verzeichnet die Publikation in der Deutschen Nationalbiographie; detaillierte bibliographische Daten sind im Internet unter http:/dnb.d-nb.de abrufbar.

Herstellung und Verlag: BoD – Books on Demand, Norderstedt

ISBN: 9783756226627

Die Abbildungen stammen – bis auf die gekennzeichneten – vom Autor.

Inhalt

Einleitung

Bei einer Autofahrt in Berlin Tempelhof war ich etwas verwirrt, als auf der sechsspurigen Fahrbahn auf beiden Seiten die rechte Fahrbahn neben dem Parkstreifen zum Teil doppelt zugeparkt war - und das über mehr als einen Kilometer. Was für eine Großveranstaltung?! Es war Freitagmittag, die Moschee und eine Masse Menschen kamen in Sicht. Welche unabsichtliche Demonstration dessen, was Religion bedeuten kann! Alleine die Menge der Menschen und ihrer Fahrzeuge zeigten Sichtbarkeit und Macht. Wer dagegen an einem normalen Sonntag irgendeine Kirche aufsucht, der zählt ein paar Einzelne, die sich in einer großen Kirche verlieren. Dennoch haben die christlichen Kirchen immer noch, wenn auch schwindende, strukturelle Macht, wie sich etwa an der Beschränkung der Ladenöffnung an Sonntagen oder an der Bewertung von sonstiger Sonntagsarbeit zeigen ließe.

Eine Anleihe an frühere Vorstellungen nahm der russisch-orthodoxe Patriarch von Moskau im Hinblick auf den Ukrainekrieg 2022. Er bezeichnete die von Russland überfallenen Ukrainer und ihre Soldaten als „Kräfte des Bösen"[1] und positionierte damit das Christentum als Wahnvorstellung aus einer finsteren Vergangenheit. Und er sagte, es gehe beim Ukrainekrieg um das Seelenheil im Jüngsten Gericht. „Die orthodoxe Kirche bestehe auf einer von Gott gestifteten Werteordnung und distanziert sich von der säkularen Auffassung von Menschenrechten."[2]

Religion war vorher den einen nur aus der gesellschaftlichen Auseinandersetzung über die Migration bekannt. Andere sehen sie als Privatsache an, die im Grundgesetz geschützt wird. Wer konfirmiert, gefirmt oder kirchlich getraut wurde, hat eine Idee davon, dass die Kirchen etwas damit zu tun

---

[1] Orthodoxer Patriarch bezeichnet ukrainische Soldaten als "Kräfte des Bösen" (deutschlandfunkkultur.de), 27.02.2022.
[2] Kerstin Holm, Feldzug gegen die Sünde, aktualisiert am 08.03.2022. Russlands Patriarch: Ukraine-Krieg als Kampf gegen die Sünde (faz.net).

haben. Wer kirchlich sozialisiert ist und einen Teil seiner Kindheit oder Jugend in kirchlichen Kreisen verbracht hat, hat u.U. ein ganz positives Bild von Religion. Bezieht jemand seine Identität aus dem Eintauchen in die Moscheegemeinde, lebt er darin. Wie - das wissen wir - die anderen - noch nicht so recht.

Ganz anders aber sieht das jemand, der in kirchlichen Zusammenhängen missbraucht wurde. Wessen Gedächtnis ein paar Jahre zurückreicht, weiß vielleicht, dass Religion auch als Begründung dient, um mit einem Lastwagen Menschen tot zu fahren. Manche haben Angst vor Religionen bzw. den Menschen, die sie vertreten. In einer Buchbesprechung kam der Satz vor, man müsste vielleicht „weniger Religion wagen".[3] Ob Religionen gar gefährlich sind, fragte ein Autor per Buch.[4] Aus dem Geschichtsunterricht weiß man, dass es Zeiten gab und gibt, in denen Religionskriege die Menschheit plag(t)en und religiöse Zugehörigkeiten politische Handlungsweisen von Herrschern zu dominieren schienen. Für Europa war das trotz zeitlicher Nähe im „dreißigjährigen Krieg" (1618-1648) zumindest im zweiten Teil des 20igsten Jahrhundert fernste und finsterste Vergangenheit – bis auf Rudimente in Nordirland und im ehemaligen Jugoslawien.

Aber mehr oder weniger offizielle Religionsvertreter aller Religionen sind sich einig: Religion ist für gute Moral und für menschliches Zusammenleben nicht nur förderlich, sondern sogar Ausschlag gebend. Daher tut jeder Staat gut daran, Religionsfreiheit zu gewähren und ihre jeweilige Ausübung unter Schutz zu stellen. Warum dafür nicht die Grundrechte ausreichen, das hat in Europa Gründe in den historischen Auseinandersetzungen zwischen den (einst) mächtigen Institutionen Kirche und staatliche Herrschaft, die beide den gan-

---

[3] Siehe „druckfrisch" in der ARD am 25.11.2018, https://www.daserste.de/information/wissen-kultur/druckfrisch/top-ten/sachbuch-108.html.
[4] Schieder, Rolf, Sind Religionen gefährlich? Berlin: University Press 2008.

zen Menschen für sich beanspruchten. Darin liegt auch der Grund dafür, dass Religion bis heute in Deutschland ein ordentliches Lehrfach ist oder die Kirchen Zutritt zu Anstalten, Militär und öffentlichem Diskurs grundrechtlich garantiert bekommen. In anderen Weltregionen denkt man gar nicht daran, Religion frei zu geben. Dort bildet sie ein Herrschaftskonstrukt wie etwa im so genannten Gottesstaat Iran. Wenn man dort genauer hinzuschauen versucht, findet man, dass die Religion oft eine Art Gloriole für bedrohendes oder verbrecherisches Handeln sein kann. Im Übrigen wird dort knallharte Interessenpolitik von Religionsvertretern gemacht. Wer das will, dem fallen dazu auch weitere Staaten ein – zuletzt im christlichen Bereich ein Teil der USA. Bemerkenswert erscheint dabei eine Parallele, die diese Staaten verbindet: Sie verhängen und vollziehen die Todesstrafe (religionsübergreifend) und treffen sich in diesem Punkt mit China.

Wenn man so über die Religion nachdenkt, muss man feststellen: Es gibt heute nicht mehr „die Religion", sondern nur „die Religionen". Noch vor vierzig Jahren war ein konfessioneller Ansatz im Religionsunterricht völlig unbestritten. Rein rechtlich und praktisch ist er es auch heute noch. Das Selbstverständnis der Lehrenden hat sich aber doch verändert. War früher der Inhalt 'andere Religionen' etwas Exotisches, so spricht man heute über seine Nachbarn. Im öffentlichen und medialen Diskurs steht der Islamismus mit seiner gewalttätigen Ausprägung an erster Stelle. Alle Religionen, zumal auch die islamische, betonen immer wieder, sie hätten damit nichts zu tun und würden gar missbraucht.

Dass ein solch - euphemistisch gesagt - vielfältiges Bild Religion darstellt, macht es nicht leicht, sich damit auseinanderzusetzen und eine eigene begründete Sicht dessen zu entwickeln, was Religion ist. Aber: Ist es überhaupt hilfreich, eine „begründete Sicht" von Religion zu haben? Religion fühlt man mit/in seinem Leben. In mittelalterlicher Zeit war - so denken und glauben wir heute - „die Religion" die eigene, in diesem Falle christliche, und ihre Wahrheit die Wahrheit. Es gab in diesem Weltbild keinen Grund, Religion von außen zu betrachten. Leben, Denken und Glauben spielten sich innerhalb dieser Wahrheiten und daraus gebildeten Institutionen und Machtverhältnissen ab. Wer das nicht wollte oder nicht hineingeboren war, wurde im Zweifelsfalle zwangsmissioniert, zum Widerruf gezwungen oder als Ketzer bekämpft und möglicherweise verbrannt.

Das war nur in der Zeit der zwischen dem 10. und 12. Jahrhundert unter muslimischer Herrschaft anders. Da gab es in Andalusien fruchtbare Zusammenarbeit zwischen Muslimen, Juden und Christen. Sie bekehrten sich nicht gegenseitig, sondern setzten sich z.B. in der Philosophie und weiterer Wissenschaften auseinander, lasen gegenseitig ihre Schriften. Alle bezogen sich auf Aristoteles. Sie vertrauten der Vernunft als gemeinsamer Basis. Diese Zeit aber ging durch die Herrschaft der Almohaden, einer muslimischen Dynastie der Berber, im zwölften Jahrhundert zu Ende.

Mit dem Humanismus und der Reformation änderte sich das Religionsverhältnis in der christlichen Welt. Die dann nicht mehr eine (katholische) Christenheit war nun zumindest geteilt und man konnte dem jeweils anderen beim Glauben zuschauen, ohne ihm zustimmen zu müssen, zu wollen oder zu können. (Warum übrigens das Schisma, die Abspaltung der orthodoxen Kirche (1054), diese Wirkung nicht hatte, wurde bisher nicht untersucht.) Die auf diese Weise konfessionell veränderte Situation schuf den Grund für allmählich und langsam zunehmende Freiheit im Glauben. Denn es gab zunächst zumindest eine konkrete Alternative. Machtkämpfe um die Wahrheit, d.h. Macht und Recht, aber entbrannten nun zwischen verschiedengläubigen Herrschern in Europa, nicht mehr überall in der kirchlichen Innenwelt (Inquisition) oder zwischen kirchlicher und weltlicher Macht. Die weltliche gewann die Hoheit und begann, „der Religion" ihren privilegierten Platz im Staat zuzuweisen.

Religionsphilosophie und Religionswissenschaft vermitteln keinen Glauben, sondern denken darüber nach, was Religion und / oder Glaube begrifflich darstellt. Der von außerhalb gerichtete Blick kann Religionsphilosophie oder Religionswissenschaft genannt werden. Er verbindet sich aber mit dem Blick aus der eigenen Erfahrung des gemeinsamen Lernens. Das Verstehen und Darstellen von Inhalten verschiedener Religionen in ihren Texten, ihre Beurteilung und Bewertung und die Erarbeitung einer eigenen Sicht bilden dabei den Schwerpunkt. Der Religionsphilosophie geht es vorerst um die Erarbeitung einer Perspektive auf Religion, den Begriff, die Form und das Kennenlernen einiger Konzepte religionsphilosophischer Art. Dann folgt die Diskussion um den Atheismus, danach um den Fundamentalismus als eine Art der „Religionsausübung" mit direkter Umsetzung des Gotteswillens, mit der man sich auch theoretisch auseinandersetzen muss.

Viele Teile eines neuen Textes bestehen aus der Beschäftigung mit Gelesenem. Meiner Auffassung nach sollte man fremde Gedanken, selbst wenn sie den eigenen entsprechen, möglichst exakt abgrenzen und daher häufig zitieren, statt einfach zu referieren. Die Aufregung um die so genannten 'Plagiat - Dissertationen' in politischen Kreisen, in denen seitenweise fremde Texte ohne Kennzeichnung übernommen wurden, ist für mich der Anlass zu diesem Verfahren. Sorgfältiger Umgang mit Texten wird gerade im Zeitalter des weltweiten Netzes immer wichtiger und gehört zur sauberen Denkarbeit. Oft stellen Textausschnitte das Gemeinte besser vor als eigene Versuche der Zusammenfassung.

Die Religionsphilosophie beschäftigt sich vor allem mit dem Gottesbegriff und den Fragen der Erkennbarkeit Gottes. Dadurch muss sie sich aber auch um die Erkenntnisfähigkeiten des Menschen kümmern. Ob die menschliche Erkenntnis aus der Betrachtung der wahrnehmbaren Welt entsteht, der sie selber entstammt, oder ob sie auf einer vorgegebenen und angeborenen Vernunft aufbauen kann, spielt eine Rolle. Kommt man also zur Religion, zum Glauben an Götter oder Gott, durch Fantasie, Rückschluss, Projektion, Begegnung, Wahrnehmung oder Erkenntnis? Das sind spannende Fragen, die die Menschheit und ihre Geistesarbeiter seit Jahrtausenden beschäftigen. Ihre Antworten haben sich mit der Zeit kaum verändert. Sie sind aber natürlich sprachlich und in der Gedankenführung je nach Zeit, gesellschaftlichen Umständen oder wissenschaftlicher Überzeugung sehr verschieden formuliert.

Mit dem Inhalt dessen, was mit Gott gemeint ist, hat sich auch der Schriftsteller Navid Kermani beschäftigt. Da geht es nicht um Erkennbarkeit und Definition, die stets etwas ausgrenzen oder für das geistige Instrumentarium nicht zugänglich erklären. Da geht es um Wahrnehmung, Erzählung, innere Bewegung und die großen Bilder der religiösen Überlieferungen.

„Der Islam oder das Christentum oder das Judentum oder irgendeine andere Religion ist schließlich nicht in Büros entstanden, in Bibliotheken oder in Klassenzimmern. Die Religionen sind entstanden, wo Menschen sich in der Natur umgeschaut haben oder sich um ihre Liebsten sorgten, als sie selbst krank waren, hungerten oder sich verloren fühlten, bei der Geburt ihres Kindes oder beim Tod der Eltern, also mit den wichtigsten Ereignissen, die es im Leben eines Menschen gibt."[5]

Von Gott redet man nicht in Formeln und logischen Schritten, sondern mit seinen „Lebens-Erfahrungen", mit dem Unsagbaren, mit Gleichnissen und Gefühlen. Kermani hält Gott für einen Dichter. Daher lässt er sich nicht in Logiken oder Definitionen einfangen, sondern in Paradoxien oder Gleichnissen – also oft unlogischen Inhalten.[6]

---

[5] Navid Kermani, Jeder soll von da, wo er ist, einen Schritt näher kommen. Fragen nach Gott, München: Carl Hanser Verlag 2022, 11.
[6] A.a.O., 63.

In christlichen Gebieten fand man noch vor nicht allzu langer Zeit eine „Volksreligion" höchst einfacher Art: In einem schwäbischen Dorf gab es einen evangelischen Pfarrer, der so vernünftig war, sich während einer Trockenphase in den 1950iger Jahren gegen den Wunsch zu wehren, in einem Gottesdienst um Regen nachzusuchen. Die Bauern setzten ihm zu, weil sie ihre Existenz durch Wassermangel bedroht sahen. Es ging mit der aufgeklärten Position des Theologen gut, bis sich die Stimmen häuften, der Pfarrer im Nachbardorf habe schon zweimal einen Bitte-um-Regen-Gottesdienst gehalten. Und – hat es dann geregnet? hieß die aufgeklärte Gegenfrage. Schließlich aber gab er dem Wunsch der gesamten Gemeinde nach und betete öffentlich um Regen. Ich fand das schon als Kind irgendwie peinlich. Das ganze Dorf aber war sehr zufrieden. Ein paar Wochen später regnete es tatsächlich. Der evangelische Theologe sagte dazu: Das wäre sowieso passiert. Wenn das nicht so wäre, müsste man Gott sehr kritisieren, da er seine „Pflicht" versäumt, die Ernährung der Menschen durch gezielte Bewässerung sicherzustellen. Das kann ja heute jeder Kleingärtner mit seinem Bewässerungssystem und der zu gehörigen App - sofern er Wasser beschaffen kann. An letzterem mangelt es Gott sicher nicht. Wenn es also nicht regnet - ist es Gottes Wille oder zumindest ein Hinweis für die Menschen, wenn nicht eine Strafe? Diese religiöse Logik ist Theologen eher peinlich.

Der Philosoph spricht vom unvernünftigen Gottesbild: Warum sollte Gott es regnen lassen, nur weil ein Pfarrer und einige Amtsbrüder auf der Alb darum bitten. Sollte Gott tatsächlich schwäbisch verstehen und den Regen so ausrichten, dass er nur die „betenden Regionen" betrifft? Peter Sloterdijk hat das treffend zusammengefasst: „Häufiger sind es die Sterblichen, die die Hilfe höherer Kraftquellen ansuchen – dann richten sie die Bittopfer aus, die man nicht erst in der Aufklärung als Versuche zur Bestechung des Jenseits gedeutet hat. Tatsächlich gehorchten solche Opfer seit je einer Logik der Spekulation auf

Abfindung: Hackt man sich selbst einen Finger ab, verzichten die Götter vielleicht darauf, das ganze Selbst zu nehmen."[7]

Der Streit um die Wahrheit ist in diesem Segment schon lange entschieden. Das hindert jedoch auch im 21. Jahrhundert Mitmenschen nicht daran, Pastor*innen zu fragen, ob sie nicht genug gebetet haben, wenn es leider immer wieder zu geplanten Grill-Termin regnet. – Nicht immer handelt es sich um einen kleinen, ziemlich doofen, Spass. In der Klimakrise bezieht sich dann die Frage eher auf das Zuviel an Sonne und zu wenig Regen oder die unvorhergesehene Flut.

Was bedeutet das alles für theologische und philosophische Versuche zur Religion? Hat Gott nun die Welt menschenzentriert geschaffen oder ist das gerade diese Einbildung das Problem der Menschheit? Man muss nicht das eine für richtig und das andere für falsch halten, sondern kann beides bedenken. Darin liegt der „Fortschritt": Dass Menschen nicht um jeden Preis der je eigenen Religion ‚verhaftet' bleiben müssen. Sie können alle Glaubensmodelle, Methoden und Kenntnisse nutzen, um sich ihre Anschauung der Welt zu bilden. Der Preis dieser Freiheit liegt im Verzicht auf die Absolutheit bzw. absolute Sicherheit der jeweiligen Anschauung. Für die Religionen bedeutet das einen Schritt zur „Zivilisierung", in dem sie den Frieden vor ihre Wahrheit stellen.[8]

Für die Menschheit folgt daraus eine globale Unsicherheit über den Zweck der Veranstaltung. Wenn zufällige Planlosigkeit hinter der Entstehung der Menschheit Regie führen sollte, dann können die Menschen durch Evolution auch wieder von der Erde verschwinden. Dessen wird sich die Menschheit soeben bewusst. Die unausweichliche Nachbarschaft der Menschen und ihr Ressourcenverbrauch zwingt sie ebenso

---

[7] Peter Sloterdijk, Den Himmel zum Sprechen bringen. Über Theopoesie, Berlin, Suhrkamp Verlag, 1. Taschenbuchauflage 2022, 71.
[8] Ulrich Beck, Der eigene Gott. Friedensfähigkeit und Gewaltpotential der Religionen, Frankfurt und Leipzig: Verlag der Weltreligionen 2008, 111, 238f.

zu dieser „Einsicht" wie die gemeinsame Erfahrung der Klimakrise.

Manche möchten den eigenen Absolutheitsanspruch behalten und betonen ihn nachdrücklich und „unzivilisiert" bis hin zum Terrorismus. Nicht nur der Islamismus steht dafür, sondern auch der Patriarch aus Moskau. Manche möchten weiterhin die Menschheit als „Krone der Schöpfung" verstehen, für die und auf die hin alles „geschaffen" ist. Da erscheint die Evolutionsthese als „Beleidigung" Gottes und der Menschen. Wenn die Menschheit (nur) Ergebnis einer blinden Evolution unter den Bedingungen des Überlebens der Fittesten sein sollte, überlebt sie nur, solange sie sich als fit erweist. Das grundsätzliche Vertrauen ewiger Fortdauer des Lebens kommt nicht mehr aus dem Glauben an den Zweck der „guten Schöpfung" und der ihr innewohnenden allgeltenden Vernunft. Die Fortdauer des Lebens in seiner gegenwärtigen Gestalt unterliegt nun fast ganz dem „Wohlverhalten" der Menschen im Hinblick auf die begrenzten Daseinsräume auf der Erde. Der Club of Rome präsentiert dafür ein „Überlebensmodell", das die soziale Frage in den Mittelpunkt stellt. Damit tritt eine nahezu „absolute" Erkenntnis auf, die alles leitet: Wenn Menschen sich nicht selbstbeschränkend und ihre sozialen Verhältnisse ordnend in die ökologischen Zusammenhänge einfügen, bedrohen sie sich selbst und alle.[9] Die Menschheit wird zum Risiko für die gesamte Schöpfung bzw. Evolution. Die „Risikogesellschaft"[10] als Unsicherheit für die Lebensplanung des Individuums (im nationalen Rahmen) hat sich in das Schöpfungsrisiko „Menschheit" gewandelt. In der „Metamorphose der Welt"[11] müssen nicht nur „die Gesellschaften" entnationalisiert gedacht werden. Die Mensch-

---

[9] Sandrine Dixson-Declève, u.a., Earth for All, Ein Survivalguide für unseren Planeten, Der neue Bericht an den Club of Rome, 50 Jahre nach „Die Grenzen des Wachstums", München: oekom verlag 2022.
[10] Ulrich Beck, Risikogesellschaft. Auf dem Weg in eine andere Moderne Taschenbuch, Berlin: Suhrkamp Verlag, 23. Auflage 2016.
[11] Ulrich Beck, Die Methmorphose der Welt, Berlin: Suhrkamp Verlag 2016.

heit in der Welt setzt sich selber aufs Spiel, was auch immer sie denkt und woran auch immer sie glaubt.

1. Vorgeschichtliche Zeugnisse vom Glauben

Von christlich - the-
ologischer Seite
wird immer wieder
behauptet, dass
irgendeine Art von

Höhlenlöwen - Chauvet-Höhle

Glauben das menschliche Leben kennzeichnet. Genaueres
können wir darüber aus schriftlichen Quellen erfahren, die
aber nur jeweils das wiedergeben, was der jeweilige Autor
dachte. Insofern können Aussagen über ein wesentlich zum
Menschen gehörendes Glauben irgendwelcher Art immerhin
hohe Wahrscheinlichkeit beanspruchen. Es hat offenbar zu
allen Zeiten, die überliefert sind, eine Art von Glauben gegeben, die Gruppen oder Gruppenverbände, Völker oder Gesellschaften gemeinsam ausgeübt haben. Insofern sind sie
auch beschreibbar. Es handelt sich um ritualisierte Verehrun-
gen, Riten oder Zusammenkünfte an bestimmten Orten. Die
Orte sind überliefert durch Bauten aus Holz oder Stein, die
archäologisch erschlossen sind, oder auch in Form von Höhlen. Weil bei den älteren Zeugen die Schriftlichkeit fehlt, sind

ltdarstellung - Chauvet-Höhle /Bild - google

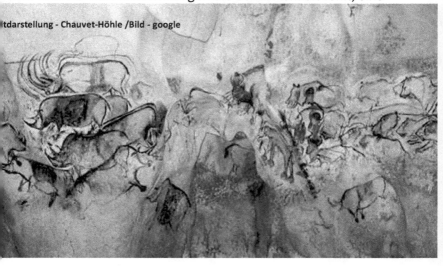

wir auf Interpretationen vorhandener Zuordnungen, Gravuren, Bilder, Schnitzfiguren oder Zeichnungen angewiesen.

So sieht man auf Höhlenzeichnungen, die bis zu siebenunddreißigtausend Jahre (Paläolitihicum: Aurignacien) alt sein mögen, Tiere, Jagdszenen, Hände oder einfach Striche. Sie können als Darstellung von Tieren, welche die Menschen jagten, angesehen werden oder aber als Bannung von Gefahr für Menschen durch diese Tiere oder als Verehrung und Anlass für Zusammenkünfte zu Ehren des Jägers oder des Gejagten. Hände können auch einfach nur Selbstdarstellung oder Copyrightvermerk des Künstlers sein. Sie könnten auch zur Abwehr von „Unbefugten" dienen.

Wenn man die Höhlenmalereien heute anschaut, kann man nur fasziniert sein, unter welchen Bedingungen und mit welchen Mitteln die Künstler dieses Zeitalters in der Steinzeit ihre Werke an die Wände brachten. Daher sind wir auch bereit, ihnen tiefere Bedeutung beizumessen. Es können nicht einfach Grafitis gewesen sein, die aus Langeweile oder Schlaflosigkeit in langen Nächten Zeit, vielleicht Einsamkeit oder Angst vertrieben haben. Steckt also ein bestimmter Glaube oder ein Ritual dahinter? Waren vielleicht Schamanen am Werk und was haben sie dort für wen getan? Handelte es sich um Kunst unter Drogen oder anderen Ausnahmezuständen? Das lässt sich aus unserer Sicht nur phantasieren.

Jedenfalls liegt das vermutete Religiöse in einer Verbildlichung und Symbolisierung von Mitgeschöpfen und von sich selbst sowie Mischformen.

In einer Titelgeschichte griff der Spiegel das anscheinend „plötzliche" Auftreten künstlerischer Aktivitäten der Menschen auf. „Wer diese Höhlenbilder sieht, ahnt etwas von der Sehnsucht ihrer Urheber. Sie hielten Wünsche fest. In Chauvet[12] wird das Bestiarium der Natur zum Stillleben erlöst. Was sonst flieht, rast und davonstiebt, ob Pferd oder Hirsch - im Flackerlicht urzeitlicher Fettfunzeln war es harmonisch erstarrt und in die Ewigkeit entrückt."[13]

Noch ältere Schnitzereien könnten als Andenken, Symbol, Talisman oder heiliger Gegenstand benutzt worden sein. Menschen-, Tier- und Mensch-Tier-Darstellungen, auch funktionsfähige Flöten wurden in schwäbischen Albhöhlen aus der Altsteinzeit gefunden (eingeordnet von 42.000 bis 43.000 vor unserer Zeit) und ergaben ein Bild von damaliger Kultur. „Ob diese Innovationen, die auf der Alb bestens belegt sind, durch den Einfluss von klimatischem Stress, der Konkurrenzsituation mit einer anderen Menschenform oder anderen sozio-kulturellen Dynamiken ausgelöst wurden, bleibt weiter zentral im Fokus der Forschungen der Wissenschaftler aus Tübingen und Oxford."[14] Besonderes Aufsehen erregte der 30 cm hohe Löwenmensch[15] aus der Hohlensteinhöhle, der als Schamane gedeutet wird: „Bereits in den primitiven Fellzelten und Höhlengewölben des Jungpaläolithikums traten Zauberer an, die mit Masken und Puppen die Geister der Natur nachahmten, um sie zu beschwichtigen."[16] Ein Transzendieren der vorfindbaren Wirklichkeit, zumindest der Versuch, mit der nicht sichtbaren Welt zu kommunizieren und so Einfluss zu gewinnen, kann darin vermutet werden.

„So wäre es nicht allzu weit hergeholt, sich einen Löwenmenschen-Kult vorzustellen – wo am Lagerfeuer tanzend der Schamane oder der beste Jäger des Clans mit übergehängtem Löwenfell in spirituellen Kontakt zum Herrn der Tiere tritt. Und wo löwenköpfige Elfenbeinfiguren, getragen von

---

[12] Stefan Simons, Eine Tropfsteinhöhle aus Beton, Der Spiegel vom 10.4.2015: http://www.spiegel.de/wissenschaft/ mensch/chauvet-hoehle-nachbau-mit-hoehlenmalerei-in-der-ardeche-eroeffnet-a-1027692.html.

[13] Das magische Mammut, Der Spiegel vom 02.07.2007.

[14] http://www.scinexx.de/wissen-aktuell-14784-2012-05-25.html.

[15] http://www.loewenmensch.de. Das Alter wird mit 35-40.000 Jahren angenommen.

[16] Das magische Mammut.

den Mitgliedern des Clans, ein Wir-Gefühl schaffen – eine Gestalt gewordene Abgrenzung von konkurrierenden Kultgemeinschaften."[17]

Mit etwas Phantasie kann man einen religiösen Kult aus den Funden lesen: *„Sogar eine Art Religion rankte sich im Paläolithikum bereits um die Raubkatze. Das jedenfalls deutet der Löwenmensch an, der als ein "Schlüsselfund" der paläolithischen Kunst gilt. Die Mehrheit der Forscher geht davon aus, dass die knapp 30 Zentimeter hohe Figur einen Schamanen zeigt, verkleidet im Fell des Königs der Tiere.*

Der Löwenmensch vom Hohlenstein-Stadel im Lonetal ist eine 35 - 41.000 Jahre alte Skulptur aus Mammut-Elfenbein-gefunden auf der Website des Museums in Ulm.

Mischwesen dieser Art finden sich viele im Aurignacien. Ob sie alle Schamanen darstellen, lässt sich nicht sagen. Sicher aber scheint: Bereits in den primitiven Fellzelten und Höhlengewölben des Jungpaläolithikums traten Zauberer an, die mit Masken und Puppen die Geister der Natur nachahmten, um sie zu beschwichtigen.

Die Bilderhöhle Chauvet deuten immer mehr Forscher als "überregionales Stammesheiligtum", das die männlichen Jägergruppen für Initiationsriten nutzten. Besondere Ehrfurcht brachten sie dem Meister Petz entgegen. Eine Felshalle ist dort mit Bärenknochen übersät. In der Mitte auf einem Stein fand man einen Schädel des gefährlichen Allesfressers, genannt der "Altar"."[18]

Damit wären als Elemente einer Glaubensvorstellung gegeben:

---

[17] https://www.wissenschaft.de/geschichte-archaeologie/im-bann-der-loewenmenschen, Absatz 9.
[18] *Das magische Mammut, Der Spiegel vom 2.7.2007, http://www.spiegel.de/spiegel/print/d-521091 51.html.*

- Transzendieren - Überschreiten der bloßen Vorfindlichkeit - Überschreiten der Grenzen des Vorfindlichen z. B. durch Tiermasken als Verwandlung
- Transzendieren – Kommunikation mit der unsichtbaren Welt durch einen Schamanen, also einen besonderen Menschen
- Schaffung einer Gruppen – Zugehörigkeit, möglicher Weise in Abgrenzung zu anderen
- Abbilden des spirituellen Darstellers in Kultform als „heilige Figur"

Steinkreis im Süden Portugals: ein Versammlungsplatz?

- Abbildungen oder Kopien der „heiligen Figur", die man mit sich tragen kann – als Talisman und oder Zugehörigkeitszeichen bzw. -nachweis.
- Die Bannung der Gefahren der Welt und ihrer Geschöpfe durch ihre Darstellung einerseits und durch Zugehörigkeit andererseits
- Möglicher Weise heilige Räume zur Versammlung (Höhlen), die gemeinsames und /oder wiederkehrendes Begehen nahe legen.

Eine andere für uns rätselhafte Erscheinung trat in der Jungsteinzeit auf. Manche europäische Regionen sind übersät mit faszinierenden Großsteingräbern und Menhiren. Es gibt sie rund um das Mittelmeer bis hin nach Indien, zudem in Südamerika. Menhire sind senkrecht aufgestellte Steine ohne heute erkennbare Funktion. Ihre rätselhafte Dauerhaftigkeit und interessante Bauweise regen noch heute die Phantasie an. Die Menhire könnten Landschaftszeichen oder Hinweise auf besondere Orte oder Wege gewesen sein. Aber sie haben zumindest an manchen Stellen auch magische Bedeutung erhalten. So erzählt eine Legende über einen großen Stein vom Weltuntergang: „Man sagt, daß er alle hundert Jahre um eine Daumenlänge in die Erde absinkt und sein vollständiges Verschwinden den Weltuntergang verkünden würde."[19] Diese Vorstellung eines Maßes der ablaufenden Zeit setzt doch immerhin den Gedanken von Anfang und Ende der Welt voraus. Der Stein stellt zumindest noch einige Zeit in Aussicht, in der der Lebensraum gesichert ist. Er schafft also Gewissheit in einer unsicheren Welt. Warum aber sollte man sich sonst die Mühe machen, mit menschlichen Kräften eine solche Endzeituhr, eine Wegmarke oder ein Herrschaftszeichen aufzubauen?

Menhire könnten ebenso als Verbindung von Himmel und Erde gedeutet werden, ähnlich einem Kirchturm. Damit wäre ein Hinweis auf „Größeres", „Überdauerndes", vielleicht sogar „Ewiges" gesetzt, darauf, dass Himmel und Erde von menschlichen Kräften verbunden werden können. Das geht über das schlichte Wahrnehmen des Vorfindlichen hinaus. Es zeugt von der Vorstellung, man könne das Irdische mit Außerirdischem verbinden. Auch hier erscheint so eine Form des Abstrahierens und Transzendierens.

Menhir von Champ Dolent

---

[19] https://www.bretagne-tip.de/megalithkultur/menhir-champ-dolent.htm.

Großsteingräber, Menhire oder Steinkreise können nicht einfach mal so aufgestellt worden sein. Allein der Transport der Steine, oft über viele Kilometer Entfernung, brauchte als Grundlage für das Zusammenwirken vieler Menschen zumindest eine gemeinsame tragende Idee, Überzeugung und Organisation, also einen Ansatz von Kultur oder Glauben. Anders wären derart mühsame und aufwendige Arbeiten aus unserer Sicht nicht denkbar. Schon die Bauweise der Großsteingräber drängt sich heutigen Betrachtern als Häuser für die Ewigkeit geradezu auf. Sie bilden einen nach Jahrtausenden noch heute wasserdichten und gesicherten stabilen Raum, dessen Zugang man verschließen, aber auch öffnen konnte. Die weitere Verbreitung der Grabbauten und Grabbeigaben zeugen überdies davon, dass Menschen in der damaligen Zeit weltweiten Austausch pflegten und sich irgendeine Vorstellung davon machten, dass nach dem Tode noch Nahrung und Statuszeichen gebraucht werden könnten. Wer möchte, kann auch die Form der Grabhügel deuten. Es könnte eine Nachbildung des Mutterleibes sein. Wer einmal durch einen intakten schmalen Gang in ein intaktes Grab gekrochen ist, kann diese Version gut und

Gut erhaltener Dolmen von innen

schwitzend nachvollziehen. Die nahe liegende Vorstellung wäre: Rückkehr in den Mutterschoß (der Erde) als eine Form des Transzendierens.

Somit ergeben sich weitere Elemente von Glaubensüberzeugungen:

- Gemeinsame Überzeugungen, die in gemeinsame, organisierte Tätigkeiten münden.
- Feste selbst errichtete Strukturen für die Verbindung des Vorfindlichen mit der anderen Welt.
- Zugang zu einer Vorstellung von Zeit und Ewigkeit.
- Umgangsformen mit dem Tod und den Toten, auf feste Plätze und ein „anderes" Leben bezogen.
- Tod als Transzendieren (hinübergehen) in die andere Welt.
- Offenbar weite Verbreitung ähnlicher oder gleicher Ideen. Dabei ist es gleichgültig, ob diese Verbreitung durch äußere Nachahmung oder durch Ideentransfer zu Stande kommt.
- Einrichtung zentraler ritueller geschützter Räume oder Plätze für Sippen oder größere Gruppen von Menschen.
- Aufgrund von Grabfunden denkbare Hierarchisierung der Gruppen.

Wer in den großen Gräbern bestattet wurde, ist nicht überliefert. An vielen Stellen geht man von einer mehrfachen Belegung über Jahrzehnte oder Jahrhunderte hin aus. Damit würde es sich um Gemeinschafts-Grabstätten handeln. An anderen denkt man an die Bestattung einzelner bedeutender Personen, für die dieser Aufwand getrieben wurde.

Weitere Hinweise geben Kreisgrabenanlagen wie die von Goseck, die rund 7000 Jahre vor unserer Zeit errichtet wurde. Dieses Zeugnis einer frühagrarischen Gesellschaft diente vielleicht zur Bestimmung der Sonnwenden oder anderen astronomischen Gegebenheiten, wurde aber offenbar für Zusammenkünfte und Mahlzeiten rituell genutzt. Darauf deuten große Mengen von gefundenen Rinderknochen und Gefäßresten hin. Die Größe der Anlage mit 71 Metern

Durchmesser, zwei Palisadenreihen, bestehend aus 1700 Pfählen, mit drei Zugängen lässt eine kultische Benutzung vermuten, die etwa 200 Jahre angedauert haben könnte. Diese Vermutung bestärkt auch der Fund von Menschenknochen, die vielleicht aus rituellen Gründen säuberlich abgeschabt worden waren. Im Westen von Österreich wurden solche Anlagen in einer Anzahl gefunden, die vermuten lässt, dass jede Siedlung eine davon besaß - ähnlich wie heute Kirchen, Moscheen, andere Gemeinschaftsgebäude oder vielleicht ein Marktplatz.[20] Immer wieder werden auch Siedlungen in der Nähe der Anlagen nachgewiesen.

Kreisgrabenanlage Goseck

https://www.orangesmile.com/extreme/de/mysterious-structures/goseck-circle.htm

Ähnliche Befunde bietet das englische Stonehenge rund 2000 Jahre später in der Endphase der Steinzeit. Für Stonehenge wurde sogar versucht, den Bedarf an Arbeitskräften zu ermitteln. In den Bauphasen mussten sicher Tausende von Menschen zusammenarbeiten.[21] Die konnten dann nicht gleichzeitig für Ernährung oder andere Alltagsdinge sorgen, mussten also von anderen ernährt werden. Das setzt eine arbeitsteilige Gesellschaft mit entsprechenden Planungen voraus. In dieselbe Zeit fällt auch die so genannte Himmelsscheibe von Nebra (in der Erde vergraben ca. 1600 v. Chr.). Sie ist die älteste bekannte konkrete Darstellung des Him-

---

[20] Christian Pinter, Verwirrspiel im Weinviertel, https://www.wienerzeitung.at/themen_channel/wissen/forschung/453717 Verwirrspiel-im-Weinviertel.html, vom 27.04.2012. Ebenso: https://www.geschkult.fu-berlin.de/e/praehist/forschungspro-jekte/Aktuelle_Forschungsprojekte/Gebautes_Wissen/KGA.pdf
[21] Die Zeitschrift „Focus" gibt einen schnellen Überblick zu Stonehenge: https://www.focus.de/wissen/mensch/archaeologie/legenden/stonehenge-die-entstehung-des-mythischen-steinkreises_id_10163390.html - vom 3.2.2019.

mels. Sie könnte ebenso zur Bestimmung der Sonnwenden wie auch anderen Himmelsbeobachtungen gedient haben. Auch weitere rituelle oder kultische Zwecke sind denkbar.

In der Zusammenschau der Eindrücke, welche die Hinterlassenschaften der Steinzeit und der beginnenden Bronzezeit auslösen, findet man Elemente einer Gruppe von Menschen, die sich mit sich selbst und mit der Umwelt, in der sie leben, auseinandersetzen. Dadurch haben sie Formen des Umgangs gefunden, die uns an Glaubensvorstellungen denken lassen. Zugleich hinterlassen sie nicht nur eine Idee von „Gesellschaftsbildung". Denn die frühen Hinterlassenschaften sind schwerlich einzelnen Individuen zuzuschreiben. Sie enthalten Bedeutungen und lassen Gruppen- sowie Umweltbezüge erkennen, be-nutzen symbolische Darstellungsweisen und bilden feste „ewige" Bezugs-

Stonehenge Teilansicht

punkte, die sich sowohl auf Lebende, als auch auf Tote und die ‚Welt hinter der Welt' beziehen. Sie versuchen, Kontakt mit der vermuteten ‚anderen unsichtbaren Welt' und ihren Kräften herzustellen und mit ihnen zu kommunizieren. Es scheint so, als bringe diese Kommunikation zunehmend ‚herausgehobene' Personen hervor, die die Gruppe stellvertretend gegenüber der anderen Welt und umgekehrt repräsentieren, wie schon die Löwenmenschstatuette zeigt. Zugehörigkeit und Schutz wird durch Zeichen (Symbole) auch über das bloße Zusammentreffen hinaus dargestellt und gelebt. Somit ist auch das Thema „Wir und die anderen" in der Welt: die anderen gehören nicht zur eigenen Gruppe. (ingroup / outgroup) Diese Gruppe besteht auch über den Tod hinaus.

Übergang zu ausgeformten Systemen der Religion

In der Bronzezeit (beginnend vor ca. 5200 Jahren in Ägypten) prägt sich diese Vorform als geformtes Staatsgebilde aus, das schon ein Vollbild des religiösen Kosmos bietet oder sogar darauf gründet. Darüber sind wir durch den Bau und Zweck der ägyptischen Pyramiden (Beginn vor etwa 4600 Jahren) und anderer ägyptischer Großbauten aufgrund ausführlicher bildhafter und damit zugleich schriftlicher Darstellungen (Hieroglyphen) unterrichtet. Die Pyramiden dienten als Pharaonengräber nicht nur deren unendlichem irdischen Ruhm und Verehrung, sondern dem Zugang der Herrscher in die andere Welt, die von Göttern strukturiert war. Der Bau setzte eine organisierte Arbeitswelt von wahrscheinlich 10.000 Arbeitern in Dreimonatsschichten voraus sowie mehr als profunde Kenntnisse im Bauwesen und organisierte Planung. Die Hollywood - Idee, dass vor allem Sklaven die Schufterei verrichteten, bleibt eine Phantasie.[22] Eher waren die Menschen so überzeugt von der Größe ihrer Pharaonen, dass es eine Ehre oder religiöse / kultische Pflicht war, an diesen Bauten zu arbeiten - im Sinne eines bevorzugten Arbeitsplatzes / Platzes in der Gesellschaft. Nun erkennbare Religionen hatten Elemente der Welterklärung wie Weltverehrung. Eine ganze Götterwelt für alle Aspekte des Lebens und für alle Regionen wurde erschaffen oder „entdeckt". Die Götter brauchten ebenso wie die Menschen Häuser zum Wohnen und zur Kommunikation, die Tempel. Auch diese wurden mit riesigen Steinen gebaut, ausgestaltet und geschmückt. (Diese Großsteine hatten dann aber eine hervorstechende Bearbeitung.) Wie man sich diesen Göttern nähert, wurde zum Kultus mit Regeln und Riten ausgestaltet. Eine Priesterkaste regelte die Götterverehrung und war die Verbindung zur Götterwelt. Ganz oben stand der Pharao als Sohn eines Haupt-

---

22 Einfache Darstellungen des Pyramidenbaus finden sich überall, z.B. bei https://www.planet-wissen.de/geschichte/antike/ pyramidenbau/index.html.

gottes (z. B. der Sonne, Aton, davor Re) oder als Repräsentant der Götterwelt, zugleich Vermittler zwischen den Göttern und den Menschen. Im alten Ägypten tritt uns eine voll ausgestaltete und zugleich verwirrende Religionswelt entgegen. Es gab sogar eine Phase, in welcher ein Pharao in Richtung des Monotheismus einen Gott - die Sonne/ Aton - verehren ließ. Diese Erscheinungsform wurde in der Religionsphilosophie am Beispiel der altindischen Religionen als Henotheismus bezeichnet (von altgriechisch heis, henos = eins und theos = Gott. Monotheismus dagegen bezeichnet den einzigen, alleinigen Gott. Polytheismus = viele Götter). Gemeint war die vorrangige Verehrung eines Gottes, aber nicht der Ausschluss oder die Leugnung anderer Götter.[23] Amenophis IV. / Echnaton (Mitte 14. Jahrhundert vor Christus) konnte sich damit aber nicht durchsetzen. Nach ihm wurde die alte Götter - Ordnung wieder hergestellt.

Gemeinschafts- und Identitätsbildung

Jetzt fragen Sie sich wahrscheinlich, warum diese Ausführungen aus der Historie zu Gedanken über die Religion notwendig sind. Ich kann mir daran am besten die Funktionen überlegen, die den Menschen ein Leben in der Welt ermöglichen, in der sie nie alleine sind, sondern nicht nur gelegentlich in Gemeinschaft. Religionen entstehen offenbar als Gemeinschafts- und Identitätsbildung und mindern die Gefahren des Lebens, indem sie eine Struktur hervorbringen, die innere und äußere Orientierung verleiht. Wer da nicht sofort von Religion sprechen möchte, kann das auch so ausdrücken wie es offenbar die heutige Archäologie tut: Die Menschen schafften sich Orientierung durch Orte der Erinnerung, die ihnen beim Einordnen der Erfahrungen des Lebens (einschließlich des Todes) helfen konnten. Dadurch entsteht auch

---

[23] Friedrich Max Müller, Vorlesungen über den Ursprung und die Entwicklung der Religion: mit besonderer Rücksicht auf die Religionen des alten Indiens — Strassburg, 1881, 298. https://digi.ub.uni-heidelberg.de/diglit/mueller1881/0320

heute noch Identität und (emotionale und äußere) Sicherheit, weil die Binnenwelt von der Außenwelt getrennt wird, aber auf sie bezogen bleibt: Wenn ich in meiner Gruppe lebe, gibt es auch die Gruppe des anderen. Wie kann ich ihnen ohne Angst begegnen, ohne meine Gruppe aufzugeben? Gegenüber den Lebenden gibt es auch die Gruppe der Toten, die schon gelebt haben. Wie begegne ich denen? Man könnte fortsetzen: Neben einem Geschöpf gibt es auch einen Schöpfer. Wie setze ich mich dazu in Beziehung? Damit wäre man schon mitten in einer Religionsbildung. Wie die aussieht, kann man an den voll ausgebildeten religiösen Aufzeichnungen der Ägypter sehen.

Das bisher Gesagte erlaubt nicht unbedingt eine Aussage darüber, ob „der Mensch von Grund auf (wesensmäßig) religiös ist". Es erlaubt aber die Aussage: Gesellschaft wird ganz offenbar schon bei den frühen Steinzeitmenschen durch gemeinsame Überzeugungen gebildet. Nur dadurch können Tätigkeiten unternommen werden, die mehr als einen Akteur brauchen. Dadurch kann man Gefahren abwehren, denen der Einzelne hilflos ausgeliefert wäre. Daraus bilden sich Gruppen von Gemeinsamkeit und /oder Zusammengehörigkeit, die sich von anderen Gruppen unterscheiden. Damit entsteht Identität im Sinne von „Ich gehöre zu ..., ich bin ein ..., ohne mich geht das oder das nicht ...". Dazu gehört offenbar auch die Erkenntnis oder Ahnung einer anderen unsichtbaren Welt, die die sichtbare beeinflusst oder bedroht, sowie der Versuch der Kommunikation mit dieser. Daraus bilden sich Formen einer organisierten Gesellschaft mit Arbeitsteilung. Das bringt auch eine Differenzierung in Fachleute und Laien sowie verschiedene Ebenen der Bedeutung von Menschen in der jeweiligen Gesellschaft hervor. Ob das dem Wesen des Menschen entspricht oder aber nur eine mögliche Ausformung von menschlichem Leben darstellt, braucht jetzt nicht entschieden zu werden.

Kurz gesagt

Welche religionsähnlichen Elemente finden sich in den Hinterlassenschaften der Steinzeit?

Bei Aussagen zu archäologischen Funden handelt es sich immer um Interpretationen der Finder. Man finden in den Steinzeithinterlassenschaften Elemente des Transzendierens von bloß Vorfindlichen und des Verehrens oder Bannens durch bildliche Darstellung der Beutetiere / Tierwelt. Die Darstellung von Tieren kann bereits als besonderer künstlerischer Akt von herausgehobenen Personen angesehen werden. Tiermasken deuten auf die Aneignung von Übersinnlichem hin. Ihre Träger stellen eine Vorform des Schamanen oder Priesters dar. Durch das Schaffen von Begegnungs- oder Erinnerungsstätten zeigt sich Zugehörigkeit und gemeinsame Überzeugung. Vielleicht entstand dort etwas, was uns an rituelle Begegnung und Begehung in bestimmten Zeitabständen erinnert. Darauf deuten auch Musikinstrumente wie die gefundenen Flöten hin. Funde ermöglichen auch zu sehen, dass das Verhältnis der Geschlechter zumindest eine Rolle spielte. Menschen beginnen, sich selber abzubilden (Selbstverhältnis/ Selbstdeutung).

Bei den hinterlassenen Bauten, oder aufgerichteten Steinen wird ein gemeinsamer Planungswille erkennbar, da Einzelne nicht in der Lage gewesen wären, diese zu errichten. Man kann an den gemeinsamen Grabstätten ein gemeinsames Verhältnis zum Tod ablesen. Die (welt)weite Verbreitung z.B. der Großsteinbauten weist auf einen Austausch von Ideen und eine Entwicklung des Bewusstseins hin. Die gemeinsamen Überzeugungen wurden wohl von priesterlichen Personen oder Schamanen umgesetzt und repräsentiert. Sie lassen einen Schluss auf das Verhältnis der Menschen zu kosmischen Erscheinungen und Naturabläufen erkennen.

Woran lassen sich diese Elemente ohne schriftliche Quellen erkennen?

Die Interpretation der Funde in einer bestimmten Lage oder Anordnung lässt solche Deutungen zu, die allerdings auf der Lebenserfahrung der Findergeneration beruhen. Sie wird über Ähnlichkeiten mit vorhandenen Lebensweisen in Erinnerungskulturen, Gemeinschafts- oder Gesellschaftsbildung und religiöser Anschauung gewonnen. Aus Bestattungsweisen lässt sich eine Anschauung bilden, wie Menschen sich zu der Notwendigkeit des Todes und der Beziehung zwischen Lebenden und Toten stellen – auch in Form von verschiedener Behandlung hierarchisch unterschiedener Personen.

Lässt sich damit die These (Behauptung) begründen, der Mensch sei wesensmäßig religiös?

Daraus lässt sich schließen, der Mensch tendiere dazu, sein Leben in der Natur so einzurichten, dass er erkannte oder erlebte Gefahren „bearbeitet". Menschen entwickeln Rituale, um Gemeinschaft zu bilden und zu regulieren, Natur zu deuten und sich selbst zu definieren. Daraus wieder könnte man auf Denkweisen schließen, die alle Menschen gemeinsam haben. Daraus kann man aber keine „Ist-Aussagen" wie endgültige „Feststellungen" ableiten wie z.B., der Mensch brauche „die Religion" zum Leben oder „es gibt also eine transzendente Welt". Die Aussage müsste lauten: Menschen interpretieren die Welt und sich selbst in dieser Welt, in der sie leben, durch Abbildung ihrer Erfahrungen in Ritual- und Gemeinschaftsformen, die Ausdruck in gemeinsamen Stätten der Darstellung, Erinnerung und Gestaltung findet.

Diese vorsichtige Formulierung leuchtet ein, weil sie in der Lage ist, jenseits von Bekenntnissen zu einer gegenwärtigen Religion die Ähnlichkeiten menschlichen Lebens in verschiedenen Umständen technischer und gesellschaftlicher Art zu benennen, ohne dem Bedürfnis gegenwärtiger Religionen nach Bestätigung ihrer Weltsicht zu unterliegen. Denn die Bezeichnung „wesensmäßig religiös" wirkt als Bestätigung der Religion, in deren Bereich sie geäußert wird. Die Religionsphilosophie ist aber nicht darauf angelegt, eine Religion zu bestätigen, sondern ihre Umgebungs- und Inhaltsbedingungen zu beschreiben. Theologien dagegen suchen nach unanfechtbaren Begründungen ihrer Version von Religion.

2. Religion und Philosophie

Der Übergang von mündlicher zu schriftlicher Überlieferung

Von Religion zu sprechen bedeutet, einer Vielzahl von Vorstellungen und religiösen Schriften gegenüber zu treten. Schriftlichkeit ermöglicht die von einzelnen Individuen unabhängige Erhaltung und Weitergabe von Inhalten. Ihre Entwicklung lässt sich an vielen Stellen der bewohnten Welt nachweisen, auch wenn da und dort der Versuch gemacht wurde, sozusagen die Urquelle der Schrift zu finden. Mit der Schriftlichkeit beginnt zwar nicht die menschliche Geschichte, aber doch die nachvollziehbare Überlieferung. Wer etwas aufzeichnet, hinterlässt seine Gedanken für die Nachwelt. Wer dagegen mündlich Inhalte weitergibt (Oralität), brauchte notwendiger Weise lebende Überträger - Zeugen - dafür, die dann möglicher Weise eigene Inhalte einmischen. Schriftliches bleibt dagegen unverändert mit dem Moment der Aufzeichnung. Mündliches kann eine exakte Wiedergabe sein und über Tausende von Jahren erhalten bleiben. Der Rückgriff auf das Original bleibt aber nur eine kurze begrenzte Lebenszeit möglich. Daher haftet ihm ein Faktor der Unsicherheit an. Man muss dem Zeugen glauben oder ihm vertrauen. Schriftliches kann je nach Schriftträger über lange Zeit unabhängig vom Autor gelesen werden, behält also seinen Originalzustand. So können wir heute noch - mit etwas Mühe und Aufwand - Texte der Tempelverwaltung von Kisch (Zweistromland, heute Irak) nachlesen. In dieser Schrift, die wohl seit 3300 vor Christus entwickelt wurde, ist z.B. teilweise das Gilgamesch - Epos verfasst. Der akkadisch/sumerische Text von ca. 1800 (vielleicht auch 2400 v. Chr.) schildert u.a. so etwas wie eine Sintflut, die manche für eine Vorlage der Erzählung im Alten Testament (1. Mose 6-8) halten.

Fast gleichzeitig - nachgewiesen seit 3200 v. Chr. - wurde in Ägypten die Schrift der Hieroglyphen entwickelt. Hieroglyphen bedeutet heilige Einritzungen / Gravuren und ist die Übersetzung von alt - ägyptisch „Schrift der Gottesworte". Ihre Erfindung wird dem Gott Thot zugeschrieben. Die erste Verwendung scheint ebenfalls Abrechnungen und wichtigen Ereignissen gegolten zu haben. Ob sich Keilschrift und Hieroglyphen gegenseitig beeinflusst haben oder das eine gar vom anderen abhängt und wie, ist umstritten. Jedenfalls zeigen diese beiden Schriftentwicklungen religiöse Zusammenhänge an. Schriftliche Aufzeichnungen hingen im Zweistromland ganz offenbar mit Tempeln und deren Verwaltung zusammen, die wieder Teil der gesellschaftlichen (Herrschafts-) Strukturen waren.

Wie Sie sehen, haben wir keine Ahnung, wie religiöse Vorstellungen entstanden sind. Mit dem Auftreten der Schriftlichkeit waren sie ganz offensichtlich als Teil des menschlichen Lebens in beginnenden Staatgebilden vorhanden. Davor aber ebenso. Denn was nicht da ist, kann nicht aufgeschrieben werden. Eine definitorische Trennung der Religion von anderen Lebensbereichen wie Politik oder Wirtschaft lässt sich nirgendwo erschließen.

Eine der ersten europäischen Schriften mit bekanntem Autor stammt von dem griechischen Schriftsteller und Bauern / Schafhirten Hesiod (7. Jh. v. Chr.). Sie trägt den Titel Theogonie (= Entstehung der Götter). Darin wird wie auch in den noch älteren Schriften von Homer (8./7. Jh. v. Chr.) die griechische Mythologie ausgebreitet und dargestellt. In den schriftlichen Zeugnissen

Theben: Medinet Habu - Totentempel Ramses III. – Quelle unbekannt

werden Vorstellungen über die Welt und ihre Deutung durch Religion zugänglich, die vorher schon im Umlauf waren.

Bald haben sich dann auch Philosophen mit diesen Vorstellungen auseinandergesetzt. Dabei interessiert niemand die Frage, wie eigentlich Götter überhaupt entstanden sind oder wahrgenommen werden können, mit anderen Worten, wie man überhaupt etwas über Götter sagen und denken kann. Das wäre also die Frage, ob sie jemand gesehen hat, ihnen begegnet ist, mit ihnen gesprochen hat, ob sie im Traum erschienen sind, ob jemand zumindest ihre Stimme gehört hat oder ob sie in einem Gefühl oder als Gefühl aufgetaucht sind. Ob Götter zu den real erfahrbaren Dingen oder Substanzen oder zu den Lebewesen gehören, wird zunächst nicht diskutiert. Es wird einfach vorausgesetzt.

Pyramiden von Gizeh/Bild google.de/Creative commons

3. Die Götter (der Griechen)

„Woher ein jeder der Götter aber seinen Ursprung hat, ob sie alle schon immer waren und wie ihre Gestalten sind, das wussten sie nicht. Denn Hesiod und Homer haben den Hellenen Entstehung und Stammbaum (Theogonien) der Götter geschaffen und den Göttern die Beinamen gegeben und ihre Ämter und Fertigkeiten gesondert und ihre Gestalten deutlich gemacht."[24] Der Historiker Herodot (490/480 - 430/420 v. Chr.) hat so die Entstehung der Götter als literarische Gestalten durch Hesiod und Homer beschrieben, ohne ihre Existenz zu bezweifeln oder sie der Phantasietätigkeit der beiden Dichter zuzuschreiben. Hesiod hielt den Olymp für die Wohnung der Unsterblichen und schildert deren auf einander folgende Entstehung oder Zeugung beginnend mit Chaos (Aufklaffen, Kluft, Abgrund), Gaja (Erde) und Eros (sexuelle Energie, Zeugungskraft).[25] Diese Götter stellen einzelne Erscheinungen (Tag, Nacht), Zustände (Not), Affekte (Zorn, Liebe) oder Naturerscheinungen (Flüsse, Berge, Himmel) dar. „Er hat natürlich kein Wissen darum, welche Götter denn nun welche gezeugt haben – woher auch? – aber er ordnet kosmische Phänomene und die Phänomene menschlicher Lebenswelt, in diesem Fall die dunklen Seiten des Kosmos und der Lebenswelt, dadurch, dass er im Bild der Zeugung einen Zusammenhang zwischen den Göttern herstellt. Das Chaos, das Aufklaffen, hat etwas Dunkles und Unheimliches an sich. Von dem Chaos wird in einem ersten Schritt nichts Helles und Positives gezeugt. Der Stammbaum des Chaos ist dadurch bestimmt, dass dunkle und unheimliche Kräfte und Mächte in eine Ordnung gebracht werden. ... Hesiod ordnet den gesamten Kosmos und die Phänomene der Lebenswelt und drückt diese Ordnung in Stammbäumen aus. Dabei wer-

---

[24] Herodot 2, 53.
[25] Theogonie, 116ff.

den sowohl die kosmischen Phänomene als auch die Phänomene der Lebenswelt zunehmend differenzierter."[26]

Aus diesen Darstellungen entwickelt sich ein Jahrhunderte dauernder Disput. Die theologische oder religiöse Frage war die nach den Eigenschaften der Götter und dem Umgang mit ihnen. Die metaphysische ist die nach den letzten Prinzipien der Wirklichkeit: Was steht hinter der Wirklichkeit? Wie lässt sich die komplexe Welt letztlich erklären und damit vielleicht beherrschen? Und vor allem: Ist Gott erkennbar?

Philosophische Reaktion auf die Götterwelt

Das Panoptikum der griechischen Götter war schon bald auch Gegenstand des Spottes oder der kritischen Reflexion. Die als Vorsokratiker bezeichneten Philosophen der griechischen Antike lebten zwischen 600 und 350 v. Chr. vorwiegend in den griechischen Städten im Westen der heutigen Türkei und in Süditalien. Sie fragten nach dem Ursprung der Dinge, arbeiteten an Naturwissenschaft und Mathematik, aber auch an Fragen der Ethik, Theologie und Philosophie. Die Nachfahren, die ihre Schriften überlieferten und ihre Denkweisen beschrieben, nannten sie Naturphilosophen. Xenophanes (um 570 - 475 v. Chr.) kritisierte z.B. die Menschenähnlichkeit der Götter. Er formulierte in einem seiner Fragmente, die Götter seien im Grunde ein Abbild der Menschen und von ihnen gestaltet. Vor allem fiel ihm auf, dass die Götter all das tun, was der Mensch eigentlich nicht tun soll. Das beschreibt er dann in geradezu sarkastischer Weise:

> „Homer und Hesiod übertragen alles auf die Götter,
> was bei den Menschen Schimpf und Schande ist:
> stehlen, ehebrechen und sich einander betrügen.
> Aber die Sterblichen glauben, die Götter würden geboren,
> hätten wie sie ihre Kleidung, Stimme und Wuchs.

---

[26] Michael Bordt, Religion und Rationalität von Homer bis Aristoteles, https://www.hfph.de/hochschule/lehrende/prof-dr-michael-bordt-sj/artikel-beitraege/bordt_religion_rationalitat.Pdf.

Wenn aber die Rinder, Pferde oder Löwen Hände hätten
oder zeichnen könnten mit Händen und Standbilder schaffen wie
Menschen,
zeichneten Pferde auch ihrer Götter Gestalt den Pferden,
Rinder den Rindern gleich, und Körper bildeten sie
so, wie auch selbst ihren Wuchs sie haben im einzelnen.
Die Äthiopier behaupten von ihren Göttern, sie seien plattnasig
und schwarz, die Thraker, sie seien blauäugig und rothaarig."[27]

Die Götter werden von Xenophanos als Geschöpfe menschlicher Phantasie bezeichnet, die „nach ihrem (der Menschen) Bilde" geschaffen sind. Das erinnert oberflächlich stark an die Feuerbach'sche Religionsphilosophie aus dem 19. Jahrhundert. Dass seine sarkastische Satire aber philosophische und religionsphilosophische Tiefe erreicht, lässt sich im folgenden Abschnitt lesen.

„Keinesfalls zeigten die Götter von Anfang an alles den Sterblichen
auf, sondern mit der Zeit finden sie suchend Besseres. ...
Ein Gott, unter den Göttern und Menschen der größte,
weder an Wuchs den Sterblichen gleich noch im Denken.
Ganz sieht er, ganz denkt er, ganz hört er.
Doch ohne Mühe bewegt er alles mit seines Verstandes Denken.
Immer verbleibt er im selben, nicht im geringsten bewegt.
Und nicht steht ihm an, mal hierhin, mal dorthin zu gehen.
Nun hat das Genaue kein Mensch gesehen und keiner wird je
es wissen um Götter und alles, was über alles ich sage.
Denn auch wenn aus Zufall er höchst Vollendetes sagte,
so weiß er selbst es doch nicht: Wähnen ist über alles gefügt."[28]

Die Götter haben kein Wissen, das sie an die Menschen weitergegeben, also gewissermaßen 'offenbart' haben. Darauf kann der Mensch sich also nicht berufen. Die Menschen lernen durch suchendes Nachdenken, ja eigentlich durch Forschen, wie die Phänomene und die Zusammenhänge sind. Das ist aber alles skeptisch zu betrachten und zu überprüfen:

---

[27] http://www.gottwein.de/Grie/vorsokr/VSXenoph01.php, Vorsokratische Philosophie, Xenophanes - Religionskritik und Ontologie.
[28] Ebd.

Denn alles ist Meinung, nichts ist Kenntnis. Was der Mensch zu wissen glaubt, entspringt seinem Wähnen über die Dinge und Phänomene der Welt. Alle Erkenntnisse sind daher skeptisch zu betrachten.

Höchster Gott

Dennoch erhebt sich Xenophanos zur Beschreibung eines höchsten Gottes. Dieser gleicht weder der menschlichen Gestalt noch menschlichem Denken. Er ist pures Sehen, Hören und Denken ohne Mühe, immer

Reste des Athenetempels in Delphi

gleich ohne Änderung (Bewegung), der alles denkend bewegt, nicht an einen Ort gebunden. Gott hat somit keine unserer Realität oder Körperlichkeit entsprechende Wirklichkeit, ist nicht dem Einen näher als dem Anderen, ist kein Gegenstand zum Abtransport. Seine Aktivität ist nicht körperlich, sondern rein geistig, ganz Verstand. So transzendiert er unsere Wirklichkeit nicht einfach, ist also keine Fortführung des Diesseits im Jenseits, sondern etwas ganz Anderes, das mit den Kategorien „wirklich" oder „unwirklich" nicht beschrieben werden kann. Dieser Gott wäre dann nichts oder alles: kein Grund, kein Ziel, kein Ort, nichts Werdendes, nicht Vergehendes, sondern reines, vollkommenes, ungetrübtes Sein oder ein ebensolches Nichts. Ein solches kann niemand denken, sich vorstellen oder ein Bild davon machen.

Gott im Inneren

Hier klingt schon das Berühmte „ich weiß, dass ich nicht weiß" des Sokrates (469 - 399 v. Chr.) an. Sokrates gilt als

'Erfinder' der philosophischen Methode der Mäeutik. Mäeutik ist übersetzt „Hebammenkunst", also die Kunst, (eigentlich vorhandene) Erkenntnisse durch fragenden Dialog (Dialektik) hervorzubringen. Sokrates wurde dieser „Fragekunst" wegen anklagt. Sie untergrabe die öffentliche religiöse Ordnung und verführe die Jugend, denn sie befragt alles und jeden. Er verteidigte sich damit, dass er dem Gott folge. Nicht Macht, Geld und Ruhm seien seine Ziele wie bei seinen Anklägern, sondern ein tugendhaftes Leben. Er wirft seinen Anklägern vor, zu denen zu gehören, die nachweislich etwas zu wissen behaupten, ohne etwas zu wissen, wie sich mit seiner Mäeutik zeigen lässt. Wenn er selber von seinem Dämon spreche, könne er nicht gottlos sein: „Hiervon ist nun die Ursache, was ihr mich oft und vielfältig sagen gehört habt, daß mir etwas Göttliches und Daimonisches widerfährt, was auch Meletos in seiner Anklage auf Spott gezogen hat. Mir aber ist dieses von meiner Kindheit an geschehen: eine Stimme nämlich, welche jedesmal, wenn sie sich hören läßt, mir von etwas abredet, was ich tun will, – zugeredet aber hat sie mir nie."[29] Dieser Gedanke des Sokrates, das Göttliche als warnende innere Stimme zu verstehen und das mit einem tugendhaften Leben zu verbinden, schafft eine neue Qualität des Göttlichen. Für seine Ankläger war er der Gottlosigkeit (Asebia) schuldig, weil er nicht nur die üblichen Götter äußerlich wie vorgeschrieben verehrte, sondern zu befragen wagte. Dass er selbst einem Gott als innere Stimme folgte, war dieser Art von Götterverehrung nicht plausibel.

Hier bildet sich die Anschauung einer persönlichen Gottesbeziehung im eigenen Inneren. Ebenso kommt die Anschauung zum Vorschein, der einzelne müsse sich um die Tugend in seinem Leben kümmern und das nicht irgendeinem Schicksal (Göttern) überlassen. Die Tugend findet er im Hinhören auf seine Seele.

---

[29] Platon, Apologie des Sokrates, Stuttgart, 77. Aufl. 1966, Abschnitt XIX, Seite 23f., zugänglich unter: http://gutenberg. Spiegel.de/buch/apologie-des-sokrates-4887/8.

Im Jahre 399 v. Chr. akzeptierte Sokrates das Todesurteil der Athener und trank trotz Unterstützung durch seine Freunde und trotz der Gelegenheit zur Flucht einen Becher mit Gift, weil er nicht seinerseits gegen Gesetze verstoßen wollte. Auch gab es keine Warnung seines Dämons vor dem Tod.

Der überhimmlische Ort

Die Geschichte und Methode des Sokrates, der selber nichts Schriftliches hinterlassen hat, wurde von Platon aufgeschrieben, der damit zugleich seine eigene Philosophie darlegte. Seine Schriften bieten in großer Zahl philosophische Dialoge an. Häufig ist einer der Gesprächspartner sein verstorbener Lehrer Sokrates. Philosophie war für Platon wie für Sokrates eine Art zu leben, die er mit möglichst weiter „Verähnlichung" oder Angleichung bezeichnete: „Der Weg dazu ist Verähnlichung mit Gott soweit als möglich; und diese Verähnlichung, daß man gerecht und fromm sei mit Einsicht. ... Gott ist niemals auf keine Weise ungerecht, sondern im höchsten Sinne vollkommen und gerecht, und nichts ist ihm ähnlicher, als wer unter uns ebenfalls der Gerechteste ist."[30] Ohne die Götter zu leugnen spricht Platon von dem Göttlichen. Die Götter gehören zu der Sphäre des Geschaffenen, steigen aber sozusagen zur Ausfahrt in den Himmel hinauf. Die gefiederten Seelen folgen ihnen im eigenen Wagen, der von zwei geflügelten Pferden gezogen wird. Ein Wagenlenker lenkt ihn. Die Pferde der Götter sind wohlerzogen und steigen unbeschwert zum Himmel auf. Das Gespann der Seelen besteht aus einem wohlerzogenen und einem chaotischen Pferd. Daher hat die Seele Schwierigkeiten, den Götterwagen zu folgen. Wenn die Götter oben angekommen sind, stellen sie sich auf das Dach des Himmels und schauen in den sich öffnenden Raum des Gottes, des Guten und der Wahrheit, des Seins. Sie schauen also in den überhimmlischen Ort, der schwer in Worte gefasst

---

[30] Platon, Theaitetos, 176 b,c, Platon, Werke Band 6, hg. Günther Eichler, Sonderausgabe der Wissenschaftlichen Buchgesellschaft Darmstadt 1990.

werden kann. Was Xenophanes für den höchsten Gott hielt, wird bei Platon zum Ort unvermischter Vernunft und Wissenschaft.

„Den überhimmlischen Ort aber hat noch nie einer von den Dichtern hier besungen, noch wird ihn je einer nach Würden besingen. Er ist aber so beschaffen, denn ich muß es wagen, ihn nach der Wahrheit zu beschreiben, besonders da ich auch von der Wahrheit zu reden habe: Das farblose, gestaltlose, stofflose, wahrhaft seiende Wesen, das nur der Seele Führer, die Vernunft, zum Beschauer hat und um das das Geschlecht der wahrhaften Wissenschaft ist, nimmt jenen Ort ein. Da nun Gottes Verstand sich von unvermischter Vernunft und Wissenschaft nährt, wie auch der jeder Seele, die was ihr gebührt, aufnehmen soll."[31]

„In diesem Umlauf nun erblicken sie die Gerechtigkeit selbst, die Besonnenheit und die ... wahrhafte Wissenschaft. Und so ... erblickt die Seele das wahrhaft Seiende, und wenn sie sich daran erquickt hat, taucht sie wieder in das Innere des Himmels und kehrt nach Hause zurück. Dies nun ist der Götter Lebensweise. Aber die anderen Seelen, die am besten den Göttern folgend nachahmten, konnten den Kopf über den Pferdelenker hinausstrecken in den äußeren Ort und so den Umschwung mit vollenden, aber aus Angst vor den Pferden kaum das Seiende sehen."[32] Je nachdem, was die Seelen sehen konnten, werden sie im irdischen Leben einen bestimmten Status erreichen. Die viel gesehen haben, werden Philosophen - Freunde der Weisheit und des Schönen -, andere werden dagegen Staatenlenker, Gewerbetreibende, Bauern oder in der Stufenfolge ganz unten - Sophisten und Volksschmeichler oder Tyrannen.[33]

Die Seele hat Anteil am Göttlichen und hat auch dessen Eigenschaften stofflos, gestaltlos, farblos, wahrhaft seiend, geführt von der Vernunft. Was der Mensch weiß, ist Erinnerung der Seele an ihre Herkunft und den Blick in die überhimmlische Welt. In der Philosophie kommen die Erkenntnis-

---

[31] Platon, Phaidros, a.a.O., Band 5, 247 c,d.
[32] A.a.O., 247 d,e.
[33] Platon, a.a.O., 248 c - 248 e.

se aus der Erinnerung an die überhimmlische Heimat. Jede Seele kann sich erinnern, wenn sie richtig angeleitet wird, denn sie kommt ja aus dem Göttlichen und besitzt ohne weiteres die Fähigkeiten dazu.

Philosophie ist Nachahmung des Göttlichen

Der Philosoph übt sich in der Nachahmung des Göttlichen, da er sich in den Tugenden und im Wissen übt. Das geht nahezu in eine Art Vergöttlichung des Nachahmenden über, insofern das irdische Leben mit seinen Beeinträchtigungen durch die Welt der Sinnen das ermöglicht. Die Beschäftigung mit den göttlichen Ideen der Gerechtigkeit und Besonnenheit bringen im philosophischen Leben voran. Durch Einübung in diese im besten Sinne kosmische Ordnung der Ideen ordnet sich der Philosoph in seiner Seele und beginnt die Alltagswelt (die Welt der Sinnen) im Sinne dieser Angleichung an Gott zu beeinflussen. Die Einübung in die kosmische Ordnung wird dadurch erschwert, dass die Seele auch einen sterblichen Teil hat, der im Zuge der Erschaffung des Menschen von den unsterblichen Göttern geschaffen wurde. Dieser enthält die „unabweislichen Leidenschaften" wie Lust, Schmerz, Mut, Verzagtheit, Hoffnung und „eine zu jedem Wagnis bereite Liebe". Damit die unsterbliche Seele nicht verunreinigt wird, haben die Götter sie räumlich vom Kopf getrennt und in der Brust „gefesselt" und zudem noch den schlechteren Teil dieser in die Region unterhalb des Zwerchfells verbannt. Die Leidenschaften in der Brust haben die Aufgabe, die Leidenschaften des Bauches mit Gewalt niederzuhalten, wenn sie nicht dem unsterblichen Teil der Vernunft - Seele (Sitz im Kopf) gehorchen.[34] Das philosophische Leben überwindet durch seine Lebensweise von Besonnenheit und Vernunftorientierung die Leidenschaften.

---

[34] Platon, Timaios, Werke, Band 7, 69 a - 70 d.

Die göttliche Sphäre

Besonders wird das von Platon auch im berühmten Höhlengleichnis[35] ausgebreitet. In einer Höhle sitzen Gefangene, die an Armen und Schenkeln festgebunden sind und sich nicht umdrehen können. Sie blicken also immer auf die Wand, die ihnen gegenüberliegt. Der Ausgang der Höhle liegt schräg über den Gefangenen. Dadurch fällt das Licht eines Feuers in die Höhle. In der Höhle befindet sich ein Weg, neben dem eine Mauer entlang führt. Auf dem Weg gehen Gestalten, die Krüge, hölzerne Bilder oder Statuen umhertragen. Die ragen über die Mauer hinaus und werden durch den Lichtschein des Feuers außerhalb der Höhle als Schatten an der Wand, auf die die Gefangenen schauen, abgebildet. Da einige bildtragende Gestalten hinter der Mauer reden, denken die Gefangenen, die Schatten an der Wand sprächen miteinander. Das halten sie dann für das Wahre.

Wenn man nun einen Gefangenen losmachen und ihn dazu bewegen würde, sich sofort umzudrehen, dann wäre er geblendet vom Licht. Möchte er dann nicht die flimmerigen Bilder, die er jetzt sieht, für weniger wahr halten als die Bilder an der Höhlenwand? Wenn man ihn dann sogar zwingen würde, aus der Höhle zu gehen und in die Sonne zu sehen und ihm sagen, nun sehe er das Wahre, dann würde dieser Mensch zunächst das nächtliche Licht des Mondes vorziehen. Wenn er sich aber an das Licht gewöhnt hat, „wird (er) schon herausbringen von ihr, daß sie (die Sonne) es ist, die alle Zeiten und Jahre schafft und alles ordnet in dem sichtbaren Raume und auch von dem, was sie sahen, gewissermaßen die Ursache ist."[36] Wenn er nun an seine ehemaligen Mitgefangenen denkt, wird er nicht mehr zu ihnen zurückkehren wollen. Wenn er zurückkehren wollte, müsste er seine Augen wieder an die schemenhaften Bilder gewöhnen.

---

[35] Platon, Politeia, a.a.O., Band 4, 514a - 517a.
[36] A.a.O., 516 b,c.

Man würde ihn auslachen und ihm sagen, seine Augen seien jetzt wohl von da oben verdorben. Das führe die Gefangenen zu dem Schluss: „Man müsse jeden, der sie lösen und hinaufbringen wollte, wenn man seiner nur habhaft werden und ihn umbringen könnte, auch wirklich umbringen."[37]

Das Gleichnis zeigt, wie unterschiedlich die Wahrnehmungsweisen der Menschen sind. Die Gefangenen entsprechen Menschen in dem, was sie gewöhnlich wahrnehmen. Dabei handelt es sich bloß um Abbilder der Ideen. Wenn man sich aber aus der Dunkelheit mittels der Philosophie herausarbeiten und in die oberen Regionen steigen kann, überwindet man solche Dunkelheit: „Ich wenigstens sehe, …, daß zuletzt unter allem Erkennbaren und nur mit Mühe die Idee des Guten erblickt wird, wenn man sie aber erblickt hat, sie auch gleich dafür anerkannt wird, daß sie für alle die Ursache alles Richtigen und Schönen ist, im Sichtbaren das Licht und die Sonne, von der dieses abhängt, erzeugend, im Erkennbaren aber sie allein als Herrscherin Wahrheit und Vernunft hervorbringend."[38]

Die Höhle ist die Region, in der man auf dieser Welt lebt, wir würden heute sagen, sie ist die Perspektive meiner Erkenntnis, an Ort und Zeit, an Widerfahrnisse aller Art, an die menschliche und sonstige Umwelt gebunden, also an meine Sozialisationsbedingungen. Will ich aber zu höherer sozialisationsunabhängiger Erkenntnis gelangen, muss ich über diese hinauskommen. Das geht nur über die Erinnerungen meiner Seele an ihre „wahre Herkunft". Die sind Wahrheit, Vernunft, Weisheit, Besonnenheit, Gerechtigkeit und das Gute selbst in einem nicht erschaffenen Bereich über dem Himmel - die Attribute Gottes. Dazu geleitet mich die Philosophie mit ihren verschiedenen Disziplinen, angeführt von meinem Lehrer. Daran ist entscheidend, dass nicht die Verehrung der Götter zum glücklichen Leben des Philosophen führt, sondern die fragende dialektische Unterredung. Durch sie

---

[37] A.a.O., 517a.
[38] A.a.O., 517b,c.

kommt der Fragende über Interessen und Meinungen hinaus zur Wahrheit, findet damit das Eigentliche und überwindet den Anschein, die bloße Meinung. Gott oder das Gute ist Wahrheit, Vernunft, Weisheit und Gerechtigkeit. Die Götter der Dichter gehören nicht in diese Sphäre Gottes, sondern eben in die geschaffene der Götter. Die Seele aber kann durch ihre Herkunft aus der göttlichen Sphäre nicht zeitlich begrenzt sein wie die natürlichen sichtbaren Dinge. Sie gehört der Sphäre des Unsichtbaren, Schönen, Immergleichen an.

Von hier hat das Abendland die Idee der unsterblichen Seele in ihren verschiedenen Variationen. In den Platonschriften wird der Körper auch das Gefängnis der Seele genannt. Der Tod wäre dann Befreiung und Heimkehr der Seele. Die aber durchläuft mehrere Lebenszyklen. Wenn sie das Sichtbare nicht abstreifen kann, tut sie sich mit einem neuen Leib zusammen. Da wird es dann ziemlich märchenhaft: „Und freilich leuchtet auch ein, o Kebes, daß dies nicht die Seelen der Guten sind, sondern der Schlechten, welche um dergleichen gezwungen sind herumzuirren, Strafe leidend für ihre frühere Lebensweise, welche schlecht war. So lange irren sie, bis sie durch die Begierde des sie noch begleitenden Körperlichen wieder gebunden werden in einen Leib. Und natürlich werden sie in einen von solchen Sitten gebunden, deren sie sich befleißigt hatten im Leben. – ... - Wie, die sich ohne all Scheu der Völlerei und des Übermuts und des Trunkes befleißigen, solche begeben sich wohl natürlich in Esel und ähnliche Arten von Tieren. Oder meinst du nicht? - Das ist ganz wahrscheinlich. - Die aber Ungerechtigkeit, Herrschsucht und Raub vorzogen, diese dagegen in die verschiedenen Geschlechter der Wölfe, Habichte und Geier?"[39] Die dem Bürgerlichen nachstreben, also Besonnenheit und Gerechtigkeit leben aus Übung und Gewohnheit, gehen in Bienen oder Wespen. Nur den Philosophen, die rein abgehen, ist es vergönnt, in die Reihe der Götter zu gelangen. Sie haben sich durch die Erinnerung

---

[39] Platon, Werke 3, Phaidon, 81 e – 82 a.

an ihre Herkunft an das Gute, Eine, Schöne und Unveränderliche gebunden und kleben daher nicht am Sichtbaren, Körperlichen und Vergänglichen.

Das platonische Gedankengebilde arbeitet aber nicht nur mit übersinnlichen Größen, sondern schreibt diesen „Ideen" (von altgriechisch idea = Gestalt, Urbild, Erscheinung) die einzige Wirklichkeit zu. Das Sinnliche und Vorfindliche, das was wir sehen und wahrnehmen, ist nur Abbild einer unvergänglichen Idee. Dadurch werden die gewöhnlichen Begriffe „wirklich" und „nicht wirklich" vertauscht. Die höchste Wirklichkeit besitzt das Gute, Schöne, Wahre, Eine. Damit muss Gott die höchste Wirklichkeit sein oder das Gute Gott. Diese Denkweise nennt man seit dem 18. Jahrhundert „Idealismus".

Es handelt sich um eine relativ komplizierte Gedankenkonstruktion. Sie muss die wahrnehmbare Welt der Menschen und Götter durch eine weitere Dimension des „Überhimmlischen" ergänzen, dort die Wahrheit, das Schöne und Gute lokalisieren, das wahrhaft Seiende einführen, die Seele dort verorten, um durch die Konstruktion des Sich - Erinnerns mittels philosophischen Dialogs schließlich eine Menschenwelt zu konstruieren, in der die Philosophen, die in der Erinnerung an die Wahrheit weit fortgeschritten sind, die Herrschaft ausüben sollten. Damit wäre sichergestellt, dass sie nicht im eigenen Interesse gewähnter Wahrheiten falsche Politik betreiben.

"Ideenlehre" Platons
Das Eine
Das Gute
Vernunft

Wiedererinnerung
Anamnesis

Sinnliche Wahrnehnung

Ideen

Gegenstände

unveränderlich

vergänglich

Teilhabe
Methexis

Urbild ———————————— **Abbild**

Gegenwärtigkeit
Parousia

Die Ideenlehre des Platon ist metaphysisch angelegt, da sie auf unvergängliche Ideen aus der überhimmlischen Sphäre zurückgreift, die man nicht wahrnehmen, sondern nur denkend erschließen kann. Es handelt sich eigentlich nicht um eine systematische Lehre von den Ideen. Sie entstammt zahlreichen einzelnen Stellen in den Dialogen. Da wird auch z.B. die Frage gestellt, ob auch negative Sachen wie Schmutz oder Haare eine ewige Idee als Hintergrund haben.[40]

Dann arbeitet Platon auch mit mythischen Inhalten. Neben dem Mythos vom Seelengespann sind auch die Mythen von

---

[40] Siehe Platon, Parmenides, Werke Band 5, 130 b.

Atlantis[41], vom Kugelmenschen[42] oder vom Goldenen Zeitalter[43] noch heute überall bekannt. Ein fertiges System von Metaphysik ist bei Platon also nicht vorhanden. Die Dialoge überlassen den Lesern oder Hörern manchmal den eigenen Schluss. Viele der wesentlichen Gesichtspunkte entnimmt er aus Mythen. Es handelt sich um ein Konstrukt aus Mythen, Ideen und Ahnungen. Nichtsdestotrotz hat seine Philosophie auch noch großen Einfluss auf alles, was heute gedacht wird. Sie spielte beim Christentum und Islam ebenso eine Rolle wie bei den Philosophen des Abendlandes. Daher konnte sogar die These aufgestellt werden, alle wesentlichen Punkte des Philosophierens seien bei Platon bereits vorhanden. Philosophie bestehe bis heute aus Fußnoten zu Platon.[44]

Was die Religion betrifft, so hat Platon vor allem das Metaphysische entwickelt, die Welt hinter Welt. Sie hat eine überragende Bedeutung als wahre Welt, in der all die Abbilder sich gründen, die als wahrnehmbare Welt erfahrbar sind. Die ideale Welt der Ideen gipfelt im Guten. Sie ist eigentlich Gott, zugänglich nur durch Philosophie. Die Seele hat insofern Anteil an ihr, als sie dieser Sphäre zugehört. Was die Religion im alten Griechenland betrifft: Platon gesteht den Göttern zwar die *überirdische* Sphäre zu, hält sie aber für Gestalten, die der Schöpfung unterliegen, auch wenn sie unsterblich sind. Gott dagegen ist im *überhimmlischen* Bereich zu finden als das Gute.

Ist das Philosophie oder doch einfach Religion? Oder vielleicht eine Kritik der Religion? Peter Sloterdijk hat in seiner unnachahmlichen überbordenden Formulierkunst in „Platons Einspruch" eine geistige Revolution gelesen: „Seit dem

---

[41] Platon, Timaios, Werke Band 7, 24 e-25 d.

[42] Platon, Das Gastmahl, Werke Band 3, 189 c ff.

[43] Platon, Politikos, Werke Band 6, 268 d – 274 e. Bei Platon selbst ist es die Geschichte von den zwei Zeitaltern.

[44] Alfred North Whitehead: Process and Reality. An Essay on Cosmology. Cambridge 1929, 63.

Auftauchen der akademischen Philosophie war die bessere *theologia* - Platon verwendet den Begriff ein einziges Mal im zweiten Buch der *Poilteia* - als Lehre von den ersten Qualitäten vorzutragen. Da Gutsein das erste Prädikat Gottes darstellt, mußte vom Göttlichen nach Platon durchwegs agathologisch gehandelt werden." Die Abspaltung des „Bösen" war die Folge dieser geistigen Operation. Zum Gott Jahwe aus dem Alten Testament beispielsweise passte das ganz und gar nicht. Es folgte eine unglückliche Aufteilung, in der Gott im Himmel blieb, der Teufel aber als der Böse der „Fürst dieser Welt" werden konnte. Daraus entstanden religiöse / theologische Konstruktionen, die erklärten, warum Gott als der Gute so weltfremd erschien, warum seine Allmacht nicht ausreichte, um die Welt zu befrieden, warum die meisten an seiner Gerechtigkeit zweifeln und eine eigene Lehre von der Gerechtigkeit Gottes erfunden werden musste (Theodizee). Das platonische Denken kam letztlich über Augustin in die christliche Theologie. Weitere Folgen:

„Das Resultat aus Platons Intervention war die Entfremdung des Göttlichen von Mythos, Epos und Theater und seine Neudarstellung als mentale bzw. noetische, diskursive, in letzter Instanz nur kontemplativ berührbare Größe. Da auch die neu zu gründende, anhand philosophischer Leitgedanken zu verfassende polis, Platons Überzeugung gemäß, eine durch das Göttliche ... integrierte Gesamtheit sein sollte, und dies in noch höherem Maß als die bisherige, durften im idealen Gemeinwesen – einer Art von logokratischem Gottesstaat - die altehrwürdigen Erfindungen der Gottesmärchen-Sänger nicht unzensiert weitererzählt werden. Viele von den alten Geschichten ließen die Götter in einem mehr als dubiosen Licht erscheinen; zu oft legten die Himmlischen wie die primitivsten Sterblichen krude Rachegelüste, vulgäres Machtstreben und ihrem Stand nicht angemessene erotische Triebhaftigkeiten an den Tag. Als Vorbild für eine nachplatonische Jugend war die olympische Korruptionsgemeinschaft nicht mehr geeignet."[45]

---

[45] Sloterdijk, Den Himmel zum Sprechen bringen, 34f.

Kurz gesagt

Warum verdirbt das Befragen vor allem die Jugend und untergräbt die religiöse Ordnung?

Das skeptische Fragen nach allem leitet die Jugend dazu an, kritisch über alles nachzudenken. Die Jugend aber soll in die Traditionen eingeführt werden, um sie weiterzuführen. Sie soll die gegebene „Weltordnung" zelebrieren und weitergeben. Skeptische Einstellungen führen zur Zersetzung der Autorität des Gegebenen. Damit kommt alles ins Rutschen. Die Autorität der „Alten" zerfällt mitsamt der „Religion der Väter" und ihrer Macht. Das besondere Argument des „Wissens" beleidigt die Religion, die per Definition „alles weiß", weil sie aus einer anderen Sphäre kommt. Das „Wissen" entzieht den Autoritäten im Rahmen der Vernunft die Glaubwürdigkeit. Schon damals wurde im übertragenen Sinn der „Untergang" des noch gar nicht im Bewusstsein ausgebildeten „Abendlandes" beschworen.

Was stellten Sokrates und Platon über die religiöse Ordnung? In welches Licht gerät dadurch die religiöse Ordnung?

Über die gegebene und religiöse Ordnung stellen die Philosophen das Nachdenken, die Erkenntnis der Menschen und ihre Vernunft. Die fragt nach dem Grund der Dinge, der Berechtigung des Bestehenden und ob nicht alles ganz anders sein könnte. Die religiöse Ordnung bekommt dadurch den Anschein der ausschließlichen Bewahrung der Tradition, d.h. der Festigung von Über- und Unterordnungsverhältnissen in Gemeinschaft und Gesellschaft.

Was halten Sie von der Vorstellung, die Seele komme aus der göttlichen Sphäre von Wahrheit, Gerechtigkeit, Weisheit, Besonnenheit und Vernunft?

Es ist verführerisch, sich vorzustellen, die Seele sei ein übernatürlicher Anteil im menschlichen Leben. Wenn sie aus der göttlichen Sphäre kommt, kommen im Menschen Immanenz und Transzendenz zusammen. Dadurch wären Menschen als eine besondere Form der Schöpfung ausgezeichnet, der eigentlich alle göttlichen Wesenszüge zugänglich sind. Da sie durch die Materie, die der Mensch unleugbar auch darstellt, „verdunkelt" und „gefangen" ist, muss sie sich in steter Bemühung um die Erinnerung an ihre Herkunft kümmern. Das Überwinden der Erdgebundenheit sollte eine Hauptaufgabe des Menschen sein. Diese Vorstellung tendiert zu Weltverzicht und zur Abwertung des Leiblichen, Alltäglichen und Erdgebundenen, zur Überwindung der negativen Affekte, die Gott nicht zugeschrieben werden. Aus der göttlichen Seele kommen die Tugenden, aus dem Leib die Untugenden. Das hat die verhängnisvolle Spaltung in Gut und Böse, Leib und Seele, Gott und Materie zu Folge, die das „Abendland" durchdrungen hat. Es entspricht aber irgendwie auch einer Wahrnehmung der Welt und einem menschlichen Selbstverständnis, sich so zu beschreiben. Denn wir gehen offensichtlich nicht in der Materie auf, sondern können ein Bewusstsein über alles bilden, es betrachten und teilweise steuern. Dass jedoch dieses Bewusstsein göttlich sein muss, diese Folgerung kann vernünftig nicht getroffen werden. Das bleibt eine Setzung der so ausgestatteten Menschen.

Können Sie dem Schluss folgen, dass Gott das vollkommene Gute ist?

Innerhalb der platonischen Gedankenführung lässt sich nachvollziehen, dass das Gute und Vollkommene der göttlichen Sphäre zugerechnet werden muss und dass Gott das höchste Gute, Wahre und Schöne bezeichnet. Nur ist das natürlich eine Setzung aus menschlicher Sicht. Es setzt auch das Unvollkommene voraus, das aus der Materie kommen muss oder einem „schlechten Prinzip" entspringt. Wenn man aber die Gegensätze Gutes und Böses, Vollkommenes und Unvollkommenes, Endliches und Unendliches so bildet, dass sie verschiedenen Sphären angehören, entsteht daraus ein unauflösbarer Gegensatz, zwischen dem oder aus dem heraus sich alles bildet. Wenn man einen Gottesbegriff bilden möchte, dann müsste er eigentlich beides umfassen, Materie und Geist, Gut und Böse, das Vollkommene und das Unvollkommene. Dann wäre Gott „alles in allem". Die Spaltung der Bereiche kann Folgen hervorrufen, die dem menschlichen Leben nicht in jeder Hinsicht bekommen.

Ist letztlich die Philosophie die Religion von Sokrates und Platon?

Das könnte man so sagen, weil sie mit der Philosophie eine letztgültige Welterklärung anstreben und zumindest Plato eine philosophische Lebensweise ausbildet, die eine „Verähnlichung" mit dem Göttlichen einschließlich einer ethisch begründeten Lebensweise ansteuert. Das wirkt wie eine Art „Vorform der Klöster".

Was bedeutet es, wenn die Seele Anteil an der göttlichen Sphäre hat, und Wissen eigentlich Erinnerung ist?

Die Erinnerung ist jedem menschlichen Wesen zugänglich und muss mit jedem eingeübt werden. Es kann keine „neuen" Erkenntnisse geben. Der Wissensvorrat liegt bereits fertig in der Seele vor. Alles Natürliche ist ein Abbild des eigentlichen Wissens. Durch Erinnerung trifft man auch auf das Wesen der Dinge. Durch die Erinnerung an das Göttliche – das Wissen – weiß die Seele auch um ihre Unsterblichkeit als göttliche Qualität. Das alles bedarf keines Glaubens, denn es ist Wissen. Nur wer das Wissen der Seele voll erfasst, kann in der Gesellschaft gute Positionen wie die Regierung etc. übernehmen. Andere, die sich durch Affekte steuern lassen, bringen Unglück über die Welt. Es entsteht also wieder ein Gesellschaftsbild aus der bloßen Erkenntnis, dass Wissen Erinnerung ist.

Schatzhaus der Athener in Delphi

4. Der Religionsbegriff bei Cicero

Der römischen Redner, Politiker, Philosoph und Anwalt Cicero (106-43 v. Chr.) nutzte vielleicht als erster den Begriff Religion bzw. „religiosus" im heutigen Sinn und führte ihn auf das lateinische Wort relegere zurück. Relegere (Betonung auf der drittletzten Silbe) kann mit 'erneut lesen', 'sorgfältig lesen', übersetzt werden. Wer also die Verehrung der Götter mit „reinem, lauterem und unverdorbenen Herzen und ebensolchen Worten" betreibt, ist religiös. „Diejenigen (...) welche den ganzen Tag lang beteten und opferten, damit ihre Kinder am Leben blieben, wurden „superstitiosi" (abergläubische) genannt." Religiös ist, wer „alles, was zur Götterverehrung gehört, sorgfältig bedenkt und gewissermaßen immer wieder durchgeht".[46] Mit dem Wort religiös verwendet Cicero auch das Wort Kult (cultus), das seither im Zusammenhang mit Religion nahezu unvermeidbar scheint. Die richtige und sorgfältige Ausübung des Kults garantiert, dass neben der „Bindung an die Götter auch Ehrlichkeit und Treue ebenso wie das soziale Zusammengehörigkeitsgefühl der Menschen und die eine, alles überragende Tugend, die Gerechtigkeit" nicht „aufhören zu existieren".[47] Beim Abergläubischen zerfällt das alles. Bemerkenswert ist bei diesem Begriff religiosus, dass er die „richtige" Religion enthält. Der religiöse Mensch übt die richtige Religion im sorgfältigen kultischen Handeln aus. Die richtige war im römischen Reich vorchristlicher Zeit die Verehrung der römischen Götter. Der Kultus fand öffentlich statt und das Götzenopferfleisch aus dem Tempel wurde im Anschluss an die Ausübung verkauft. Es ging also bei der öffentlichen Verehrung von Kaiser und Göttern auch um wirtschaftliche Belange und Staatstreue. Das geht aus einem Brief von Plinius dem Jüngeren an Kaiser Trajan hervor.[48] Zur Wortableitung von Religion gibt es auch

---

[46] Cicero, de natura deorum, Über das Wesen der Götter, Stuttgart 2003, II, 72, 181-183.
[47] Cicero, a.a.O., I, 4.
[48] Plinius an Trajan Buch 10,96, Ziffer 10.

Funde bei Cato, dem Älteren, Plautus und Terentius. Diese erlauben, das Wort auf das lateinische rem ligare (= eine Sache festbinden oder abschließen) zurückzuführen.[49] Eine ähnliche Bedeutung favorisiert auch Laktanz (siehe unten).

Mit dem Thema Kult setzt sich auch Paulus im 1. Korintherbrief 8-11 auseinander. Er spricht von der Freiheit, das öffentlich verkaufte Fleisch der kultischen Veranstaltung zu essen. Da es keine Götzen gibt, ist es egal, von welcher Schlachterei man Fleisch zum Essen kauft. Wenn man jedoch an einer kultischen Veranstaltung teilnimmt, und sei es nur aus Gewohnheit, dann widerspricht es dem christlichen Glauben. Im Übrigen sollen die, die sich das Fleisch ohne Gewissensbisse leisten könnten, um der Schwächeren willen darauf verzichten. Wer im Glauben noch nicht sicher ist, könnte den Schluss ziehen, dass man nicht nur kultisches Fleisch essen, sondern auch ein wenig kultische Handlungen mitmachen kann, ohne den christlichen Glauben zu verleugnen. Es würde also reichen, ein wenig dem Christlichen und ein wenig dem Kaiser- und Götzenkult zu folgen. Anders ausgedrückt: Wer beim Abendmahl (Herrenmahl, Kommunion) teilnimmt, kann nicht gleichzeitig die Kultmahle der römischen Götter besuchen, obwohl dieses Kultmahl seinem Wesen nach keines ist. Die Teilnahme führt zu Missverständnissen.

Nur wenige leugnen die Götter

Bei seiner Untersuchung über das Wesen der Götter lässt Cicero nun die Positionen Epikurs und der Stoa durch verschiedene Akteure darstellen, begründen und kritisieren. Er lässt dem Leser die Möglichkeit, selbst zu entscheiden, was er für richtig hält. Dabei werden zahlreiche philosophische Thesen geprüft und verteidigt bzw. widerlegt. Es geht „zuerst einmal um die Frage, ob es Götter gebe oder nicht. 'Die Existenz

---

[49] Axel Bergmann, Die Grundbedeutung des lateinischen Wortes Religion, Marburg: diagonal-Verlag, 1998.

ist wohl schwerlich zu bestreiten.' Wohl wahr, würde man die Frage in einer Volksversammlung stellen. Doch in einem Gespräch im engen Freundeskreis ist das ganz unproblematisch. Und so möchte ich ‚..., von der ersten These - es gäbe Götter - überzeugt werden, nicht nur aufgrund einer Vermutung, sondern durch einen klaren Wahrheitsnachweis. Es begegnen einem ja viele Einwände, die einen so verwirren können, daß man bisweilen den Eindruck hat, es gebe gar keine Götter. ... Die Tatsache nämlich, daß die Menschen aller Völker und jedweder Couleur diesen Glauben haben, hast du als hinreichenden Beweis dafür bezeichnet. ... Das ist in sich haltlos, darüber hinaus sogar falsch.“[50] Dass nur wenige die Götter leugnen, liege daran, dass man diese Auffassung nicht straffrei äußern könne. Also ist die Behauptung, Götter gebe es, weil alle es glauben, falsch, denn nicht alle glauben es. Cicero findet aber keinen Beweis, der nicht eine Gegenrede provozieren würde. Daher spricht er sich im Ergebnis dafür aus, den staats- und gemeinschaftserhaltenden Kult als „richtige Religion“ zu befürworten. Der Beweis bleibt bei allem Bemühen aus. Aber unterhalb des Beweises, um den die philosophischen Schulen streiten, gibt es ja noch die Frömmigkeit und den Kult. In heutiger Sprache würde man das wohl als Beweiskraft des gerade Mächtigen oder des Faktischen bezeichnen. Peter Sloterdijk bezeichnet diese Form von Religion als „erdichtetes Zusammengehören“. „Die gewöhnliche griechische *eusebia* ist eine habituelle Größe, die unabhängig von persönlichen Überzeugungen besteht. Man kann in ihr – wie in der römischen *religio* – eine Leistung der unauffälligen Anpassung an streng eingeschärfte kollektive Verhaltens- und Empfindungsmuster erkennen.“[51]

Epikur

Dieses Ergebnis erscheint angesichts des Unterschieds zwischen Stoa und Epikur eigentlich erstaunlich. Denn Epikur (341 – 271/270 v. Chr.) verstand alle Wirklichkeit rein materi-

---

[50] Cicero, a.a.O., I, 61, 62
[51] Peter Sloterdijk, Den Himmel zum Sprechen bringen, 145.

alistisch und verneinte metaphysische und transzendente Zugaben. Alles Existierende ist Ergebnis der unterschiedlichen Verteilung der Atome. Dieses Unteilbare ist unvergänglich und ist wahrzunehmen in den Eigenschaften Größe, Schwere und Gestalt. Die Atome verbinden und trennen sich, gehen neue Verbindungen ein. Diese Verbindungen werden nicht von außen gestaltet, sondern von den Atomen selbst verursacht. Es gibt auch nichts, was ihre Richtung bestimmt, also keinen Determinismus, keine Vorherbestimmung. Auch die Seele besteht aus Atomen, die beim Tod zerfallen. Das ethisch richtige Leben liegt in der Steigerung der Lebensfreude. Darum sollen möglichst die Beeinträchtigungen des Seelenfriedens vermieden und der Augenblick genutzt werden. Wahlspruch ist „carpe diem", nutze oder genieße den Tag. Der Spruch stammt von dem römischen Dichter Horaz (65-8 v.Chr.). Er brachte sozusagen Epikur auf eine Kurzform, die gerne zitiert wird. Er formulierte: „dum loqimur, fugerit invida aetas: carpe diem quam minimum credula postero"[52] (,Während wir reden, ist die flüchtige Zeit vergangen: Nütze (oder genieße) den Tag, und vertraue nicht dem folgenden' oder sinngemäß: Vertraue dem Heute, setze deine Hoffnung nicht auf morgen; Lebe im Hier und Jetzt, beschäftige dich nicht mit dem, was morgen vielleicht kommt.). Wer sich dabei an Jesus erinnert, liegt nicht ganz falsch: „Darum sorgt nicht für morgen, denn der morgige Tag wird für das Seine sorgen. Es ist genug, dass jeder Tag seine eigene Plage hat." (Matthäus 6, 34) Jesus begründet das aber ganz anders: Da Gott für alles Leben vorgesorgt hat, bedarf es keiner menschlichen Sorge. Man kommt also aus verschiedenen Gründen zu derselben Auffassung: Weil schon jemand vorgesorgt hat, dem man vertraut, oder weil man nicht aus der Seelenruhe gebracht werden möchte durch sinnlose Hoffnung auf das Morgen, ist Sorge überflüssig. Ganz ohne oder mit Gottver-

---

[52] Horatius, Auswahl, Text von Dr. Julius Tambornino, Paderborn: SchöninghVerlag, (heute: Westermann Group) Carmina Buch I, 11.

trauen zu leben, hat dasselbe Ergebnis. Dann geht es noch weiter:

Der Tod hat für den Menschen keine Bedeutung: Wenn ich lebe, ist er nicht da; wenn er da ist, bin ich nicht da. Also ist auch die Angst vor dem Tod möglich, führt aber nur zu Unruhe, die nicht nötig wäre. Epikur ging davon aus, dass es Götter ganz real gibt. Diesen kann man aber nicht zuschreiben, dass sie sich um die Menschen in irgendeiner Weise kümmern, noch dass sie irgendwie ein Schicksal der Menschen vorherbestimmen. Götterverehrung war für ihn dazu da, sich am Vorbild der Götter zu orientieren. Als heutiger Mensch frage ich mich, wozu man Götter braucht, wenn sie keinerlei Beziehung zu den Weltenbewohnern und deren Schicksal haben, sondern in irgendeiner Sphäre ihr Leben dahinleben. Eigentlich lohnt es sich nicht, als Mensch darüber nachzudenken. Wenn alles aus den verschiedenen Zusammensetzungen der unendlichen Zahl der materiellen Atome besteht, hat es eigentlich auch keinen Sinn, über Hintergründe weiter zu sinnieren. Dann geht es nur darum, sich dem Augenblick hinzugeben und ihn auszukosten. Alles andere wäre nur Ablenkung und gewissermaßen Zeitverschwendung, die die Menschen auch noch die seelische Gleichmut kostet.

Die Stoa

Die Stoa wurde von Zenon von Kition (wahrscheinlich 333/332 – 262/261 v. Chr.) in Athen auf dem Markt in einer bemalten Säulenhalle gegründet. Werke von ihm sind nicht erhalten. Seine Schüler haben jedoch seine Gedanken überliefert, die auf den nichterhaltenen Schriften beruhen. Darunter findet sich die Beschreibung einer politischen Utopie, die bis heute politische Anregungen bereithält und keiner Kommentierung bedürfen.

„Zenons *Politeia* ist eine Utopie, deren Bürger das Universum als ihre Heimat beanspruchen und in der jeder nach Naturgesetzen und rationalem Verständnis lebt. Männer und Frauen waren in den

Augen der Gesellschaft völlig gleich und es gab keine Ungerechtigkeit, weil alle Handlungen auf der Vernunft basierten.

Es waren keine Gesetze notwendig, weil es keine Verbrechen gab, und weil für alle Bedürfnisse auf die gleiche Weise gesorgt wurde wie für Tiere in der Natur, gab es keine Gier, keine Eifersucht und keinen Hass jeglicher Art. Die Liebe lenkte alle Dinge und alle, die in dieser Kosmopole lebten, verstanden, dass sie hatten, was sie brauchten und vermissten nichts."[53]

Der römische Kaiser Marc Aurel (121-180, Kaiser von 161-180) schrieb als letzter großer Stoiker in seinen „Selbstbetrachtungen" über einen Grundgedanken der Stoa Folgendes auf:

Säulenhalle Rekonstruktion – Bild gemeinfrei

„Alles ist wie durch ein heiliges Band miteinander verflochten. Nahezu nichts ist sich fremd. Eines schließt sich dem anderen an und schmückt mit ihm vereint dieselbe Welt. Aus allem, was ist, bildet sich doch nur die eine Welt; in allem, was ist, lebt nur der eine Gott. Es ist nur ein Stoff und ein Gesetz, in den vernunftbegabten Wesen die eine Vernunft. Nur eine Wahrheit gibt's und für die Wesen derselben Gattung auch nur eine Vollkommenheit." (9)

„Alles Stoffliche verschwindet gar bald im Urstoff des Ganzen und jede wirkende Kraft wird gar bald in die Vernunft des Ganzen aufgenommen. Aber ebenso schnell finden die Erinnerungen an alles ihr Grab im ewigen Zeitenlauf." (10)

„Für die vernünftigen Wesen ist eine naturgemäße Handlungsweise auch immer zugleich eine vernunftgemäße." (11)[54]

---

[53] Zenon von Kition - Enzyklopädie der Weltgeschichte (worldhistory.org), 20. 03.22.
[54] Marc Aurel, Selbstbetrachtungen, Musaicum Books, 2018 OK Publishig, Buch 7, 9-11.

Da alles vom göttlichen Hauch (Äther) beseelt wird, folgt auch alles einer entsprechenden Vorherbestimmung (Vorsehung). Dieses Schicksal, das einem beschieden ist, anzunehmen, gilt als gute Haltung. Aber selbst das Aufbegehren gegen das Schicksal gilt als vorherbestimmt. Hat der Mensch dann überhaupt die Freiheit des Handelns? Der Mensch kann sich mit der Vernunft gegen oder für die Anregungen seiner inneren Triebe entscheiden, ist also gegenüber den Seelenregungen frei, aber moralisch verantwortlich. Diese Selbstbeherrschung braucht man für die Erkenntnis, da die Triebregungen nicht zur Erkenntnis befähigen. Da der göttliche Hauch allen Menschen zugänglich ist, sind sie alle prinzipiell gleich und gehören alle als Kosmopoliten zur Gemeinschaft der Menschen, unabhängig von Geschlecht und gesellschaftlicher Position.

Der einzelne bemüht sich stets um Selbstbeherrschung gegenüber den Affekten und Leidenschaften. So kann er oder sie den Zustand des/r stoischen Weisen erlangen: die Seelenruhe. Die aber bedeutet gerade nicht Teilnahmslosigkeit gegenüber den Widerfahrnissen oder der Politik wie bei Epikur, sondern affektfreie, vernünftige Herangehensweisen und Entscheidungen.

Im hellenistischen Athen entstanden, entwickelte sich die Stoa nahezu zu einer römischen Geistesströmung und das augenscheinlich in der herrschenden Schicht mit heute noch wirkenden Persönlichkeiten wie dem einflussreichen Cicero, Seneca, dem Erzieher von Kaiser Nero, oder dem Kaiser Marc Aurel. Das Schicksal der stoischen Gelehrten war im römischen Reich je nach politischer Situation wechselhaft, mal wohlgelitten, mal verbannt. Seneca musste sich aufgrund der angeblichen Teilnahme an der Pisonischen Verschwörung gegen seinen Zögling, Kaiser Nero, im Jahr 65 selbst erdrosseln. Aber seine Lehre von der Gleichheit der Menschen hat überdauert: In allen Menschen lebt der Weltgeist (Logos), der göttliche Funke (logos spermatikos), sie alle sind dem

Schicksal unterworfen. Alle sind ihrer Natur nach gleich. Sie z.B. als Sklaven zu halten, widerspricht ihrem natürlichen Recht, also ihrer Natur. Der Bezug auf die menschliche Natur versteht sich zugleich als vernunftgemäße Lebensweise, da der göttliche Logos eben die Vernunftseele bildet, an der alles Leben teilhat. Die Seele geht nach dem Tod in der Weltseele auf. Was die allgemeinen Menschenrechte betrifft, so wird bisweilen darauf hingewiesen, dass sie zwar nicht ausdrücklich in Rechtsform vorhanden waren, aber durchaus als logische Folge verstanden werden könnten. Als Beleg dafür dient eine Textstelle aus der Epistel 47 von Seneca: *„Libenter ex his, qui a te veniunt, cognovi familiariter te cum servis tuis vivere: hoc prudentiam tuam, hoc eruditionem decet. 'Servi sunt.' Immo homines. 'Servi sunt.' Immo contubernales. 'Servi sunt.' Immo humiles amici. 'Servi sunt.' Immo conservi, si cogitaveris tantundem in utrosque licere fortunae."* (Ich habe gern von denen, die *von dir kommen, zu wissen bekommen, dass du mit deinen Sklaven vertraut zusammenlebst: Das passt zu Deiner Klugheit und deiner Bildung. 'Es sind Sklaven.' Im Gegenteil, Menschen. 'Es sind Sklaven.' Ja, sogar Partner. 'Es sind Sklaven.' Nein, vielmehr demütige Freunde. 'Es sind Sklaven.' Nein, Mitsklaven, wenn du bedenkst, wieviel beiden das Schicksal erlaubt.)*[55] Dabei handelt es sich um Gedanken, die rechtsförmig zu formulieren, erst in der Neuzeit möglich war. Ähnliches schreibt auch Paulus im Brief an die Galater 3,28: *„Hier ist nicht Jude noch Grieche, hier ist nicht Sklave noch Freier, hier ist nicht Mann noch Frau; denn ihr seid allesamt einer in Christus Jesus."* Diese Aussage ist aber auf den Glauben an Jesus Christus bezogen und kann nur in ganz eigenständiger Auslegung als Aufruf für allgemeine Menschenrechte genommen werden: Da das Angebot Christi an alle Menschen geht, sind auch alle gleich vor Gott als Gottes Kinder. Zum Ende der Sklaverei führten beide Ansätze nicht sofort. Aber der Grundgedanke war vorhanden. Die neuzeitli-

---

[55] Epistulae morales ad Lucilium, Brief 47, eigene Übersetzung)

che rechtsförmige Formulierung gleicht eher einem Prinzip als einem individuellen, einklagbaren Recht.

Der Grundgedanke, der auch den Menschenrechten zugrunde liegt, braucht keinen Nachweis der Gleichheit. Er beruht auf philosophischen und theologischen Setzungen und menschlichen Erfahrungen, dass keiner von sich aus auf die Welt kommt, dass alle in gleicher Weise mit Vernunft ausgestattet sind, dass alle mit dem Leben ringen (Schicksal), dass alle danach streben, ihren Sinn und Zweck auf der Erde zu erfahren, dass alle das Zusammenleben ordnen müssen – kurz, dass bei allen die Erfordernisse des Lebens und Denkens sich gleichen – und schließlich, dass alle sterben müssen. Die Fragen nach den Ursachen der Möglichkeiten und Bedingungen des Lebens und der Erkenntnis bringen die Philosophien und Theologien hervor.

Damit kann die Frage des Cicero nach den Göttern nicht beantwortet werden, sofern die Antwort ein glasklarer Beweis sein soll. Man kann lediglich sagen, dass es auch zu Zeiten Ciceros verschiedene Antworten mit verschiedener Intensität gegeben hat, mit denen Menschen die Erkennbarkeit und Beschreibbarkeit ihrer Ursprünge vertraten. Jedenfalls ist seit Cicero die Diskussion um den Begriff Religion gegeben, die mit einem sorgfältig durchgeführten Kult ausgeübt wird. Bei Epikur findet sich der Anlass wegen ihrer Vorbildfunktion mit den Göttern umzugehen, bei der Stoa, weil man dem Göttlichen in sich selbst und der Weltseele begegnet. Cicero lässt die Beweiskraft des Faktischen gelten: Alle Völker haben Götter, also ist ihre sorgfältige kultische Verehrung gut, nicht jedoch die abergläubische, die meint, man könne die Götter durch ganz langes Beten beeinflussen.

Antikes Korinth

5. Die richtige Religion

Rund 350 Jahre später widersprach der Redner und Philosoph Laktanz (um 250 - um 320), der zum christlichen Glauben übertrat, dieser Version von Religion. Er führte religiös auf das lateinische „religare" zurück und übersetzte es mit festbinden, ja geradezu fesseln. „Diese Fessel der Frömmigkeit ist es, mit der wir an Gott festgemacht und angebunden sind."[56] Hier war aber der „richtige Kult" nun der christliche. Diese Religion hat mit dem Gott der Bibel eine Vorstellung, die keiner philosophischen Anstrengung bedarf, sondern, auf einer „Offenbarung" fußend, Religion als Vertrauen auf Gott versteht. Daher bedarf es nicht des sorgfältig durchgeführten Kultus, um die Götter nicht zu enttäuschen, sondern des persönlichen Vertrauens. Die Festbindung an Gott liegt daher als Ausdruck für diese religiöse Auffassung näher als die sorgfältige Beachtung des Kultus. „Was du aber verehrst, ist von allentscheidender Bedeutung, nicht aber, auf welche Weise du es verehrst oder was im Gebet erbeten wird."[57] Hier wird auch deutlich, dass es mehr um die Frömmigkeit des Individuums geht als um den öffentlichen religiösen Kult. Das spielte schon beim Prozess der Athener gegen Sokrates eine Rolle. Sokrates hatte in seiner Verteidigungsrede auf seinen „Daimon" im Inneren hingewiesen, als er der Gottlosigkeit angeklagt worden war, wie man in der Apologie des Sokrates nachlesen kann. Warum er gottlos sein könne, da doch sein Daimon zu ihm spreche und er auf ihn höre.

Augustin - die wahre Religion

Augustin (354-430) hinterließ mit der Schrift „de vera religione" (über die wahre Religion) ein religionsphilosophisches Konzept, das sich an dem platonischen orientierte, wie es

---

[56] Lactantius, Divinae Institutionis, IV, 3
[57] Lactantius, a.a.O., IV, 11.

„neuplatonisch"[58] damals verstanden wurde. Wenn man so will, deutete er es christlich um und machte es zugleich zur Theologie. Man könnte auch sagen, er deutete den biblischen Gott im Sinne Platons als ungeschaffene, unvergängliche Idee des Guten oder als unwandelbare Wahrheit. Sokrates und Platon werden als einsichtig, aber ängstlich bezeichnet. Sie waren eben nicht berufen, „den Sinn ihrer Volksgenossen zur rechten Gottesverehrung hinzulenken und vom abergläubischen Götzendienst und der Eitelkeit dieser Welt zu befreien. So kam es, daß selbst ein Sokrates mit dem Volke Götzenbilder verehrte."[59] Doch der Glaube an den einen Gott der Bibel ist die Erfüllung ihrer Lehre vom unbeweglichen Seienden und dem Streben nach Erkenntnis durch Abwendung von der Welt und ihre Gelüsten. „Augustin malte sie auf den Goldgrund einer Metaphysik, die um das göttliche Eine und das menschliche Innere kreist."[60] „Im inneren Menschen wohnt die Wahrheit. Und wenn du deine Natur noch wandelbar findest, so schreite über dich selbst hinaus! Doch bedenke, daß ... die vernünftige Seele es ist, die über dich hinausschreitet. ... Da wird dir nicht ... das Licht dieser unserer Sonne begegnen, sondern 'das wahre Licht, das alle Menschen erleuchtet, die in diese Welt kommen'(Joh. 1,9)."[61] Damit ist der unsterbliche Teil der Seele gemeint, die Vernunftseele, die die Wahrheit nicht hervorbringt, sondern findet. Die Schrift über die wahre Religion zeigt, wie viel von der platonischen Religionsphilosophie in das Christentum eingeflossen ist. Ihre eigentliche Stoßrichtung weist in Richtung der Manichäer, also seiner eigenen ehemaligen Überzeugung. Die glaubten, dass das Böse, Finstere eine eigene Macht darstellt, die ge-

---

[58] Als Gründer der neuplatonischen Schule gilt Plotin (205-270). Er interpretierte die Lehren Platons als treuer Gefolgsmann. Die Bezeichnung Neuplatonismus stammt aus dem 18. Jahrhundert.

[59] Augustinus, De vera religione, Über die wahre Religion, Übersetzung und Anmerkungen von Wilhelm Thimme, Stuttgart 1983, II 6. und 7., 7.

[60] Kurt Flasch, Nachwort in De vera religione, 215.

[61] Augustinus, De vera religione, XXXIX, 72, 202., 73,204. Darin enthalten ein Zitat aus Joh. 1,9.

gen Gott gerichtet ist und widersprechen damit der platonischen (und christlichen) Ansicht von der Einheit alles Geschaffenen. Wer aber die Einheit alles Geschaffenen voraussetzt, bringt sich in die Schwierigkeit, erklären zu müssen, dass dann auch das Böse zu dieser Einheit gehört.

Überleitung zum Hochmittelalter

Augustin hat sein Konzept selbst in einer späteren Schrift in Einzelheiten kritisiert. Dort nimmt er die Diskussion des Religionsbegriffs auf, entscheidet sich aber dafür, dass sowohl „sorgfältig beachten" als auch „anbinden" eine mögliche Herkunft des Begriffes sei.[62] Zudem bekräftigt er darin die Aussage, dass die wahre Religion schon immer existierte, nur eben vor Christus nicht so genannt werden konnte. Das Christentum wäre danach eine Realisierung des platonischen Denkens, wie Augustin es verstand. Die Religion Christentum entspräche damit dem Ergebnis der sokratisch - platonischen Religionsphilosophie. Das zeigt die enge Verbindung der Philosophie des Altertums mit dem christlichen Glauben an oder ist anders gesagt der Vorbote der Einhegung der (Religions-) Philosophie in das Christentum. Auch bei anderen so genannten Kirchenvätern spielte die Auseinandersetzung mit der Philosophie eine Rolle. Jedoch hat die augustinische Ausprägung rund 500 - 600 Jahre dominiert. Erst im Hochmittelalter begann eine neue Phase der Auseinandersetzung von Theologie und Philosophie auch durch die Befassung mit den Schriften des Aristoteles. Im lateinischen Westen gab es erst im elften Jahrhundert durch Anselm von Canterbury (1033- 1109) neue Ansätze, die dann zur Scholastik führten. Dabei spielte auch die islamische Gelehrsamkeit, die ebenso wie die byzantinische der lateinischen weit voraus war, eine Rolle. Die islamischen Gelehrten setzten sich mit dem Werk des Aristoteles auseinander, das ihnen bekannt war und das sie übersetzten und so allmählich auch dem lateinischen

---

[62] Retractiones, Überprüfungen, Von der wahren Religion, Buch I, Kap 12, .a.O., 189ff.

Westen zugänglich machten. Im Jahr 1088 (andere Datierung geht von 1130 - 40 aus) wurde in Bologna die erste Universität (zunächst eher eine Rechtsschule) gegründet. Andere folgten. Der scholastische Theologe mit der größten Wirkung war (und ist bis heute) Thomas von Aquin (1225-1274).

Als Scholastik wird eine Phase der Philosophie, Theologie und anderer Wissenschaften seit dem 18. Jh. bezeichnet. Sie begann in Vorformen im 9. Jh. oder nach anderer Ansicht im 10 Jh. und hatte ihre Blütezeit im 13. Jahrhundert. Ihre besondere von allen geteilte Methode ging so: Es wird eine Behauptung (These) aufgestellt, dann werden die Argumente, die dafür sprechen, dargestellt, sodann die dagegen. Anschließend wird eine Entscheidung getroffen und diese begründet. Wenn vorhanden, spricht dann die Gegenseite im selben Ablauf. So kann es hin und her gehen, bis klar ist, welche Argumente die stärkeren sind.

6. Gottesbeweise der Scholastik

Anselm von Canterbury - ontologischer Gottesbeweis

Anselm von Canterbury formulierte ähnlich wie die antiken Philosophen einen Gottesbeweis, der die Existenz Gottes über den Glauben hinaus aus der Vernunft nachweisen sollte. Immanuel Kant hat diesen Beweis ontologisch genannt und aus seiner Sicht widerlegt.

„Daß Gott wahrhaftig existiert

Also, Herr, der Du dem Glauben vernünftiges Einsehen gibst, verleihe mir, daß ich, soweit Du es nützlich weißt, einsehe, daß Du bist, wie wir glauben, und das bist, was wir glauben. Und zwar glauben wir, daß Du etwas bist, worüber hinaus nichts Größeres gedacht werden kann.

Oder gibt es etwa ein solches Wesen nicht, weil "der Tor in seinem Herzen gesprochen hat: es ist kein Gott"? Wenn dieser Tor ebendas hört, was ich sage: "etwas, worüber hinaus nichts Größeres

Dom zu Speyer - Baubeginn 1025 - Weihe 1061 - Umbau beendet 1106

gedacht werden kann", dann versteht er aber sicherlich, was er hört; und was er versteht, ist in seinem Verstand, auch wenn er nicht einsieht, daß dies existiert.

Denn, daß eine Sache im Verstande ist, ist eines; ein anderes einzusehen, daß die Sache existiert. Wenn nämlich ein Maler vorher bedenkt, was er schaffen will, so hat er es zwar im Verstande. Er erkennt aber noch nicht, daß existiert, was er noch nicht geschaffen hat. Wenn er aber schon gemalt hat, so hat er es sowohl im

Verstande, als er auch erkennt, daß existiert, was er bereits geschaffen hat.

So muß also auch der Tor zugeben, daß wenigstens im Verstande etwas ist, worüber hinaus nichts Größeres gedacht werden kann, weil er das versteht, wenn er es hört, und was immer verstanden wird, ist im Verstand.

Doch sicherlich kann "das, worüber hinaus Größeres nicht gedacht werden kann", nicht im Verstande allein sein. Wenn es nämlich schon im Verstande allein ist, so kann gedacht werden, daß es auch in Wirklichkeit ist - und das ist größer. Wenn also "das, worüber hinaus Größeres nicht gedacht werden kann", im Verstande allein ist, so ist eben "das, worüber hinaus Größeres nicht gedacht werden kann", (etwas,) worüber hinaus Größeres gedacht werden kann. Das aber kann gewiß nicht sein. Es existiert also ohne Zweifel "etwas, worüber hinaus Größeres nicht gedacht werden kann" sowohl im Verstande als auch in Wirklichkeit.

Daß nicht gedacht werden kann, er existiere nicht

Und dieses existiert schlechthin so wahrhaft, daß auch nicht gedacht werden kann, es existiere nicht. Denn es läßt sich denken, daß es etwas gibt, das als nichtexistierend nicht gedacht werden kann - und das ist größer, als was als nichtexistierend gedacht werden kann. Wenn daher "das, worüber hinaus Größeres nicht gedacht werden kann", als nichtexistierend gedacht werden kann, so ist eben das, worüber hinaus Größeres nicht gedacht werden kann", nicht "das, worüber hinaus Größeres nicht gedacht werden kann"; was sich nicht vereinbaren läßt. So wahrhaft existiert also "etwas, worüber hinaus Größeres nicht gedacht werden kann", daß es als nichtexistierend nicht einmal gedacht werden kann.

Und das bist Du, Herr, unser Gott. So wahrhaft also bist Du, Herr, mein Gott, daß Du als nichtexistierend nicht einmal gedacht werden kannst. Und mit Recht. Denn wenn ein Geist etwas Besseres als Dich denken könnte, erhöbe sich das Geschöpf über den Schöpfer und urteilte über den Schöpfer, was ganz widersinnig ist. Und in der Tat läßt sich alles, was sonst ist, außer Dir allein, als nichtexistierend denken. Du allein also hast am wahrsten von allem und damit am meisten von allem Sein, weil alles, was es sonst gibt, nicht so wahrhaft und daher weniger Sein hat.

Warum also "sprach der Tor in seinem Herzen: es ist kein Gott", da es dem vernunftbegabten Geiste so offen zutage liegt, daß Du am meisten von allem bist? Warum, wenn nicht deshalb, weil er töricht und unvernünftig ist?

Wie "der Tor im Herzen gesprochen hat", was nicht gedacht werden kann

Wie aber hat er im Herzen gesprochen, was er nicht hat denken können; oder wie hat er nicht denken können, was er im Herzen gesprochen hat, da doch im Herzen sprechen und denken dasselbe ist?

Wenn er dies wirklich, ja weil er es wirklich gedacht hat, da er es im Herzen gesprochen hat, und nicht im Herzen gesprochen hat, da er es nicht denken konnte, so wird etwas nicht nur auf eine Weise im Herzen gesprochen oder gedacht. Anders nämlich wird ein Ding gedacht, wenn der es bezeichnende Laut gedacht wird, anders wenn eben das, was das Ding ist, verstanden wird. Auf jene Art also kann Gott als nichtexistierend gedacht werden, auf diese jedoch keinesfalls. Denn niemand, der das einsieht, was Gott ist, kann denken: ,Gott ist nicht", auch wenn er diese Worte im Herzen spricht, sei es ohne jede oder mit einer fremden Bedeutung. Denn Gott ist "das, worüber hinaus Größeres nicht gedacht werden kann". Wer das gut versteht, versteht durchaus, daß dies so existiert, daß es nicht einmal in Gedanken nicht existieren kann. Wer also einsieht, daß Gott auf diese Weise ist, der kann ihn nicht als nichtexistierend denken. Dank dir, guter Herr, Dank dir, daß ich das, was ich zuvor durch Dein Geschenk geglaubt habe, jetzt durch Deine Erleuchtung so einsehe, daß ich, wollte ich es nicht glauben, daß Du existierst, nicht vermöchte, es nicht einzusehen."[63]

Können Sie diesen Text verstehen? Was sagt er Ihnen? Existiert etwas, was nur in Gedanken „da ist"?

---

[63]   https://www.ub.uni-freiburg.de/fileadmin/ub/referate/04/verweyen/anselm8.htm,   S. Anselm von Canterbury: *Proslogion*, Kapitel 2-4.

Interpretation des ontologischen Gottesbeweises

Erster Schritt

Am Anfang des Textes steht die These, Gott sei das, worüber hinaus größeres nicht gedacht werden kann. Das Gegenteil wäre, dass Gott das sei, worüber hinaus größeres gedacht werden kann. Selbst der Tor muss einsehen, dass in seinem Verstand etwas ist, worüber hinaus größeres nicht gedacht werden kann, denn er versteht es. Der Verstand kann aber denken, dass das auch in Wirklichkeit existiert. Das wäre größer als das, was im Verstand gedacht wird. Anselm entscheidet dann: Es muss etwas geben, worüber hinaus größeres nicht gedacht werden kann, also existiert es.

Zweiter Schritt:

Es ist nicht denkbar, dass das, „worüber hinaus größeres nicht gedacht werden kann", nicht exisitert. Man kann schließlich nicht denken, dass, „worüber hinaus größeres nicht gedacht werden kann", **nicht** das ist, „worüber hinaus größeres nicht gedacht werden kann". Also existiert es so wahrhaft, dass es als nichtexistierend nicht einmal gedacht werden kann. Gott kann also als nichtexistierend nicht einmal gedacht werden. Alles außer Gott lässt sich als nichtexistierend denken. Also hat Gott am meisten Sein unter allem was es sonst noch gibt.

Dritter Schritt:

Wie also kann der Tor sagen, „es gibt keinen Gott"? Ist er nicht vernunftbegabt? Er hätte dann im Herzen gesprochen, was er nicht denken kann. Es ist ein Unterschied, ob man nur das entsprechende Wort sagt oder ob man es versteht. Wenn man nur das Wort sagt, und sei es im Herzen, was dasselbe ist wie sprechen, kann man durchaus denken, es sei kein Gott. Wenn man „das Ding" versteht, ist Gott das, worüber hinaus Größeres nicht gedacht werden kann. Und das existiert so wirklich, dass es nicht einmal in Gedanken nicht existieren kann. Was ich im Glauben geschenkt bekommen habe, kann ich durch Gottes Erleuchtung auch vernünftig einsehen. Selbst wenn ich es nicht glauben könnte, so müsste ich es denken.

Bewertung des ontologischen Gottesbeweises

Die Unzulänglichkeit dieses „Beweises" als Beweis der Existenz Gottes drängt sich auf. Was hier allenfalls bewiesen ist, ist Folgendes: Das, worüber hinaus Größeres nicht gedacht werden kann, ist nicht gleichzeitig etwas anderes, als das, worüber hinaus Größeres nicht gedacht werden kann. Oder wie es der englische Empirist David Hume formuliert hat, *„daß dasselbe Ding unmöglich sein und nicht sein kann".*[64] Das aber muss nicht bewiesen werden. Alle anderen Gedanken sind Annahmen. Dass es sich bei dem, über das hinaus größeres nicht gedacht werden kann, um Gott handelt ist eine begriffliche Setzung. Wenn man diese Voraussetzung teilt - sie versteht - dann kann man diesem Satz beipflichten. Wenn man sie nicht teilt, eben nicht. Immanuel Kant hat sich die Mühe gemacht, diesen Gottesbeweis unter logischen Katgorien zu untersuchen. Sein Ergebnis wird allgemein geteilt.

Lassen sie sich durch die Satzbauweise von Immanuel Kant nicht verwirren. Er schreibt Sätze von Seitenlänge und bedient sich einer nicht gewohnten Interpunktion.

„Wäre von einem Gegenstande der Sinne die Rede, so würde ich die Existenz des Dinges mit dem bloßen Begriffe des Dinges nicht verwechseln können. ... Wollen wir dagegen die Existenz durch die reine Kategorie allein denken, so ist es kein Wunder, dass wir kein Merkmal angeben können, sie von der bloßen Möglichkeit zu unterscheiden. Unser Begriff von einem Gegenstande mag also enthalten, was und wieviel er wolle, so müssen wir doch aus ihm herausgehen, um diesem die Existenz zu erteilen. ... Für Objekte des reinen Denkens ist ganz und gar kein Mittel, ihr Dasein zu erkennen ... unser Bewußtsein aller Existenz (...) gehört ganz und gar zur

---

[64] David Hume, Die Naturgeschichte der Religion, Hamburg, 2. Aufl. 2000, 44.

Einheit der Erfahrung, und eine Existenz außer diesem Felde kann zwar schlechterdings nicht für unmöglich erklärt werden, sie ist aber eine Voraussetzung, die wir durch nichts rechtfertigen können."[65]

Man kann nicht durch einen Begriff auf einen außerhalb der Erfahrung liegenden Gegenstand schließen. Man kann es aber auch nicht ausschließen, dass dieser Gegenstand existiert. Umfassender sagt es das abschließende Beispiel der Kant'schen Untersuchung: „Es ist also an dem so berühmten ontologischen (...) Beweise, vom Dasein eines höchsten Wesens, aus Begriffen, alle Mühe und Arbeit verloren, und ein Mensch möchte ebenso wenig aus bloßen Ideen an Einsichten reicher werden, als ein Kaufmann an Vermögen, wenn er, um seinen Zustand zu verbessern, seinem Kassenbestande einige Nullen anhängen wollte."[66] Einige angehängte Nullen sind zwar eine Idee, das zugehörige Geld aber wird dadurch nicht existent oder erworben. Auf diese Weise kann Gottes Dasein weder bewiesen noch widerlegt werden.

Der ontologische Gottesbeweis bleibt als mittelalterliches Zeugnis des Bemühens stehen, Gottes Dasein auch den Menschen nahe zu bringen, die mehr auf ihre Vernunft als auf ihren Glauben vertrauten. Man könnte sogar sagen, der Mensch brauche sich gar nicht auf das bloße Glauben verlassen, da die Vernunft sogar Beweise für die Existenz Gottes liefern könne. Die Vernunft bestätige die Inhalte

Kreuzgang in Moissac, Frankreich, 1131

---

[65] Immanuel Kant, Kritik der reinen Vernunft, Hamburg 1956, 574 (A 601, A = Ausgabe von 1781)
[66] A.a.O., 575 (A 602).

der Religion. Im Palm 53, 2[67] steht die Sentenz von den Toren, die sagen in ihrem Herzen: „Es ist kein Gott." Dieser Satz wird verbunden mit dem Untergang alles Guten. Denn keiner fragt nach Gott. Die Idee, dass sie „nicht klug" sind, greift der Gottesbeweis auf: Denn sie bedienen sich nicht ihrer Vernunft. Interessant für uns heute ist der Vergleich mit der Aussage Ciceros (s.o.), dass die, welche die Götter nicht ehren, Ehre, Treue, Zusammenhalt und Gerechtigkeit nicht mehr kennen. Diese Befürchtung (oder Erfahrung?) hängt offenbar nicht von der Art der Religion ab, sondern weist auf ihre soziale Funktion hin.

Daran anschließend könnten wir uns fragen: Dienen die Bemühungen, den Glauben an Gott philosophisch zu untermauern und als vernünftig zu erweisen, ja die Einheit von Glauben und Vernunft zu betonen, dem Zweck, Gesellschaften, Völker, Herrscher und Beherrschte „im Zaum" zu halten, ethisch orientiertes Verhalten zu untermauern und die Einheit zu bewahren? Denn sie sagen im Ergebnis, dass Religion und 'vernünftiges' Denken und Verhalten zusammengehören. Oder dient diese gedankliche Übung der Festigung von Herrschaftsverhältnissen? Es geht schließlich immer um nichts weniger als „die Wahrheit", „das Richtige" im Allgemeinen und in der Religion. Wenn der Glaube und die denkende Vernunft zum selben Ergebnis führen, handelt es sich um nichts mehr als um das Unbezweifelbare. Für die Religion wird damit aber eine schwierige Bestätigung geschaffen. Was Gott offenbart hat, ist nichts mehr als der denkende Mensch mit seiner Geisteskraft ohnehin erkennen kann. Wozu braucht es dann noch die Offenbarung? Für die Erkenntnisse der Vernunft ist das Verhältnis ebenso schwierig: Falls sie etwas anderes erkennen sollte, wäre der Konflikt mit der Religion vorprogrammiert. Das trat spätestens in der Aufklärung offen zu Tage.

---

[67] Der Psalm 53 ist bis auf den Gottesnamen mit Psalm 14 identisch.

Weitere Gottesbeweise (Thomas von Aquin)

Thomas von Aquin war mit der ontologischen Beweisführung nicht ganz zufrieden. Denn, so argumentiert er, das, worüber hinaus Größeres nicht gedacht werden kann, sei wohl im Verstand da, aber nicht als Ding. Jedenfalls ist das so bei denen, die sagen, es gäbe keinen Gott. Deshalb hat er in seiner „Summe der Theologie" weitere Versuche des Gottesbeweises „nach Wirkungen" geführt, die ihn allerdings „nicht volkommen seiner Wesenheit nach erkennen". Dabei führt er vier Varianten eines kosmologischen Beweises und einen teleologischen Beweis auf[68]:

1) **Bewegung**: Alles, was bewegt wird, braucht ein anderes, um bewegt zu werden. Man kommt notwendig zu einem ersten Bewegenden. Alle nennen das Gott.

2) **Kausalitätsbeweis**: Wenn man die Wirkungen in der Welt betrachtet, kann man nicht die Ursache wegnehmen, sonst entfällt die Wirkung. Es muss also eine erste Wirk-Ursache geben: Alle nennen diese Gott.

3) **Kontingenzbeweis**: Alles empirisch (erfahrbar) Vorhandene könnte auch nicht existieren. Irgendein Wesen muss notwendig vorhanden sein, um den erfahrbaren Dingen ihr Sein zu geben. Das nennt man Gott.

4) **Ursache des Guten**: Da es auf der Welt mehr oder weniger Gutes gibt, setzt man etwas voraus, was das Beste, also ganz gut, ist. Also gibt es „das Beste", „das Vornehmste", das am meisten Sein hat. „Es gibt also etwas, das allen Seienden die Ursache des Seins und der Gutheit und jeglicher Vollkommenheit ist: und das nennen wir Gott."[69]

5) Der fünfte Beweis wird der **teleologische** genannt. Man sieht „daß einiges, was der Erkenntnis entbehrt, nämlich die natürlichen Körper, um eines Zweckes willen tätig ist; ... dar-

---

[68] Thomas von Aquino, Summe der Theologie, Hg., Joseph Bernhart, Band 1, Stuttgart, 3. Aufl. 1985, 17ff.
[69] A.a.O., 25.

aus ist klar, daß sie nicht aus Zufall, sondern aus einer Absicht an das Ziel gelangen." Was selbst keine Erkenntnis hat, kann nicht zielgerichtet handeln, wenn es nicht von jemand, der Erkenntnis hat, in Richtung gebracht ist: Wie der Pfeil vom Schützen. „Also gibt es ein Vernünftiges, von dem alle Naturdinge zu einem Ziele hingeordnet werden: und das heißen wir Gott."[70]

Schließlich folgt die **Zusammenfassung der Beweise** als Feststellung:

„Unvermeidlich stößt man in der Dingnatur auf ein erstes unanwegliches Seiende, das vorderste Wirksame, das Notwendige, das Nirgendwoher, am meisten seiend, gut und allerbest, an der Spitze mit Vernunft regierend und aller Dinge letztes End: das ist Gott."[71] Oder als Logik-Argument: Ein regressus ad infinitum (*Rückschreiten ins Unendliche*) ist logisch nicht möglich, daher kommt man auf einen ersten Grund, eine erste Ursache etc.

Die Denkweise der Scholastik lässt sich hier gut nachvollziehen. Man geht von einer Grundannahme aus und prüft diese Schritt für Schritt, indem man zuerst Argumente prüft, die dagegen sprechen, dann die sammelt, die dafür sprechen und dann zum Schluss kommt, daß die Grundannahme richtig oder falsch ist.

Kritik der Gottesbeweise

Zwar scheinen diese Gedanken irgendwie eigentlich jedem auch ohne philosophische Ausbildung verständlich zu sein. Aber die Folgerung von der Tatsache, dass es irgendeine erste Ursache, eine erste Bewegung, eine Ursache für das Existieren überhaupt oder einen Anlass für die Abstufung nach mehr oder weniger gut geben müsse, auf einen Gott, wie ihn die Bibel beschreibt, ist nicht notwendig. Man kann das alles

---

[70] A.a.O., 25.
[71] Ebd., 26.

ebenso gut auf einen „Urknall"[72] oder „den Zufall"[73] zurückführen oder auf andere unbekannte Ursachen. Was wir in
der sinnlichen Welt erfahren, versuchen wir in einen Zusammenhang zu bringen, so dass es uns logisch, stimmig oder
planvoll erscheint. Dadurch werden wir der verwirrenden
und mühsamen Aufgabe enthoben, alles immer neu verstehen, definieren und aushandeln zu müssen. Wir verlassen
uns lieber auf „bewährte", heute „wissenschaftliche" Erkenntnisse, die in übersichtlichen Gedankenfolgen und Verfahren unter Spezialisten ausgehandelt oder von Autoritäten
überliefert wurden und daher für viele Menschen Autorität
gewinnen. Andererseits sind die Gedankenfolgen, die in den
Gottesbeweisen dargelegt werden, auch nicht als unlogisch
von der Hand zu weisen. Im allgemeinen Sprachgebrauch
bedeutet das, dass das Dasein Gottes nicht stringent bewiesen werden kann, das Gegenteil aber auch nicht. Mit Thomas
ließe sich also der Schluss ziehen: Das nennt man Glauben.

---

[72] Stephen W. Hawking: Eine kurze Geschichte der Zeit. Reinbek 1991.
[73] Jaques Monod, Zufall und Notwendigkeit. Philosophische Fragen der modernen Biologie. Übersetzer: Friedrich Griese, München 1971.

Kurz gesagt

*,Es muss einmal einen Anfang oder eine erste Ursache gege-
ben haben. Das beweist, dass es Gott gibt.' Ist das richtig?*

Von richtig oder falsch zu reden, ist in diesem Zusammenhang nicht sinnvoll. Richtig und falsch gibt es im Zusammenhang mit nachprüfbaren Ergebnissen wie der Operation mit
Zahlen oder der Beschreibung von Ursachen und Wirkungen,
wobei auch das letztere wegen der Vielzahl von möglichen
Ursachen schon eher eine Frage der Wahrscheinlichkeit darstellt. Man könnte also sagen, es sei wahrscheinlich, eine
erste Ursache finden zu können. Daraus allerdings zu schließen, dass es Gott gibt, ist genau die Operation, die Thomas
von Aquin vorstellt. Er sagt nämlich, dass „das alle Gott nennen", beschreibt also eine Begriffsbildung für etwas, wovon
kein Gegenstand existiert.

*Was ist der Unterschied zwischen ontologischem, kosmologi-
schem und teleologischem Gottesbeweis?*

Der ontologische Gottesbeweis rekurriert auf das Sein selbst,
der kosmologische auf die Wirkungen, die Ursachen haben
müssen, der teleologische auf Zwecke der Dinge in der Welt,
die sie sich nicht selbst geben können. Alle Gottesbeweise
sind der Versuch, Gründe für das Leben in dieser Welt zu
finden. Die Vernunft hilft sich dabei mit Rückschlüssen von
dem, was sie wahrnimmt, auf unbedingte (ohne Bedingungen) Anfänge. Die werden gewöhnlicher Weise mit dem Gottesbegriff bezeichnet. Somit folgen alle Gottesbeweise dem
gleichen Prinzip, benutzen aber verschiedene Konkretionen,
die ganz offenbar für denkende Menschen der Erklärung
bedürfen.

7. Religion strukturiert Gesellschaft

Hier erhebt sich wieder die Frage, warum es Menschen notwendig erscheint, was sie glauben auch zu beweisen. Reicht nicht die Ansicht Ciceros, in aller Welt würden die Menschen Götter verehren? Das erhöhe die Wahrscheinlichkeit Gottes nahezu zur Gewissheit. Wem hilft es, wenn es mehr als ein Glauben wäre, dass „die Religion" zu den angeborenen und damit natürlichen Ausstattungen des Menschen gehört? Damit ließe sich beispielsweise ein Feldzug gegen Menschen begründen, die keiner Religion folgen, weil sie nicht die „richtige Ausstattung" haben. So wie es umgekehrt Feldzüge gegen Menschen gab und gibt, die an irgendeinen Gott glauben, dieser aber nach Meinung der Mehrheit „falsch" oder „unwahr" im Sinne eines Aberglaubens ist. Oder man unterscheidet die Menschen nach der Eigenschaft „Klugheit": 'Der Tor spricht in seinem Herzen: Es ist kein Gott.' Wenn er „klug" wäre, könnte er seinen Verstand gebrauchen, der ihm zeigt, dass es Gott gibt. Warum ist er so dumm? Hat Gott ihm eine minderwertige Ausstattung verpasst?

Die Frage nach Gott hat zumindest mit dem zu tun, wie Menschen in ihren Gesellschaften leben, was als richtig und falsch gilt, woran man sich halten muss, also mit den Normen, Regeln und Werten im Zusammenleben. Wenn es nämlich Gott so oder so gibt und er von der Mehrheit verehrt wird, ist das Leben für seine Gegner nicht leicht. Da Gott stets eine Folge von Lebensmodellen und Verhaltensvorgaben mit sich führt, haben seine Gegner mit einem anderen oder gar keinem Gott das Problem des falschen Lebens, der nicht anerkannten moralischen Grundsätze und sonstigen Lebens- und Denkweisen. Es war in vielen Zeitaltern eine Gefahr, dem nicht zu folgen, was man für beweisbar hielt, was offenkundig ist, was doch jeder wissen müsste und was zu glauben sich gehörte. Gott oder Götter waren in vieler Hinsicht Herrschaftsinstrumente unter den Menschen. Könige fühlten sich als Vertreter der Götter oder eines Gottes. Nicht nur deutsche Kaiser verstan-

den sich (bis 1918) „von Gottes Gnaden". Die Formel gibt es noch in Monarchien von heute. Allerdings berief sich auch die 1776 eingeführte Verfassung der USA auf Gott im Hinblick auf die Formel „Alle Menschen sind gleich erschaffen".

Paulus schrieb im Römerbrief eine **Begründung für jegliche Herrschaftsform in menschlichen Gesellschaften:**

„Jedermann sei untertan der Obrigkeit, die Gewalt über ihn hat. Denn es ist keine Obrigkeit außer von Gott; wo aber Obrigkeit ist, ist sie von Gott angeordnet.

<u>2</u> Darum: Wer sich der Obrigkeit widersetzt, der widerstrebt Gottes Anordnung; die ihr aber widerstreben, werden ihr Urteil empfangen.

<u>3</u> Denn die Gewalt haben, muss man nicht fürchten wegen guter, sondern wegen böser Werke. Willst du dich aber nicht fürchten vor der Obrigkeit, so tue Gutes, dann wirst du Lob von ihr erhalten.

<u>4</u> Denn sie ist Gottes Dienerin, dir zugut. Tust du aber Böses, so fürchte dich; denn sie trägt das Schwert nicht umsonst. Sie ist Gottes Dienerin und vollzieht die Strafe an dem, der Böses tut.

<u>5</u> Darum ist es notwendig, sich unterzuordnen, nicht allein um der Strafe, sondern auch um des Gewissens willen.

<u>6</u> Deshalb zahlt ihr ja auch Steuer; denn sie sind Gottes Diener, auf diesen Dienst beständig bedacht.

<u>7</u> So gebt nun jedem, was ihr schuldig seid: Steuer, dem die Steuer gebührt; Zoll, dem der Zoll gebührt; Furcht, dem die Furcht gebührt; Ehre, dem die Ehre gebührt." (Römer 13,1-7)

Verständnis des Daseins hängt am Gottesbegriff

Wo das gesamte Verständnis des Daseins am Gottesbegriff hängt, scheint es jedenfalls sinnvoll, diesen auch logisch mit vernünftigen und jedermann zugänglichen Argumenten zu beweisen. Das gilt nicht nur für Gesellschaften, die die Vernunft, das geordnete und allgemein zugängliche Nachdenken, für wesentlich halten. Ein Grund könnte auch darin liegen, dass „das Glauben" abnimmt, die Vernunft als Begründung aber mehr Zuspruch findet. Vernünftiges Nachdenken zielt ja nicht nur auf Bestätigung, sondern auch auf Kritik der Religion. Wenn sowohl Vernunft als auch Glauben dasselbe Ergebnis haben, kann das einen Gegensatz von Vernunft und Religion befrieden. Die Menschen müssen dann nicht entscheiden, wer mehr Macht über sie hat. Diese Entscheidung war im Mittelalter im Bereich der christlichen Religion brisant. Es gab Auseinandersetzungen zwischen Papst und Kaiser um die „eigentliche" Macht. Dieser so genannte Investiturstreit fand seinen äußerlich sichtbaren Höhepunkt im noch heute sprichwörtlichen „Gang nach Canossa" (1076/1077), bei dem der Kaiser Heinrich IV. am Ende eines schwierigen Weges über die Alpen drei Tage im Büßerhemd vor der Burg ausharren musste, bis ihn Papst Gregor empfing und seine Exkommunikation und den Bann zurücknahm, unter denen seine Herrschaft unmöglich war. Im Inhalt ging es um das Recht, Bischöfe einzusetzen (Investitur). Damit aber hingen Herrschaftssystem und Gesellschaftsordnung des Kaiserreiches in vielerlei Hinsicht zusammen. Da spielte es schon eine Rolle, dass auch die Vernunft an Gott glaubte.

8. Glaube und Vernunft in der Aufklärung

Erst in der Aufklärung (17. / 18 Jh.) wurde die Einheit von Glauben und Wissen in dieser Form ernsthaft in Frage gestellt. Von der Vernunft ausgehend löste der Deismus die Verbindung zum Glauben, indem die Vernunft nun nicht mehr die Religion verteidigte oder untermauerte, sondern ihre Einsicht in die Schöpfertätigkeit Gottes als eigene Religion gegen die Religion(en) stellte. Im weltweiten Netz kann man heute noch eine Seite finden, in der die „World Union of Deists" sich mit den Worten vorstellt: „God gave us reason, not Religion". Was darunter zu verstehen ist, zeigt der folgende Satz: „Anstatt, dass Milliarden von Menschen der Jagd nach den unsinnigen Gewalten und Mythen der "enthüllten" Religion nachgehen, werden Menschen auf ihre(r) Gott gegebenen Vernunft zentriert, die dazu führt, dass grenzenlose persönliche und gesellschaftliche Fortschritte gerecht (wohl eher gemeint: gemacht) werden!"[74]

Gott wurde wie eine Art Uhrmacher verstanden, der das Uhrwerk des Kosmos einschließlich der Gesetze ihres Betriebs geschaffen hat und sich nun aber nicht weiter um sein Werk kümmert. Er greift also nicht durch Wunder in die Welt ein, noch hat er sich in Schriften z.B. den Juden, den Christen oder den Muslimen offenbart.

Was heute so einfach dargestellt wird, war natürlich weit komplizierter, wie man bei Renè Descartes (1596-1650) sieht. Sein Rationalismus hielt die Vernunft für fähig, Erkenntnisse zu gewinnen. Daher mussten Erkenntnisse nicht auf die Offenbarung oder andere unbestimmte Quellen zurückgreifen. „Eingeborene" Ideen waren demnach Gott (unendliche Substanz), menschlicher Geist (endliche denkende Substanz) und die Materie (endliche ausgedehnte Substanz).

---

[74] http://www.deism.com/deismgerman.htm.

Diese Ideen sollten der Erkenntnis Sicherheit oder besser: Gewissheit verschaffen durch unmittelbare Evidenz und Klarheit. Insofern liegen sie als Ideen vor der Erkenntnis - also eingeboren -. Philosophisch wird das „a priori" genannt im Gegensatz zu „a posteriori". „A priori" bezeichnet Erkenntnisse, die von der Erfahrung unabhängig sind, gegenüber erfahrungsabhängigen „a posteriori" - Erkenntnissen. Diese Ideen sind nicht mit den platonischen Ideen, die als einzige Realität besitzen und außerhalb von uns existieren, zu verwechseln!

Ich denke, also bin ich

Dennoch war der grundsätzliche Zweifel die Herangehensweise, die Descartes berühmt machte und für das Verbot seiner Schriften sorgte. Der denkende Mensch zweifelt zunächst an allem. Was gibt ihm Gewissheit, dass sein Geist, eine andere Kraft oder sogar Gott ihn nicht betrügen? Da ich zweifle, kann „ich" sicher sein, dass ich selbst bei Täuschung „bin". Ich bin es, der zweifelt. Ich existiere. Das mündet in den Satz der Gewissheit: „ego cogito, ego existo", geflügeltes Wort daraus: „cogito, ergo sum", „ich denke, also bin ich." Damit legt er die Grundlage der Erkenntnis in diesem unbezweifelbaren Satz. Ich kann also auf die menschliche Erfahrung (Empirie) vertrauen. Das Zweifeln führt aber nicht nur zum Selbstbewusstsein und zur sicheren Erkenntnis. Es führt ebenso zu einem Beweis Gottes über die notwendig zu Gott gehörende Vollkommenheit:

Der Begriff des Unendlichen geht dem Endlichen voran

„Denn ganz im Gegenteil sehe ich offenbar ein, daß mehr Sachgehalt in der unendlichen Substanz als in der endlichen enthalten ist und daß demnach der Begriff des Unendlichen dem des Endlichen, d. i. der Gottes dem meiner selbst gewissermaßen vorhergeht. Wie sollte ich sonst auch begreifen können, daß ich zweifle, daß ich etwas wünsche, d. i. daß mir etwas mangelt und ich nicht ganz vollkommen bin, wenn gar keine Vorstellung von einem vollkommeneren Wesen in mir wäre, womit ich mich vergleiche und so meine Mängel erkenne."[75]

„Denn daraus, daß ich den Berg nicht ohne Tal denken kann, folgt allerdings nicht, daß Berg und Tal irgendwo existieren, sondern nur, daß Berg und Tal, sie mögen nun existieren oder auch nicht existieren, voneinander nicht getrennt werden können. Dagegen folgt daraus, daß ich Gott nur als existierend denken kann, daß das Dasein von Gott untrennbar ist und demnach, daß er in Wahrheit existiert, – nicht als ob mein Denken dies bewirkte, oder als ob es irgendeiner Sache eine Notwendigkeit auferlegte, sondern im Gegenteil deshalb, weil die Notwendigkeit der Sache selbst, nämlich des Daseins Gottes, mich zu diesem Gedanken bestimmt. Denn es steht mir nicht frei, Gott ohne Dasein – d. h. das vollkommenste Wesen ohne höchste Vollkommenheit – zu denken, wie es mir freisteht, mir ein Pferd mit oder ohne Flügel vorzustellen."[76]

Gott bleibt eingeborene Idee - außerhalb der Offenbarung

Die Problematik dieses Gottesbeweises ist dieselbe wie bei Anselm von Canterbury (s.o.). Es bleibt der Unterschied, dass Gott hier als eingeborene Idee aufgefasst wird, daher mit dem Menschen untrennbar existiert. Das hat Descartes nicht davor bewahrt, vom Heiligen Stuhl auf die Liste der verbotenen Bücher gesetzt zu werden. Andere schlossen sich dem Verbot an, wie etwa der Bann des Königs gegen die Verwendung in französischen Schulen.

Der „römische Index" existierte von 1559 bis 1966. Bücherverbote und -verbrennungen gab es aber im christlichen Bereich schon seit dem Konzil von Nicäa von 325. Damals ließ

---

[75] Rene Descartes, Meditationes de prima philosophia, III,24.
[76] Rene Descartes, a.a.O., V, 9.

Konstantin I. die Bücher des Arius verbrennen. Zum Christentum Bekehrte verbrannten ihre Bücher über Zauberei gemeinsam, Apostelgeschichte 19,19. Auch im alten Athen wurde um 411 v. Chr. die Bücher des Protagoras verbrannt. Die Bücherverbrennungen 1933 bedienten sich dieser Tradition und zeigten damit ihr wahres Gesicht, sich als Herren von allem aufzuspielen!

Wir verstehen heute nicht, was an den Gedanken von Descartes so anstößig sein soll, dass man sie verbieten musste. Das Verhältnis von „Gott" und der „Vernunft", die er (noch) nicht vom „Verstand", unterschied, war hier wohl so gefasst, dass Gott und seine Offenbarung (in Form der kath. Kirche) nicht mehr das eindeutige Übergewicht hatten - trotz Gottesbeweis als Grundlage sicherer Erkenntnis.

So völlig neu, wie es damals schien oder uns heute erscheint, war die Idee mit der Erkenntnis „ich denke, also bin ich" gar nicht. Die Gelehrten hätten wissen können, dass Augustin in seinem „Gottesstaat" schon einen ganz ähnlichen Gedankengang beschrieben hatte. Sie wussten es offenbar nicht oder ich habe ihre Hinweise darauf übersehen.

Augustinische Form von „Ich denke, also bin ich"

„Und auch in uns selber finden wir ein Abbild Gottes, das ist jener höchsten Dreieinigkeit, zwar ihm nicht gleich, vielmehr weit von ihm abstehend, weil nichts gleich ewig, nichts (...) desselben Wesens ist wie Gott. Doch ohne das Gaukelspiel von Phantasien und Einbildungen fürchten zu müssen, bin ich dessen ganz gewiß, daß ich bin, weiß und liebe. Bei diesen Wahrheiten machen mir die Argumente der Akademiker keinerlei Sorge. Mögen sie sagen: Wie, wenn du dich täuschst? Wenn ich mich täusche, bin ich ja. Denn wer nicht ist, kann sich auch nicht täuschen; also bin ich, wenn ich mich täusche. Da ich demnach bin, wenn ich mich täusche, kann es keine Täuschung sein, daß ich bin; denn es steht fest, daß ich bin, wenn ich mich täusche. Da ich also, auch wenn ich mich täuschte, sein müßte, um mich täuschen zu können, täusche ich mich darin gewiß nicht, daß ich weiß: ich bin. Folglich täusche ich mich auch darin nicht, daß ich weiß: ich weiß es. Denn wie ich weiß, daß ich bin, weiß ich auch um eben dies mein Wissen."[77]

John Locke: keine eingeborenen Ideen

John Locke lehnte (1632-1704) die Vorstellung von eingeborenen Ideen ab. Seine Erkenntnisfundament war die sinnliche Erfahrung. Die menschliche Seele bringt keine eingeborenen Ideen mit, auch nicht die von Gott. Alles wird im Laufe des Lebens erworben. Der Verstand setzt seine Erkenntnis aus sinnlichen Wahrnehmungen zusammen. Um dies zu können, bedient er sich innerer Eindrücke, die den geistigen Tätigkeiten entsprechen: Zweifel, Glaube, Wollen, Erkennen usw. Daraus gewinnt er Ideen durch Zusammensetzen, Abstrahieren und andere gedankliche Vorgänge. Zur Erkenntnis kommt man durch Vergleich und die Beurteilung, ob eine Aussage gültig ist oder nicht. Außerhalb der Erfahrung liegende Dinge können nicht erkannt werden. Sichere Erkenntnis gibt es daher bei ihnen nicht. Alles bleibt Hypothese. In dieser empiristischen Grundlegung blieb Locke trotzdem beim Offenbarungscharakter der Bibel wie er in seiner Schrift zur „Vernünftigkeit des Christentums" von 1695 darlegte.[78]

Es war also möglich, Supranaturalismus (*über den Naturalismus hinaus*), Rationalismus und Empirismus aufklärerisch zu verbinden, wenn man die Vernünftigkeit der Offenbarung nachzuweisen glaubte. Diese Vernünftigkeit machte die „natürliche Religion" aus, die erkennbar der Vernunft entsprach. Ihr Verhältnis zur offenbarten Religion des Christentums entwickelt sich dabei unterschiedlich von der Übernahme als „natürliche Religion" unter Kritik der kirchlichen Glaubensin-

---

[77] Aurelius Augustinus, Vom Gottesstaat, München 2007, Zweiter Teil, Buch 11, Abschnitt 26.
[78] John Locke, The Reasonableness of Christianity as Deliver'd in the Scriptures, 1695.

halte - besonders der jeweiligen katholischen Dogmen - bis zur Ablehnung der „mythischen" Offenbarung(en) und alleinigem Bezug auf die Vernunft.

Kurz gesagt

„Ich denke, also bin ich" oder „selbst wenn ich mich täuschte, müsste ich existieren, um mich zu täuschen" legt einen offensichtlichen Grund der Erkenntnis. Wozu ist das notwendig?

Wenn die Denker keinen festen Grund ihrer Erkenntnis angeben können, kann ihr gesamtes Denken bezweifelt werden. Falls wie in der beginnenden Neuzeit die unbezweifelbare Existenz Gottes als Eckpunkt aller Erkenntnis in Frage gestellt wird, braucht die Erkenntnis ein neues Fundament. Das einzige, was niemand bezweifeln kann, ist das eigene Dasein, das durch Denken nachgewiesen wird. Auf diesem Grund ist eine sichere Erkenntnis möglich. Das wird vertieft durch die Gedankenführung mit der Täuschung. Denn wenn ich mich täusche, bin ich es und nicht ein anderer.

Welchen Unterschied macht es, ob eine Erkenntnis aus der Erfahrung gewonnen oder angeboren ist?

Eine Erkenntnis aus der Erfahrung kann am Objekt der Erkenntnis jederzeit und von jedem Menschen wiederholt werden. Eine angeborene Erkenntnis schließt die aus, die sie nicht haben. Außerdem ist sie nicht am Objekt jederzeit nachzuvollziehen. Sie gleicht damit eher einer Vermutung oder Ahnung.

David Hume: Theismus, Aberglaube und natürliche Religion

David Hume gilt als der „größte und originellste Philosoph Großbritanniens".[79] Als reiner Empirist beschäftigte sich David Hume (1711- 1776) auch mit der „Naturgeschichte der Religion".[80] Er geht nur von der Erfahrung aus, nicht von Offenbarungen, feststehenden Wahrheiten oder gar eingeborenen Ideen. So ist es z.B. mit der Kausalität, die andere zum Gottesbeweis geführt hat (erste Ursache). Hume sagt, das Bestimmen einer Kausalität sei eine Folge von Gewohnheiten. „anläßlich des beständigen Zusammenhangs zweier Gegenstände, z.B. Hitze und Flamme, Gewicht und Masse, werden wir allein durch Gewohnheit bestimmt, das eine beim Auftreten des anderen zu erwarten. ... Alle Ableitungen aus Erfahrung sind daher Wirkungen der Gewohnheit, nicht der Vernunfttätigkeit. So ist die Gewohnheit die große Führerin im menschlichen Leben."[81] Dennoch hat Hume in seiner Naturgeschichte zunächst den teleologischen oder physiktheologischen Gottesbeweis vorausgesetzt. Die Grundlage der Religion in der Vernunft, so sagt er, habe eine „sehr offenkundige, zumindest eine sehr klare Lösung. Die gesamte Struktur der Welt verrät einen intelligenten Urheber und kein vernünftiger Forscher kann nach ernsthaftem Nachdenken hinsichtlich der grundlegenden Prinzipien des echten Theismus und der Religion auch nur einen Augenblick lang im Zweifel sein."[82] Als echter Theismus ist der gemeint, der ohne eifernde oder verklärende Zusätze zum Gottesbild auskommt. Darüber hat Hume ein ganzes Kapitel verfasst. Er lässt (literarischer Kunstgriff) einen „Freund" zu Wort kom-

---

[79] David Hume, Dialoge über natürliche Religion, Hrsg. Norbert Hoerster, Stuttgart 2016, 4f., urspr. engl. posthum 1779, Nachwort des Herausgebers, 147.
[80] David Hume, Die Naturgeschichte der Religion, Hrsg. Lothar Leimendahl, Hamburg, 2000, urspr engl. 1757.
[81] David Hume, Eine Untersuchung über den menschlichen Verstand, Hamburg 1964, 55-57, engl Urfassung 1748.
[82] Naturgeschichte, 1.

men, der sich auf Epikur (341-270 v. Chr.) beruft, um darzustellen, dass es dem Philosophen und der Religion nicht als Erkenntnis zukommt, Gott mit Eigenschaften wie Güte oder Gerechtigkeit auszustatten. Denn diese seien aus der Erfahrung nicht ableitbar, da die Welt ja doch von Übeln jeder Art überhäuft sei. Die Idee z.B. einer austeilenden Gerechtigkeit sei durch nichts gerechtfertigt. Wir versetzen uns „stillschweigend an die Stelle des höchsten Wesens ... und ... schließen, daß es bei jeder Gelegenheit dasselbe Verhalten beobachten wird, das wir selbst in seiner Lage als vernünftig und wünschenswert erwählt haben würden."[83] *(Diese 'Projektionsthese' tritt bei Feuerbach hundert Jahre später in veränderter Form wieder auf!)*

Der Mensch ist an Erfahrung gebunden

Bei Menschen können wir aus Erfahrung bestimmte Verhaltensweisen vorherahnen. Aber diese Form vernünftiger Tätigkeit kann nicht auf ein Wesen angewendet werden, das fern von jeder Ähnlichkeit nur in Umrissen erkennbar wird und das wir nur aus der Wirkung seiner Schöpfertätigkeit kennen. „Alle Philosophie der Welt und alle Religion, die nur eine besondere Art der Philosophie ist, wird niemals imstande sein, uns aus dem gewöhnlichen Lauf der Erfahrung hinauszuführen oder uns einen anderen Maßstab für unser Betragen und Verhalten zu geben, als den uns von der Betrachtung des gewöhnlichen Lebens gelieferten. Keine neue Tatsache kann je aus der religiösen Hypothese abgeleitet, kein Ereignis vorhergesehen oder vorhergesagt, weder Lohn noch Strafe erhofft oder gefürchtet werden, ...".[84] An anderer Stelle bezeichnet Hume dasselbe als „natürliche Religion", die ein göttliches Wesen als existent betrachtet. Worüber es Streit gibt, sind die Eigenschaften dieses Wesens.[85] Um die aber

---

[83] Untersuchung, 156-174, zitat 171.
[84] A.a.O., 171f.
[85] Dialoge über natürliche Religion, 4f.,

geht es in der Naturgeschichte der Religion. Hume untersucht darin die Religion wie einen anderen „Gegenstand" der Forschung. Immer wieder stellt er dabei die Religion der 'breiten Masse - unwissend und unaufgeklärt'- in den Mittelpunkt. Er nimmt außerdem an, dass in der Entwicklung der Religion der Polytheismus (viele Götter) den Anfang bildete. Das zeigten die ältesten schriftlichen Zeugnisse der Menschheit. Warum sollte die Menschheit vor der Schrift in 'oralen Zeiten' anders gedacht und gefühlt haben und dann vom Theismus in den Polytheismus gelangt sein? Die Erfahrung zeigt auch, dass die „wilden Stämme" (*diese heute diskriminierende Bezeichnung der eingeborenen Völker der Welt wurde damals selbstverständlich ohne Problematisierung gebraucht*) diese These stützen, denn darunter gibt es keine Theisten. Andererseits ist es auch unwahrscheinlich, dass eine theoretisch einmal entwickelte Anschauung eines höchsten Wesens wieder aufgegeben worden wäre.

Religion entsteht aus der Sorge um das tägliche Leben

Hume erklärt, die ersten religiösen Betrachtungen gingen nicht vom Staunen über die Ordnung der Welt aus, sondern „von der Sorge um das tägliche Leben und von den unaufhörlichen Hoffnungen und Ängsten, die den menschlichen Geist bewegen."[86] Aber daraus entwickeln sich dann nach Humes Ansicht über die Überhöhung der Eigenschaften der so entwickelten Götter allmählich das höchste Wesen, das die Philosophen in der Vernunft finden. Da diese hehren Anschauungen aber auf der Basis der Gefühlsregungen der Schmeichelei entstehen, sind sie umkehrbar. Zu dieser Idee zwei Ausschnitte aus Humes Schrift „Die Naturgeschichte der Religion."

---

[86] Naturgeschichte, 8.

Gotteserfahrung der „großen Masse": Rückfall in den Aberglauben

„Fragt selbst heutzutage und in Europa irgend jemanden aus der großen Masse, warum er an einen allmächtigen Schöpfer der Welt glaubt. Er wird niemals die Schönheit der Zweckursachen erwähnen, die ihm ganz unbekannt sind; er wird auch seine Hand nicht hinhalten und euch auffordern, die Geschmeidigkeit und Mannigfaltigkeit der Gelenke seiner Finger zu betrachten, wie sie sich alle in eine Richtung biegen, wie der Daumen das Gegengewicht zu ihnen bildet, wie das Handinnere weich und fleischig ist und wie dies zusammen mit all den anderen Umständen diesen Körperteil erst zu dem Gebrauch tauglich macht, zu dem er bestimmt wurde. An diese Dinge hat er sich längst gewöhnt, und er sieht sie nun teilnahmslos und unbekümmert an. Aber er wird euch von dem plötzlichen und unerwarteten Tod des einen und dem Sturz und der Verletzung des anderen erzählen, der übermäßigen Trockenheit dieser Jahreszeit und der Kälte und dem Regen einer anderen. Dies schreibt er der unmittelbaren Wirkung der Vorsehung zu, und solche Ereignisse, die für vernünftig Denkende die hauptsächlichen Schwierigkeiten gegen die Annahme einer höchsten Intelligenz darstellen, sind für ihn die einzigen Argumente, die dafür sprechen. Es hat viele Theisten gegeben, und darunter waren sogar die eifrigsten und gebildetsten, die eine besondere Vorsehung geleugnet haben. Sie waren der Ansicht, daß der höchste Geist oder das erste Prinzip aller Dinge nach der Festlegung der allgemeinen Gesetze, durch die die Natur gelenkt wird, diesen Gesetzen freien und ununterbrochenen Lauf gewährt, ohne bei jeder Gelegenheit die festgelegte Ordnung der Vorgänge durch besondere Willensakte zu stören. Aus der wunderbaren Verknüpfung und der strengen Befolgung der festgelegten Regeln, sagen sie, leiten wir das Hauptargument für den Theismus her, und eben diese Prinzipien befähigen uns auch, die wichtigsten Einwände gegen ihn zu beantworten. Aber das wird von dem größten Teil der Menschen so wenig verstanden, daß sie vielmehr geneigt sind, jeden des gröbsten Unglaubens zu verdächtigen, von dem sie nur merken, daß er alle Vorgänge natürlichen Ursachen zuschreibt und das besondere Eingreifen einer Gottheit bestreitet. 'Ein wenig Philosophie' sagt Lord Bacon, 'macht die Menschen zu Atheisten;

viel Philosophie versöhnt sie mit der Religion.' Denn wenn die Auffassung der Menschen, die man durch abergläubische Vorurteile gelehrt hat, das Gewicht auf die falsche Stelle zu legen, einmal versagt hat und sie durch etwas Nachdenken entdecken, daß der Lauf der Natur regelmäßig und gleichförmig ist, so wird ihr ganzer Glaube wanken und zugrunde gehen. Wenn sie aber durch weiteres Nachdenken darüber belehrt worden sind, daß eben diese Regelmäßigkeit und Gleichförmigkeit der stärkste Beweis für eine Absicht und eine höchste Intelligenz sind, dann kehren sie zu jenem Glauben zurück, den sie verlassen hatten, und sind nun in der Lage, ihn auf einer festeren und dauerhafteren Grundlage zu errichten.

Obwohl Erschütterungen und Störungen der Natur, Zeichen und Wunder dem Plan eines weisen Oberaufsehers am entschiedensten entgegenstehen, erfüllen sie die Menschheit mit den stärksten religiösen Empfindungen, da die Ursachen der Ereignisse dann am wenigsten bekannt und berechenbar erscheinen. Wahnsinn, Raserei, Wut und eine erhitzte Phantasie gelten, obschon sie doch den Menschen fast auf das Niveau der Tiere herabsinken lassen, aus dem gleichen Grund oft als die einzigen seelischen Zustände, in denen wir eine unmittelbare Verbindung mit Gott erlangen können.

Da nun die breite Masse selbst solcher Völker, die die Lehre des Theismus angenommen haben, diese noch auf irrationalen und abergläubischen Prinzipien errichtet, dürfen wir aufs Ganze gesehen den Schluß ziehen, daß sie zu dieser Auffassung niemals durch eine Folge von Argumenten, sondern durch einen bestimmten Gedankengang gebracht wird, der ihrer Begabung und Fassungskraft angemessener ist.

Selbst dort, wo dieser Begriff einer höchsten Gottheit bereits in Geltung ist und obwohl dies natürlicherweise jeden anderen Gottesdienst schmälern und jeden Gegenstand der Anbetung herabsetzen müßte, wendet sich das Volk doch, wenn es die Überzeugung von der Existenz einer untergeordneten Schutzgottheit, eines Heiligen oder Engels bewahrt hat, mit seinen Gebeten in ständig steigendem Maße an jenes Wesen und beeinträchtigt damit die seiner höchsten Gottheit zukommende Verehrung. Bevor die Reformation ihr Ansehen schmälerte, war aus der Jungfrau Maria als einer lediglich frommen Frau eine Gestalt geworden, die viele Attribute des Allmächtigen an sich gezogen hatte. In allen Gebeten und Bitten der Russen werden Gott und Sankt Nikolaus in einem Atemzug erwähnt."[87]

Aberglaube ist Angst und frömmliche Überhöhung: Heiligenverehrung

Es ist klar, dass Hume hier den Eindruck beschreibt, den er durch die Betrachtung der Frömmigkeit im christlichen Bereich gewonnen hat. Er schildert die katholische und orthodoxe Frömmigkeit aus seiner philosophischen Sicht, die wohl dem Deismus nahe kommt. Dieser Sicht erscheint Heiligenverehrung wie eine polytheistische Anwandlung der breiten Masse. Denn hier werden die Heiligen wie „Zwischengötter" angebetet, die dann bei Gott vorsprechen. Wenn man den katholischen Heiligenkalender oder auch den Reliquienkult anschaut, ist das nicht ganz absurd. Gleicht er doch dem Götterhimmel der Römer mit den „Zuständigkeiten" wie z.B. St. Florian, bekannter Schutzpatron gegen Feuer (volkstümlich). Ganze Länder haben Schutzpatrone wie St. Andreas für Schottland, St. Georg für England, St. Michael für Deutschland. Jede Stadt betet zu ihrem Schutzpatron. Es gibt Schutzpatrone für Mütter, Verlobte, Gefängnisseelsorger, Gefangene, Migranten oder gutes Wetter. Heilige waren zuerst die Märtyrer der frühen Kirche, später Personen, die besondere Glaubensvorbilder und wundertätig waren. „Bei der Christianisierung ersetzte die Kirche häufig die heidnischen Götter, die Bergkuppen und Quellen hüteten, durch ihre Heiligen. ... Das Konzil von Trient (1545-1563) bestätigte (...), dass es gut und nützlich sei die Heiligen anzurufen, um durch ihre Fürbitte Gottes Wohltaten zu erlangen."[88]

Von der orthodoxen Kirche ist die Verehrung der Heiligenbilder (Ikonen) als „Fenster zur himmlischen Wirklichkeit" ge-

---

[87] Naturgeschichte, Sechster Abschnitt, 26f.
[88] www.pfarrbriefservice.de/file/zur-geschichte-und-bedeutung-der-heiligenverehrung.

läufig. Dort ist aber ebenso die Anbetung Gott alleine vorbehalten, während die Ikonen verehrt werden. Auch heute kann man im orthodoxen Bereich beobachten, dass Menschen sich vor Kreuzen oder Ikonen, die z.B. an der Straße stehen, verbeugen oder bekreuzigen oder beides.

Auch der Islam kennt den Heiligenkult. Da dort keine zentrale institutionalisierte Instanz besteht, sind die Heiligen ein Teil der Volksfrömmigkeit. Sie wird an Gräbern bedeutender Menschen oder von Gefährten des Propheten vor allem mit dem Glauben an die Wundertätigkeit praktiziert. Strenge Richtungen des Islam (Islamismus) betrachten das als Rückfall in den Polytheismus.

Bei Hinduismus und Buddhismus als fernöstlichen Religionen war die europäische Sicht noch nicht so weit, dass diese als Beispiel genommen wurden. Der Hinduismus gilt als polytheistisch, obwohl auch dort alle Götter auf die Gottheit bezogen sind: „Das zugrunde liegende Prinzip und die dahinter stehenden Eigenschaften sind dieselben. Gott ist allwissend, allmächtig und allgegenwärtig."[89] Dennoch bleibt die religiöse Erscheinungsform mit heiligen Geschöpfen und Bäumen etc. polytheistisch. Der Buddhismus kennt eigentlich gar keine Gestalt Gottes. Ob man in der Verehrung des Buddha eine Art Heiligenkult vermuten könnte, ist fraglich.

Es ist für Hume entscheidend, auf welcher Grundlage der Glaube an den einen Gott steht. Steht er auf dem Boden von Angst vor den Widerfahrnissen und Erschütterungen aller Art sowie der frömmlerischen Überhöhung der Göttergestalten und vereinigt daher alle Göttlichkeit in einer Gestalt, kann er jederzeit in die Vielgötterei zurückfallen. Stammt jedoch sein Gott aus der vernünftigen und argumentativ gewonnenen Wahrheit, - ein so geordnetes Ganzes wie diese Welt, wo die Zwecke aufeinander abgestimmt sind und nach ewigen Ge-

---

[89] http://www.yoga-vidya.de/Bilder/Galerien/Goetter.html.

setzen ablaufen, müsse ein intelligentes Wesen seinen Urheber nennen - dann ist es die natürliche, wahre Religion.

Vom Theismus zum Polytheismus und wieder zurück

Hume hat seine Beobachtung und Bewertung zu einer generellen Aussage über die Religionen weitergeführt. Auch die gebe ich hier wieder.

„Es ist bemerkenswert, daß die Prinzipien der Religion eine Art von Ebbe und Flut im menschlichen Geist aufweisen und daß die Menschen einen natürlichen Hang haben, sich vom Götzen- dienst zum Theismus zu erheben und wieder vom Theismus in den Götzendienst zurückzufallen. Die breite Masse - und sie macht ja bis auf wenige Ausnahmen tatsächlich die gesamte Menschheit aus - ist unwissend und unaufgeklärt. Sie erhebt ihre Gedanken niemals bis zum Himmel und dringt mit ihren Untersuchungen nicht bis in die geheime Struktur der Pflanzen- und Tierkörper vor, um einen höchsten Geist oder eine ursprüngliche Vorsehung zu entdecken, die Ordnung in jeden Teil der Natur gebracht hat. Die Leute betrachten diese bewundernswerten Werke aus ei-

Der Heilige Albert in Madonna del Carmine, Italien (Gardasee)

nem beschränkteren und selbstsüchtigeren Blickwinkel; und da sie finden, daß ihr eigenes Glück und Unglück von dem geheimen Einfluß und dem unvorhergesehenen Zusammentreffen äußerer Körper abhängt, richtet sich ihr Blick mit andauernder Aufmerksamkeit auf die unbekannten Ursachen, die für all diese natürlichen Ereignisse maßgeblich sind und durch ihr mächtiges, aber stilles Wirken Freude und Schmerz, Gutes und Böses verteilen. Auf die unbekannten Ursachen beruft man sich bei jedem unvorhergesehenen Ereignis; und in diesem allgemeinen Schein oder verworrenen Bild sind die beständigen Gegenstände menschlicher Hoffnungen und Ängste, Wünsche und Sorgen enthalten. Allmählich jedoch beginnt die tätige Einbildungskraft des Menschen, die mit dieser abstrakten Auffassung der Dinge, mit denen sie sich unaufhörlich beschäftigt, nicht zufrieden ist, ihnen bestimmtere Züge zu verleihen und sie in Formen zu kleiden, die ihrer natürlichen Fassungskraft angemessener sind. Sie stellt sie sich als sinnliche, intelligente Wesen ähnlich den Menschen vor, die von Liebe und Haß angetrieben und durch Geschenke und Bitten, Gebete und Opfer gewonnen werden. Das ist der Ursprung der Religion, und das heißt: der Ursprung des Götzendienstes oder des Polytheismus.

Allein dieselbe ängstliche Sorge um Glück, die die Vorstellung dieser unsichtbaren, intelligenten Mächte hervorgebracht hat, gestattet es den Menschen nicht, lange bei der ersten einfachen Auffassung von ihnen zu bleiben, nach der sie zwar mächtige, aber doch beschränkte Wesen sind, zwar die Herren über das menschliche Geschick, aber doch Sklaven des Schicksals und des Laufes der Natur. Die übertriebenen Lobpreisungen und Schmeicheleien bauschen die Vorstellungen von ihnen immer mehr auf, und indem die Menschen ihre Götter zu den äußersten Grenzen der Vollkommenheit erheben, bringen sie schließlich die Attribute der Einheit und Unendlichkeit, Einfachheit und Geistigkeit hervor. Derart subtile Vorstellungen, die sich in einem gewissen Mißverhältnis zur Fassungskraft der breiten Masse befinden, bleiben allerdings nicht lange in ihrer ursprünglicher Reinheit erhalten, sondern verlangen schon bald nach einer Unterstützung durch die Annahme von untergebenen Fürsprechern und untergeordneten Hilfskräften, die zwischen den Menschen und ihrer höchsten Gottheit vermitteln. Diese Halbgötter oder mittleren Wesen werden nun dadurch, daß sie mehr Teil an der menschlichen Natur haben und uns vertrauter sind, zum Hauptgegenstand der Anbetung und bringen so nach und nach jenen Götzendienst wieder zurück, der früher durch die inbrünstigen Gebete und Lobpreisungen der ängstlichen und be-

dürftigen Sterblichen verbannt worden war. Da aber diese götzen-
dienerischen Religionen Tag für Tag in immer gröbere und vulgäre-
re Ansichten verfallen, richten sie sich schließlich selbst zugrunde
und bewirken infolge der niederen Vorstellungen, die sie sich von
ihren Gottheiten machen, daß der Strom sich wieder in Richtung
Theismus bewegt. Aber die Neigung, zum Götzendienst zurückzu-
kehren, ist so groß in diesem abwechselnden Kreislauf der
menschlichen Gefühle, daß selbst die äußerste Vorsicht nicht imstande ist, dem wirksam vorzubeugen. Und dies war einigen Theisten, besonders den Juden und Mohammedanern, bewußt; was
daraus hervorgeht, daß sie alle Bildhauerei und Malerei verbann-
ten und nicht einmal die Darstellung von Menschenfiguren in
Marmor oder Farbe gestatteten, damit die allgemeine Schwach-
heit des Menschengeschlechts daraus keine Götzendienerei hervorbringen sollte. Das schwache Auffassungsvermögen der Menschen kann sich mit der Vorstellung, ihre Gottheit sei ein reiner
Geist und eine vollkommene Intelligenz, nicht zufrieden geben;
und doch halten sie ihre natürlichen Ängste davon ab, ihr auch nur
den leisesten Schatten von Begrenzung und Unvollkommenheit
beizulegen. So schwanken sie zwischen diesen entgegengesetzten
Gefühlen hin und her. Die gleiche Schwäche zieht sie von einer
allmächtigen und geistigen Gottheit immer weiter zu einer be-
schränkten und körperlichen, und von einer körperlichen und be-
schränkten Gottheit zu einer Statue oder sinnlich wahrnehmbaren
Darstellung hinab. Dasselbe Streben nach Verherrlichung führt sie
immer höher von der Statue oder unsichtbaren Macht zu einer
unendlich vollkommenen Gottheit hinauf, dem Schöpfer und Be-
herrscher des Weltalls."[90]

Monotheismus hat nicht nur Vorteile

Danach folgt ein Vergleich der beiden Formen der Religion.
Hume hält die Folgen eines strengen Theismus für nachteili-
ger als z.B. Menschenopfer der Götzendiener. Wenn nämlich
Freiheitsliebe, Tugend und Wissen die Tätigkeit der Inquisition herausfordern, ist das wesentlich blutiger als einzelne,
besonders ausgewählte Menschen zu opfern. Auch Erniedri-

---

[90] Naturgeschichte, Achter Abschnitt, 33-35.

gung und Unterwürfigkeit sind im 'durch Aberglauben verunstalteten' Theismus mit den Erscheinungsformen Kasteiung, Buße, Demut u.a. größer als bei den anderen, wo Menschen durchaus mit den Göttern konkurrieren können. „Daraus entspringt Tätigkeit, feste Gesinnung, Mut, Großherzigkeit, Freiheitsliebe und all die Tugenden, die ein Volk groß machen."[91] Einen weiteren Beweis für die Entartung der besten Dinge zu den schlimmsten erbringt die Rolle der Vernunft im Theismus. Wenn die Theologie sich mit der Philosophie zusammentut - wie in der Scholastik - dann merkt sie bald, dass sie gezwungen ist, die merkwürdigsten Spitzfindigkeiten zu verteidigen. So etwa die heilige Kommunion, in welcher 'die Katholiken ihren Gott essen'. Solch eine unvernünftige Angelegenheit von abergläubischer Einmischung in die natürliche Religion soll der Gläubige glauben und der Philosoph mit der Vernunft begleiten. Der Polytheismus ist vernünftiger, weil er zumeist aus überlieferten Geschichten besteht, „die keine ausgesprochenen Vernunftwidrigkeiten und demonstrativen Widersprüche in sich schließen"[92] und eingängiger sind. Fast könnte man auf die Idee verfallen, Hume lobe die „Götzendiener" für ihre praktischere Lebensklugheit - nach dem Motto: Wenn schon Aberglaube, dann aber richtig! Man darf aber nicht vergessen, dass Hume beim Vergleichen eine abergläubische Vermischung der theistischen Religionen voraussetzt. Die richtige - philosophisch gesicherte - Religion, die einen weisen und intelligenten Gott verehrt, ist davon nicht betroffen. Hume schließt seine „Naturgeschichte der Religion" mit einem „Lobgesang" auf die Vernunft und ihre Gotteserkenntnis.

"Die universale Neigung, an eine unsichtbare, intelligente Macht zu glauben, ist, wennschon nicht ein ursprünglicher Instinkt, so doch zumindest eine allgemeine Begleiterscheinung der menschlichen Natur, die als eine Art Kennzeichen oder Mal angesehen

---

[91] Naturgeschichte, 40.
[92] A.a.O., 57.

werden darf, das der göttliche Werkmeister seinem Werk eingeprägt hat; und gewiß kann nichts das Menschengeschlecht mehr ehren, als auf diese Weise von allen anderen Teilen der Schöpfung auserwählt zu sein und das Bild oder den Stempel des universalen Schöpfers zu tragen. Man betrachte jedoch einmal dieses Bild, wie es sich in den volkstümlichen Religionen der Welt zeigt. Wie wird die Gottheit in den Vorstellungen entstellt, die man sich von ihr macht! Welche Launenhaftigkeit, Vernunftwidrigkeit und Sittenlosigkeit wird ihr nicht beigelegt! Wie tief wird sie selbst unter den Charakter herabgesetzt, den wir im gewöhnlichen Leben jedem verständigen und tugendhaften Menschen ganz natürlich zuschreiben sollten!"

Priesterherrschaft ist ein Übel

Die Religionen berufen sich nicht auf die Vernunft und die Tugend verständiger Menschen, sondern auf die Offenbarung in ihren heiligen Schriften. Das gerät zum Aberglauben, wenn es mit Priesterherrschaft verbunden ist. Wenn ein Philosoph der katholischen Kirche papistischen Aberglauben vorwirft, ohne sich auf die Bibel zu berufen, kann er natürlich nicht mit Zustimmung rechnen. Hier wird ziemlich klar, dass der 'Gott der Philosophen' nicht derselbe ist wie der 'Gott der Theologen' oder der Gott der Kirchen. Ein vernünftig erschließbares höchstes Wesen ist nicht dasselbe wie der Gott, der sich mit Worten und Taten in der Bibel offenbart hat. Hier trifft Hume noch eine Unterscheidung, die zur Orientierung in seiner Begrifflichkeit beiträgt. Die abergläubische Religion wird von Priestern ausgeführt, „die Anspruch auf Macht, Herrschaft und eine von Tugend und guten Sitten verschiedene höhere Heiligkeit des Charakters erheben. Die Geistlichen dagegen pflegen - durch Gesetze bestimmt - die „heiligen Angelegenheiten" und sind „zur schicklicheren und ordentlicheren Leitung unserer öffentlichen Andacht verpflichtet (...). Es gibt keinen Stand, der mehr Achtung verdient."[93] Dennoch bleibt es unklar, weil er auch der anglikani-

---

[93] Hume, Über Aberglaube und Schwärmerei, a.a.O., 75*.

schen Kirche die teilweise Übernahme der abergläubigen katholischen Kontaminierung, also der Priesterherrschaft, vorwirft.[94] Die heftige Abneigung gegen „Abergläubiges" stammt einerseits aus der umfangreichen Bildung der Zeit, aber auch aus der Erfahrung mit den religiösen Auseinandersetzungen und Gruppenbildungen in der christlichen Welt, die seit der Reformation unübersehbar geworden waren. Darüber hinaus spielte auch der Islam eine Rolle in der Wahrnehmung.

Eingeprägte natürliche Religion

Damit wäre das Ergebnis der „vernünftigen" Erkenntnis, dass ein intelligentes Wesen die Welt geschaffen hat, wie man es an den Geschehnissen und Ablaufgesetzen des Kosmos erkennen kann. Das wahrzunehmen und zu bestaunen ist uns „eingeprägt" und wäre die natürliche und damit richtige Religion. Abergläubig sind alle Beimischungen, welche eine besondere Gruppe von Menschen einführen, die kraft Priesteramt zwischen Gott oder den Göttern und den Menschen vermitteln und daraus Macht über ihre Mitmenschen gewinnen, ihre Tugend überprüfen und sich spitzfindig Vorteile sichern, die der „breiten Masse" nicht zukommen. Ebenso abergläubig sind die Einmischungen, die aus Angst und Schrecken über alle Widerfahrnisse im Leben erfunden werden, um die Götter zu besänftigen, sie gewogen zu stimmen und ihnen einen kleinen Vorteil vor anderen abzuringen.

Es bleibt ein Rätsel, warum die Philosophie der Aufklärung wie in diesem Falle David Hume trotz des empiristischen Ansatzes die vom Schöpfer eingeprägte Wahrheit und Erkenntnis der Welt übernommen hat. Die konsequent empiristische Haltung hätte sie eher dazu bringen müssen, nichts als Erkenntnis zu werten, was nicht aus der Erfahrung ableitbar ist. Ihr Argument war jedoch, dass die Schöpfung ein intelligentes Wesen als Schöpfer braucht. Das war sozusagen

---

[94] A.a.O., 75***.

auch aus der Empirie nachvollziehbar. Dass alle Menschen eine Religion haben, ist ebenso Erfahrungswissen, das in jenen Zeiten nicht nur aus der Geschichte erschlossen werden musste, sondern auch aus den Erkundungen auf allen Kontinenten beigesteuert wurde. Der Mensch wird auch in der Aufklärung offenbar als „wesensmäßig religiös" betrachtet. Was wäre „vom Schöpfer eingeprägt" sonst zu verstehen?

Gott zu erkennen, heißt ihn zu verehren

Ein Abschnitt aus den Dialogen über natürliche Religion zeigt, was natürliche Religion sein soll: „Es widerspricht dem gesunden Menschenverstand, wegen irgendeiner Ansicht Furcht oder Schrecken zu empfinden oder zu denken, man ginge durch einen ganz ungehemmten Gebrauch seiner Vernunft ein Risiko für das Jenseits ein. Eine solche Auffassung ist ebenso absurd wie in sich widersprüchlich. Absurd ist es nämlich, zu glauben, daß die Gottheit menschliche Emotionen besitzt - ja eine der niedrigsten menschlichen Emotionen, ein rastloses Verlangen nach Beifall. Und in sich widersprüchlich ist es, zu glauben, daß die Gottheit zwar diese menschliche Emotion besitzt, nicht jedoch andere menschliche Emotionen - insbesondere nicht die Emotion der Gleichgültigkeit gegenüber den Meinungen von so tief unter ihr stehenden Geschöpfen. 'Gott zu erkennen', sagt Seneca, 'heißt ihn zu verehren'. Tatsächlich ist jede andere Form der Verehrung unsinnig, abergläubisch, ja sogar pietätlos. Sie setzt Gott auf die niedrige Stufe des Menschen herab, der ein Gefallen daran findet, sich bitten, anflehen, beschenken und schmeicheln zu lassen. Doch ist diese Pietätlosigkeit noch die geringste, deren der Aberglaube sich schuldig macht. Gewöhnlich drückt er die Gottheit noch weit unter das Niveau des Menschen und stellt sie als einen launischen Dämon hin, der seine Macht ausübt ohne Vernunft und Menschlichkeit. Wäre dieses göttliche Wesen geneigt, an den Lastern und Torheiten einfältiger Sterblicher, die es selbst geschaffen hat, irgendeinen Anstoß zu nehmen, so würde es den Anhängern der meisten populären Formen des Aberglaubens gewiß schlecht ergehen."[95] Also: die Erkenntnis Gottes ist gleichbedeutend mit seiner Verehrung! Das ist fast eine neue Religion, die offenbar schon „den Alten" geläufig war. Das ganze Beiwerk, das wir als Religion bezeichnen, wäre mit einem Schlag überflüssig.

Kurz gesagt

Der Mensch trägt den Stempel des Schöpfers. Das zu erkennen, reicht die Vernunft. Die Menschen aber neigen zum Aberglauben.

Bei richtigem Nachdenken können alle erkennen, dass notwendigerweise Gott das Universum geschaffen haben muss. Wie könnte es sonst intelligenten Gesetzen folgen? Wie könnte sonst der Mensch überhaupt nachdenken? Das reicht aber den Menschen nicht. Sie wollen Gott beeinflussen, ihnen irgendwelche Vorteile vor anderen zu gewähren, was er aber weder kann noch möchte. Der Aberglauben ist das, was der Mensch tut, um einem angeblich beeinflussbaren Gott etwas abzuringen, was dem Ablauf der vernünftigen Gesetze des Universums widerspricht. Wenn Menschen das erkennen, bemühen sie sich zur „richtigen" Gottesverehrung ohne abergläubige Beimischung, besonders ohne einen Priesterstand, der sich vom „normalen Menschen" durch eine eigene Würde angeblich unterscheidet.

Kann man einen Gott denken, wenn dem Denken ausschließlich die Erfahrung der wahrnehmbaren Welt zugrunde liegt?

Wenn man Gründe für die Dinge und Lebewesen in der Welt sucht, kann man mit den Gedanken über diese Welt hinausgehen und Ursprünge etc. suchen. Dieses Hinausgehen folgt aber einer anderen Methode als sie die Empirie anbietet. Es bildet Begriffe für Vorgänge die keine sichtbaren Gegenstände bezeichnen, also Affekte, Gefühle, vernünftig erscheinen-

---

[95] Dialoge, 140. Das enthaltene Zitat stammt von Seneca d. Jüngeren (1-65) aus epistulae morales ad lucilium, 93,47. Seneca war ein Stoiker.

de Folgerungen und Abstraktionen. Diese sind in der Kommunikation der Menschen untereinander so notwendig wie umstritten, weil sie den Umständen entsprechend individuell gebildet werden. Unstrittig ist nur die menschliche Fähigkeit zu diesen geistigen Operationen. Man kann Gott durchaus aus der Empirie als Begriff denken, ihn aber nicht schlüssig beweisen.

Heiligenkult in den Religionen: Brauchen die Gläubigen einen Vor- oder Fürsprecher bei Gott?

Wenn man in das religiöse Denken und Verhalten eintritt, findet man verschiedene Formen der Kommunikation mit Gott. Für einige ist es unvorstellbar, etwas so Großes wie Gott persönlich anzusprechen, für andere ist es eine Grunderkenntnis des Glaubens, dass Gott das Allervertrauteste und Zugewandte, wie einen Vater oder eine Mutter, darstellt.

Dass die Gläubigen sich an ihren Gott durch Heilige wenden, gleicht ein wenig dem Lobbyismus in der Politik. Kommt man selbst und allein, dann erscheint das als ein etwas zu direkter Beeinflussungsversuch der Gottheit. Etwas Abstand und ein bewährter Fürsprecher könnte da vielleicht mehr bewirken und vornehmer wirken. Nur eigene Wünsche vorzubringen – das ist vielleicht sogar ungehörig. Außerdem ist bei vielen Einzelvorträgen die Gefahr groß, dass man in der Menge untergeht. Besser man übergibt das einem Lobbyisten, der gebündelte Vorträge macht, damit Gott sich nicht verzettelt.

Es erschließt sich – glaube ich – eigentlich von selbst, warum der unkonventionelle Denker David Hume auf die Idee kommt, das Heiligenwesen sei Aberglaube. Es entspricht seiner Vorstellung, dass Gott durch diese Art der Verehrung auf eine Stufe gestellt wird mit einem Menschen, der sich verwirren, schmeicheln, verehren lässt wie ein irdischer Machthaber und außerdem noch vergesslich oder wütend ist.

9. Religion ist Geschmack und Sinn fürs Unendliche

Mit der „natürlichen Religion" setzt sich der Pastor, Theologe, Pädagoge und Philosoph Friedrich Schleiermacher (1768-1834) in seinen „Reden an die Gebildeten unter ihren Verächtern" auseinander. Zunächst betont Schleiermacher, wie er nicht argumentieren wird: „Besorget nur nicht, daß ich am Ende doch noch zu jenen gemeinen Mitteln meine Zuflucht nehmen möchte, Euch vorzustellen, wie notwendig sie sei, mit dem Andenken an ein allsehendes Auge und eine mit dem Andenken an ein allsehendes Auge und eine unendliche Macht der Kurzsichtigkeit menschlicher Aufsicht und den engen Schranken menschlicher Gewalt zu Hülfe zu kommen, oder wie sie eine treue Freundin und eine heilsame Stütze der Sittlichkeit sei, indem sie mit ihren heiligen Gefühlen und ihren glänzenden Aussichten den schwachen Menschen den Streit mit sich selbst und das Vollbringen des Guten gar mächtig erleichtern. So reden freilich diejenigen welche die besten Freunde und die eifrigsten Verteidiger der Religion zu sein vorgeben."[96] Er verwirft die Argumentation seit Cicero, dass Religion, welcher Art auch immer, die Stütze der Moralität sei. Wenn man sich Metaphysik und Moralität betrachtet, wird deutlich, dass sie denselben Gegenstand haben wie die Religion, „nämlich das Universum und das Verhältnis des Menschen ihm."[97] Aber der Zugang ist ein ganz anderer, wie der folgende Textauszug zeigt:

Metaphysik und Moral sind nicht Religion

„Die Metaphysik - neuerer Name Transzendentalphilosophie (*das ist ein Begriff von Immanuel Kant für fast dasselbe*) - klassifiziert das Universum und teilt es ab in solche Wesen und solche, sie geht den Gründen dessen, was da ist, nach und deduziert die Notwendigkeit des Wirklichen, sie entspinnet aus sich selbst die Realität

---

[96] Friedrich Schleiermacher, Über die Religion. Reden an die Gebildeten unter ihren Verächtern, Stuttgart 1969, orig. 1799, Erste Rede, 23.

[97] A.aO., Zweite Rede, 29.

der Welt und ihre Gesetze. In dieses Gebiet darf sich also die Religion nicht versteigen sie darf nicht die Tendenz haben, Wesen zu setzen und Naturen zu bestimmen, sich in ein Unendliches von Gründen und Deduktionen zu verlieren, letzte Ursachen aufzusuchen und ewige Wahrheiten auszusprechen. - Und was tut Euere Moral? Sie entwickelt aus der Natur des Menschen und seines Verhältnisses gegen das Universum ein System von Pflichten, sie gebietet und untersagt Handlungen mit unumschränkter Gewalt. Auch das darf also die Religion nicht wagen, sie darf das Universum nicht brauchen, um Pflichten abzuleiten, sie darf keinen Kodex von Gesetzen enthalten. - 'Und doch scheint das, was man Religion nennt, nur aus Bruchstücken dieser verschiedenen Gebiete zu bestehen.' Dies ist freilich der gemeine (*heute: allgemeine, allgemein geteilte*) Begriff. 'Ich habe Euch letzthin Zweifel gegen ihn beigebracht; es ist jetzt Zeit, ihn völlig zu vernichten. Die Theoretiker in der Religion, die aufs Wissen über die Natur des Universum und eines höchsten Wesens, dessen Werk es ist, ausgehen, sind Metaphysiker; aber artig genug, auch etwas Moral nicht zu verschmähen. Die Praktiker, denen der Wille Gottes Hauptsache ist, sind Moralisten; aber ein wenig im Stile der Metaphysik. Die Idee des Guten nehmt Ihr und tragt sie in die Metaphysik als Naturgesetz eines unbeschränkten und unbedürftigen Wesens, und die Idee eines Urwesens nehmt Ihr aus der Metaphysik und tragt sie in die Moral, damit dieses große Werk nicht anonym bleibe, sondern vor einem so herrlichen Kodex das Bild des Gesetzgebers könne gestochen werden. Mengt aber und rührt, wie Ihr wollt, dies geht nie zusammen, Ihr treibt ein leeres Spiel mit Materien, die sich einander nicht aneignen, ihr behaltet immer nur Metaphysik und Moral. Dieses Gemisch von Meinungen über das höchste Wesen oder die Welt und von Geboten für ein menschliches Leben (oder gar für zwei) nennt Ihr Religion! und den Instinkt, der jene Meinungen sucht, nebst den dunkeln Ahndungen, welche die eigentliche letzte Sanktion dieser Gebote sind, nennt ihr Religiosität!'[98]

---

[98] A.a.O., 30f.

Keine ewigen Wahrheiten - Religion ist Anschauung und Gefühl

Im diesem Abschnitt kommt uns beim Lesen Einiges bekannt vor. Was man zur Zeit der Aufklärung allgemein unter Religion versteht ist allenfalls Moral und Metaphysik. Das aber wäre ein Missverständnis. Denn Religion bringt nicht das Universum auf einen Begriff und sucht philosophische Gründe für das moralische Handeln noch spricht sie ewige Wahrheiten aus. Hier wird deutlich, dass weder das Streben nach Erkenntnis im philosophischen Sinne noch die „moralische Besserung" der Menschen das höchste Ziel der Religion sein kann oder sein muss, wie es ganz offenbar vorher oder auch gleichzeitig vielfach gesehen wurde. Schleiermacher charakterisiert die philosophischen Bemühungen bis zur Aufklärung dennoch nicht nur negativ. Er bezeichnet vielmehr die metaphysischen Einmischungen in die Religion als unvermeidliches Schicksal der Religion, die auch ihre Bücher betrifft. Es gelte nun, die metaphysischen Umhüllungen von ihrem eigentlichen Inhalt zu trennen. Die metaphysischen Umhüllungen sind rhetorisch: Sie holen die Lesenden (oder Hörenden) bei dem ab, was schon bekannt ist um ihn dann aber in das Wesen der Religion zu führen: Religion ist Anschauung und Gefühl. Anschauen des Universums ist Anschauen dessen, wie es handelt. Da es ununterbrochen tätig ist, offenbart es sich immerzu. Wie man sich dem Universum gegenüber einstellt, hat Folgen für das eigene Dasein. Schleiermacher bringt es in eine ganz kurze Form: „Praxis ist Kunst, Spekulation ist Wissenschaft, Religion ist Sinn und Geschmack für das Unendliche."[99] „Alles einzelne als einen Teil des Ganzen, alles Beschränkte als eine Darstellung des Unendlichen hinnehmen, das ist Religion."[100] Diese Formulierung passt zu jeder Religion, egal welche Form sie hat. Die Religion lässt sich

---

[99] A.a.O., 36.
[100] A.a.O., 39.

111

nicht in ein (philosophisches) System bringen. Sie ist vielmehr höchst individuell, ja geradezu chaotisch. Jeder ist mit seinen Anschaungen ganz bei sich, aber doch auch ein Teil des Ganzen - göttlicher Überfluss eben. Die Systematisierer (Theologen oder Philosophen) tragen die Schuld an allem Grausamen im Namen der Religion, an ihren Pedanterien und Einseitigkeiten. In ihrem Gefühl für das Unendliche ist Religion - wie gesagt - individuell und daher höchst duldsam mit dem Blick dafür, dass alle Teil des Universums sind.

Der „Moment" ist die höchste Blüte der Religion

Entsprechend schwer kann daher konkret bestimmt werden, wie das Religiöse auftritt und wie es wahrgenommen werden kann. Schleiermacher nennt es den „Moment", „die höchste Blüte der Religion"[101]: „Schnell und zauberisch entwickelt sich eine Erscheinung, eine Begebenheit, zu einem Bilde des Universums. So wie sie sich formt, die geliebte und immer gesuchte Gestalt, flieht Ihr meine Seele entgegen, Ich umfange sie nicht wie einen Schatten, sondern wie das heilige Wesen selbst. Ich liege am Busen der unendlichen Welt: ich bin in diesem Augenblick ihre Seele, denn Ich fühle alle ihre Kräfte und ihr unendliches Leben wie mein eigenes, sie ist in diesem Augenblicke mein Leib." Diese(n) Moment(e) kennt wahrscheinlich so ziemlich jede(r) Lebende. Hier sind keine 'systematischen Einmischungen' oder theologische Deutungen am Werk, sondern das Individuum ist allein und davongetragen mit und von seiner Beziehung zum Universum. Wer nun das zu einem System „verträglicher" Religion macht, der hat vielleicht Gedächtnis und Nachahmung, aber keine Religion. Denn das ist nur äußerlich, die Religion ist aber innerlich, sie treibt immer neue Blüten hervor. Der Tempel (als Gebäude und als Symbol) als Äußeres kann nur der Zugangsbereich zur inneren Erfahrung sein.

---

[101] A.a.ao., 51.

Gott kann man nicht in einen Begriff sperren

Wie aber sind dann die Lehrsätze oder Glaubenssätze der
Religion zu bewerten? Begriffe wie Offenbarung, übernatürliche Empfindungen, Wunder, Eingebungen, Gott und Unsterblichkeit gehören zur Religion. Wenn nun aber der Streit
darüber geführt wird, was diese Begriffe jeweils umfassen

und was an den zugrunde liegenden Erfahrungen vernünftig sei, „das ist eine von den kindischen Operationen der Metaphysiker und Moralisten in der Religion; sie werfen alle Gesichtspunkte untereinander und bringen die Religion in das Geschrei, der Totalität wissenschaftlicher und physischer Urteile nahe zu treten."[102] Für den religiösen Menschen ist gewissermaßen alles ein Wunder, die man als solcher überall sieht. *Offenbarungen* sind alle alten und neuen Anschauungen des Universums. Für jeden kann auch etwas altes, was er noch nicht kannte, eine Offenbarung sein. *Eingebung* ist religiös gesehen Freiheit als Handeln des Universums gegenüber den Anderen. So gesehen muss man die *Heiligen Schriften* als Denkmale verstehen, in denen einmal empfundene Momente der Anschauung aufbewahrt werden. Schließlich sind *Gott* und die *Unsterblichkeit* nicht die Hauptstücke der Religion. Gott kann nichts anderes sein als eine „religiöse Anschauungsart". Es gibt über Gott keine rechtskräftige Definition. Ja, „eine Religion ohne Gott (kann) besser sein als eine andere mit Gott."[103] Gott in einen Begriff zu sperren, heißt ihn festzulegen, ihn einem System unterzuordnen. Der Gott der Religion handelt stets und frei nicht nach unseren Maßstäben.

... über das Menschliche hinaus

Die *Idee der Unsterblichkeit* ist eigentlich eine Frucht der Angst vor der Religion. Denn Religion führt über das Menschliche hinaus. Die einzige Gelegenheit dazu bietet der Tod. Sie wollen in der Unsterblichkeit ihr Leben behalten und verbessern, ja „ihre Person verewigen". *„Versucht doch aus Liebe zum Universum, Euer Leben aufzugeben. Strebt darnach schon hier, Eure Individualität zu vernichten und im Einen und Allen zu leben, strebt darnach, mehr zu sein als Ihr selbst, damit Ihr wenig verliert, wenn Ihr Euch verliert; und wenn Ihr so mit dem Universum, soviel Ihr hier davon findet, zusammengeflossen seid und eine größere und heiligere Sehnsucht in Euch entstanden ist, dann wollen wir*

---

[102] A.a.O., 78.
[103] A.a.O., 84.

weiterreden über die Hoffnungen, die uns der Tod gibt, und über die Unendlichkeit, zu der wir uns durch ihn unfehlbar empor-schwingen."[104]

Ich denke, dass damit die Religion als eigene Anschauung gegenüber Philosophie und Morallehre deutlich begründet wurde. Folglich sehe ich darin einen Versuch, die Religion aus der Umklammerung der Vernunft und aus ihrer Rolle als Stütze staatlicher Gewalt zu befreien. Religion entzieht sich damit auch den scharfsinnigen Streitigkeiten von Theologie und Philosophie sowie der Heiligung ihrer Lehren, Orte und Gebäude. Durch die Individualisierung der Anschauung des Universums spricht sie eben jedem das Recht und damit die Möglichkeit zu, Momente der Erlebens des Universums (nicht nur der Erkenntnis oder der Welt) zu erfahren, m.a.W. sich als Teil des Universums zu empfinden. Dadurch wertet sie Menschen auf. Sie müssen sich nicht als „Gläubige" der Macht der Priester, Vorbeter, Philosophen und Gottesvertre-ter - also aller Scharlatane auf Erden - beugen, sondern sie tragen alle das Universum in sich, sind ein Teil davon. Eine Parallele zu früheren Entwürfen besteht darin, dass die reli-giöse Anschauung als angeboren verstanden wird. Sie muss also im Innern gefunden werden. So gesehen ist „der Mensch" also solcher religiös. Damit ist eine der Anfangsfra-gen, ob der Mensch „wesensmäßig religiös" sei durch eine einfache Feststellung beantwortet.

Vernünftigkeit ist das Gefängnis der Religion

Schleiermacher hat sozusagen die Aufklärung überwunden, aber ihre Ziele erreicht: Den „Ausgang des Menschen aus seiner selbstverschuldeten Unmündigkeit"[105] - jedenfalls in Sachen Religion. Er bedarf zur Anschauung des Universums keiner Bevormundung, Belehrung oder Interpretationshilfe

---

[104] A.a.O., 88.

[105] Immanuel Kant, Beantwortung der Frage: Was ist Aufklärung?, Berlinische Monats-schrift, 1784, 2, S. 481–494.

durch Kirchen, Gelehrte oder gar staatliche Autoritäten. Diese Etablierung des Religiösen als eigenständige Anschauung verzichtet auf den einengenden Anspruch anderer Sichtweisen zu ihrer Bestätigung. Worum sich Altertum, Mittelalter und Neuzeit bis zu Aufklärung stets bemüht haben, war der Nachweis der Vernünftigkeit der Religion bis hin zum Gottesbeweis. Das erwies sich als Gefängnis der Religion. Dieses Gefängnis brachte aber Anteil an und Kämpfe um die Macht in dieser Welt mit. So wurde Religion mächtig, war aber gefangen in den Rechtfertigungen und Ableitungen der Metaphysik und Morallehre. Sie rechtfertigte um dieser Stellung willen Blutvergießen ebenso wie die Inquisition und Unterdrückung „abweichender" Ansichten. Was als großartiges, bewiesenes Bild vom Göttlichen gefeiert, verehrt und gelehrt wurde, war Grundlage nicht etwa für Nächstenliebe und moralisches Verhalten, sondern für Unterdrückung und Kampf um Macht und Wahrheit. Hier lesen wir eine andere Variante von dem, was David Hume als dauernden Rückfall in den Aberglauben beschrieben hat. Das Ergebnis ist jedoch ein völlig anderes und gerade nicht dessen „natürliche Religion". Die romantische Reaktion auf die Aufklärung und ihre Kirchen- und Christentumskritik tritt hier als neue Grundlegung auf. Sich das praktisch vorzustellen geht aber nicht ohne die Anleihen beim Alten. Schleiermacher sieht den Menschen als „mit einer religiösen Anlage geboren wie mit jeder andern, und wenn nur sein Sinn nicht gewaltsam unterdrückt, wenn nur nicht jede Gemeinschaft zwischen ihm und dem Universum gesperret und verrammelt wird -...- so müßte sie sich auch in jedem unfehlbar auf seine eigene Art entwickeln."[106]

Bildung und Religion

Die bürgerliche Bildung empfindet alles nicht Zweckmäßige als „unnütze Ausgaben" und unterdrückt jede Religion. Denn die Religion braucht „behagliche, untätige Ruhe", was der

---

[106] A.a.O., 96.

bürgerlichen Ansicht als „Trägheit und Müßiggang" erscheint. Die bürgerliche Welt will Zweck und Absicht in Allem, „sie müssen etwas verrichten, ..., nur keine ruhige, hingebende Beschauung. Die Hauptsache aber ist die, daß sie Alles verstehen sollen, und mit dem Verstehen werden sie völlig betrogen um ihren Sinn. ... Der Sinn strebt, den ungeteilten Eindruck von etwas Ganzem zu fassen. ... Das Was und das Wie liegt ihnen zu weit, denn sie meinen, es besteht nur in dem Woher und Wozu."[107] Diese bürgerliche Bildung steht der Religion geradezu entgegen. Was man aber suchen soll, ist eine dreifache Richtung des Sinnes, die jeder kennt, „die eine nach innen zu auf das Ich selbst, die andere nach außen auf das Unbestimmte der Weltanschauung und eine dritte, die beides verbindet, indem der Sinn, in ein stetes Hin- und Herschweben zwischen beiden versetzt, nur in der unbedingten Annahme ihrer innigsten Vereinigung Ruhe findet; dies ist die Richtung auf das in sich Vollendete, auf die Kunst und ihre Werke."[108] Kunst und Religion gleichen sich. Sie wachsen ohne Zutun. Wir sind die, die durch sie die Anschauung des Universums gewinnen können.

Religion ist die Vielheit der Bekenntnisse

Schließlich muss Schleiermacher noch von seiner Darstellung der wahren Religion als individuell und chaotisch zu einer Idee der Gemeinsamkeit weitergehen. Denn Religion ist überall auf der Welt organisiert. Demnach müssten die Kirchen durch ihre „bürgerliche Beeinflussung" geradezu ebenfalls Feinde der Religion sein. Dass das nicht so sei, erklärt Schleiermacher auf verschlungene Weise in seiner fünften Rede. Was er auch immer vorher gesagt hat, er muss von der positiven Religion ausgehen, die er vorfindet. Davon gibt es viele. Die wahre Religion findet Gestalt in der Vielheit der Kirchen. Alle sind sozusagen Teile der Religion und darin lebendige Wirklichkeit, kein abstrakter Begriff von Religion. Ebenso wie bei verschiedenen Individuen wird die Religion

---

[107] A.a.O., 99.
[108] A.a.O., 110.

auch eine Vielzahl positiver Religionen hervorbringen. Darüber ein Urteil zu fällen ist nicht möglich, nicht von außerhalb der Religion - eben auch nicht mit der systematisierenden Vernunft. Die Religion wird nur durch sich selbst verstanden. Dass sie „aus dem Inneren des Herzens hervorgezogen" wurde „in die bürgerliche Welt", beschert der Religion „eine unvollkommene und beschränkte Hülle"[109].

Kurz gesagt

Religiöse Erfahrungen sind Erfahrungen der Beziehung zum Universum, die jeder in sich trägt: Was bedeutet das?

Dem menschlichen Geschöpf ist eine Erfahrung zueigen, die sich auf das Universum bezieht. Menschen definieren sich als besondere Schöpfung des Universums, dessen Anschauung sie der überwältigenden Natur entnehmen. Es geht aber bei der Religion nicht darum, das Universum auf einen Begriff zu bringen, sondern darum sich in Beziehung dazu zu setzen. Das aber bedeutet, anzuschauen wie das Universum handelt. Es handelt nämlich unablässig und individuell. Jeder Vorgang kann eine Offenbarung des Universums sein, wenn ich ihn unter diesem Aspekt anschaue.

Religion ist individuell und chaotisch, ist Gefühl, kann sich immer ereignen. Ist sie damit überhaupt beschreibbar?

Religion als Anschauung des Universums ist nur als individuelle Erfahrung beschreibbar. Will man etwas drüber erfahren, muss man sich austauschen und kommunizieren. Die als „Offenbarung" bezeichneten Bücher sind Sammlungen von Erfahrungen des Universums aus früheren Zeiten, mit denen wir auch kommunizieren können. Sie sollen Anleitung und Beispiel für die eigene Beziehung zum Universum sein, keine ewigen Wahrheiten. Es ist durchaus beschreibbar, was Religion sein soll, auch wenn sie sich höchst individuell ereignet.

Wie passen dazu die Wunder?

---

[109] A.a.O., 164.

Wunder ist all das, was der Mensch dafür hält. Zur Beschreibung ist keine komplizierte Erörterung von naturgesetzlichen Ausnahmen notwendig. Religiöses Empfinden muss sich nicht an der wissenschaftlichen Sicht der Welt messen lassen oder gar selber messen.

Religion versteht sich nur durch sich selbst – Vernunft ist das Gefängnis der Religion.

Religion ist ein eigener Anschauungsbereich, der jedem menschlichen Wesen verfügbar ist. Wenn man Religion aber den Maßstäben der Vernunft und ihrer Kategorisierung aussetzt, würde man sie damit in ein Gefängnis von Bedingungen und logischen Grundsätzen sperren. Das wird ihr auf keinen Fall gerecht. Dadurch kann sie gar nicht erkannt werden. Nur wer in die Anschauung der Universums eintaucht, kann Religion verstehen.

„Lilien auf dem Felde": Ich sage euch, daß auch Salomo in aller seiner Herrlichkeit nicht bekleidet gewesen ist wie derselben eins.... (Matthäus 6,29)

10. Definition von Religion

Nun folgt ein sozusagen technischer Zwischenschritt. Was ist Religion? Diese Frage provoziert eine „Definition". Definitionen können „real" sein oder „nominell". **Reale Definitionen** *orientieren sich am Inhalt, an der Substanz, am Wesen einer Sache. Was also ist wesentlicher Inhalt von Religionen? Sie enthalten ein Menschenbild, ein Bild von dem, was die Menschen und ihre Welt hervorgebracht hat und eine Vorstellung davon, wer oder was sie hervorgebracht hat. Daraus folgt, was der Sinn ihres Lebens ist, wie man sich verhalten sollte, um dieses Leben (gut) miteinander zu bestehen, darin nicht unterzugehen, und eine Vorstellung vom Tod und dem danach. Hinzu kommt eine Verehrung dessen oder derer, die das menschliche Leben schützen und eine Abneigung gegen die Personen oder Dinge, die es bedrohen. Das könnte eine reale Definition enthalten*

Nominelle Definitionen *legen Wert auf das Verständnis des Begriffes. Was bringt der Begriff zum Ausdruck? Dafür nenne ich ein Beispiel: Religion ist*

„(1.) ein Symbolsystem, das darauf zielt,

(2.) starke, umfassende und dauerhafte Stimmungen und Motivationen in den Menschen zu schaffen,

(3.) indem es Vorstellungen einer allgemeinen Seinsordnung formuliert und

(4.) diese Vorstellungen mit einer solchen Aura von Faktizität umgibt, dass

(5.) die Stimmungen und Motivationen völlig der Wirklichkeit zu entsprechen scheinen."[110]

Das sind Merkmale, die nicht auf das Wesen zielen. Eine Erscheinung oder Verhaltensweise kann dadurch auf ihre Merkmale hin überprüft werden - z.B. durch Strichlisten. Ob-

---

[110] Clifford Geertz, Religion als kulturelles System, zitiert nach Jens Schlieter, Hrsg.,Was ist Religion?, Stuttgart 2. Aufl. 2018, 22.

wohl sich Philosophen darüber streiten können, was von beiden dem Inhalt angemessener sein könnte, enthält natürlich auch die nominelle Definition Bewertungen. Wer die Strichliste führt, muss unterscheiden, ob ein Merkmal gegeben ist oder nicht. Die Ausprägung ist hier unerheblich. Wer das Wesen einer Sache darstellen will, muss sich entscheiden, welche Ausprägung der Sache er beschreiben möchte. Er muss sich also z.B. auf eine Religion beziehen oder die Religionen einzeln beschreiben. Wenn man sich die obigen fünf Punkte einer nominellen Definition anschaut, merkt man sehr schnell, dass hier ein Verständnis von Religion vorliegt, das nicht alle teilen werden. Beim „Symbolsystem" sind sich wahrscheinlich alle einig. Wie aber verstehen sich „Stimmungen" und „Motivationen", was ist „stark, umfassend und dauerhaft". Ist die Stimmung bei einem Rockkonzert oder Fußballspiel so richtig beschrieben? Treffen diese Begriffe auf einen protestantischen oder katholischen Gottesdienst zu? Die „Vorstellungen einer Seinsordnung" würden wahrscheinlich auf das Rockkonzert nicht zutreffen. Auf das Fußballspiel schon eher: Seinsordnung in Deutschland ist ein Sieg des FC Bayern München. Die Entsprechungen zur Wirklichkeit können in der Tiefe der Emotionen bestehen, in der Lautstärke der Verstärkeranlage liegen. Man kann aber auch fragen, was ist Wirklichkeit?

*Demgegenüber wäre noch eine **funktionale Definition** von Interesse. Eine stammt vom Philosophen Hermann Lübbe. Er nennt die Funktion der Religion nach der Aufklärung „Kontingenzbewältigungspraxis"[111]. Was nicht unmittelbar als sinnvoll erfahren wird, kann eingeordnet werden. So kann Religion durch bestimmte Vorstellungen aus dem Tod einen Übergang zu Gott machen. Allerdings wandelt auch eine Therapie sinnlos erscheinende Erfahrungen in neuen Sinn um, wenn*

---

[111] Hermann Lübbe, Religion nach der Aufklärung, Zeitschrift für philosophische Forschung, Nr 33, 1979, 164-183, Zitat 167.

jemand z.B. seine Sucht durch Integration ins eigene „Ich"
neu verstehen lernt.

Statt funktional (nach der Funktion) kann man auch funktio-
nalistisch sagen, wenn es sich um eine ganze Theorie han-
delt. „Die Kontingenz ist das Zufällige, etwas, das „weder
notwendig noch unmöglich ist; was also so, wie es ist (war,
sein wird), sein kann, aber auch anders möglich ist."[112] Das zu
bewältigen, was unserem vorausplanenden Handlungssinn
nicht folgt, ist schwierig.

Das kommt in einer kleinen Erzählung zum Ausdruck: Bei der
Unterhaltung über die Ernährungsart und ihre der Gesund-
heit bekömmlichen Form fiel mitten hinein folgender Satz:
„Meine (von mir gehassten) Eltern haben sich immer gesund
ernährt und ein Theater darum veranstaltet. Sie sind auch
gestorben!" In einer gesundheitsbewegten Zeit schlägt die
Ernährung und ihre Beraterszene mit medizinischer Unter-
stützung hohe Wellen. Demgegenüber bringt der genannte
Mensch einen lapidaren Fakt als Argument: Es hilft alles
nichts gegen die sichere Annahme, dass ihr trotzdem sterben
werdet! Die Gemütsverfassung, aus der dieser Satz entsteht,
kann extrem unterschiedlich sein. Dahinter kann ein Psalm-
wort stehen: „Sie gehen daher wie ein Schatten und machen
sich viel vergebliche Unruhe."[113] Das wäre Kontingenzbewälti-
gung aus Übereinstimmung mit einer Tradition. Dahinter
könnte Unlust stecken, sich über dieses kontroverse Thema
auszutauschen und gar zu seinen eigenen Vorlieben stehen
zu müssen. Man könnte das als zynisch verstehen: „Hat alles
keinen Zweck!", als Selbstverteidigung: „Ich esse, was mir
schmeckt!", als Intellektuellenhass: "Immer dieses Rumge-
nerve über die einfachsten Dinge!" oder als Kritik von Ängst-
lichkeit, Abbügeln von Argumenten, Abwehr eines intellektu-
ellen Übergriffs usw. Hermann Lübbe hat daher folgende

---

[112] Niklas Luhmann, Soziale Systeme, Frankfurt a.M. 1984, 152.
[113] Psalm 39,7a.

Beschreibung dieser Funktion gegeben: „Kontingenz als nicht-prognostizierbarer Sekundär-Effekt wird in den also gestörten Funktionalismus eines Systems integriert durch eine Änderung der die Sinngrenzen dieses Systems definierenden Regelgrößen, und zwar so, daß der kontingente Sekundär-Effekt im entsprechend veränderten System nun selbst eine Systemerhaltungsfunktion erfüllt."[114] Die Religion tut genau das und zwar durch Anerkennung, dass wir vieler Dinge, die uns widerfahren, nicht mächtig sind. Wer möchte kann das als existentialistischen Funktionalismus bezeichnen. Wenn dieser Handlungssinn einem anderen (höheren Wesen, Gott, Geist) zugesprochen wird, dann sind wir mitten im Gebiet des christlichen, aber auch anderen Glaubens. Das aber bedeutet, dass nun wieder andere undefinierte Annahmen zum Zuge kommen.

Die systemtheoretische Funktionsdeutung der Religion besteht darin, dass Religion für den einzelnen entbehrlich, aber ein bedeutungsvolles Subsystem der Gesellschaft sein kann. Religion transformiert eine „unbestimmbare in bestimmbare Komplexität" und leistet dadurch eine „Reduktion der Kontingenz".[115] Sie interpretiert Umwelt für die Gesellschaft. Umwelt ist dabei alles andere, nicht etwa die Natur. Wir leben als Systeme und in Systemen in Umwelten von Systemen. Es handelt sich nicht nur um Kontingenzbewältigung. Religion schafft auch neue Unsicherheiten, wie die Frage, wie das moralische Verhalten in der Transzendenz bewertet werden wird. Dennoch sagt die christliche Religion, das Transzendente sei in der Immanenz erfahrbar. Das gilt jedenfalls für die christliche Religion in Europa. Sie drückt also zugleich ein Paradox aus und bewältigt es. Insofern handelt es sich auch um eine Real-Definition.

Den neueren Definitionen von Religion ist eigen, dass es ihnen nicht um konkrete Inhalte geht. Warum aber muss man

---

[114] A.a.O., 176. Siehe auch Hermann Lübbe, Religon nach der Aufklärung, München, 3. Aufl. 2004, 170f.
[115] Institutionalisierte Religion gemäß funktionaler Soziologie, Concilium 10(1974), 17-22.

Religion definieren? Der Begriff ist - jedenfalls bisher allge-
meinverständlich. Vor jedem „geistigen Auge" tauchen sofort
unzählige Bilder auf, wenn dieses Wort fällt. Sie reichen vom
Terroranschlag bis zum ewigen Frieden, von den Pyramiden
über das Kreuz bis Mekka, vom Kopftuch bis zur Mönchskut-
te, vom Papst bis zur Moschee, von der Beschneidung bis zur
Taufe, von der Hochzeit bis zur Trauerfeier, von Religionskrie-
gen bis zum Paradies, vom Missbrauch bis zu Caritas oder
Diakonie, von Beichte bis Sünde, von Schöpfung bis zum Bad
im Ganges. Dazu kommen zahllose Eindrücke von Kirchen,
Tempeln, Moscheen und heiligen Orten. Jede(r) kann „Gott ist
groß,..." ebenso zitieren wie „die Jungfrauengeburt" oder die
„Auferstehung von den Toten". Meistens werden all diese
Dinge mit Emotion gedacht oder ausgesprochen. Die Emoti-
onen können praktisch jede Form zwischen Angst und großer
Freude, Zuversicht, Ich-Gefühl, Geborgenheit, Wut oder Zorn
annehmen. Und das sind nur die Assoziationen von Europä-
ern. Außerdem weiß jede(r) zumindest, dass die Bücher Bibel
oder Koran heißen. Muss eine so vielfältige Ausprägung wirk-
lich definiert werden?

Definitionen sind nicht einfach nur Wortbestimmungen. Son-
dern durch die Bestimmung oder Eingrenzung eines Wortes
kommt es zu Abgrenzungen im Sinne von: Was gehört dazu?
Was nicht? Daraus wird dann, was ist richtig, was ist falsch?
Dadurch entsteht die Frage: Wer darf denn bestimmen, was
richtig oder falsch sein soll? Also: Was ist Glaube, was Aber-
glaube? Bestimmen darüber die „Fachleute" (Theologen)
oder Fachfremde (Philosophen, Wissenschaftler), besonders
Beauftragte wie Kaiser, Könige, Päpste oder gewählte Regie-
rungen? Welches Interesse haben die jeweiligen Definitions-
mächtigen? Oder ist das etwa Sache jedes einzelnen Indivi-
duums?

*Besonders die Fragen nach der **Defintionsmacht** scheinen für*
menschliche Gesellschaften von immenser Bedeutung zu
sein. Wer die Macht an sich reißen konnte, die Frage zu ent-

scheiden, was die „richtige Religion" ist, war Herr oder Frau über mächtige Reiche der Geschichte, war (und ist) entscheidend für die Identität von zahllosen Menschen und fällt(e) Urteile über Leben und Tod seiner Mitmenschen, gab (gibt) das Signal zum Krieg gegen die Ungläubigen, er oder sie glaubt(e) sogar, die Chancen aufs Paradies - also Seligkeit in Ewigkeit - zuzuteilen. Weil aber diese folgenreichen Definitionen nie unbestritten blieben und bleiben, weil nirgendwo auf dieser Erde (Definitions-) Macht unbestritten bleibt, war und ist das der Grund für „Politik" und „Geschichte".

In Europa sind wir Teilnehmende (Teilnehmerinnen und Teilnehmer) an dem Versuch, die Definition von Religion den Einzelnen zu überlassen, also daraus keine Macht mehr abzuleiten, keine Gesellschaft zu „formieren". Das bedeutet z.B. in Deutschland, dass die Frage der Definition, was richtig und was falsch ist, auf andere Größen übergeht. Eine dieser Größen heißt Grundgesetz. Das aber muss interpretiert werden. Für manche heißt das „Rechtsstaat", für andere: „Die Würde des Menschen ist unantastbar!" - besonders meine eigene. Für Dritte, „Eigentum verpflichtet!" Für vierte ist der Sozialstaat das Zentrum von allem. Für andere wieder, ich kann, was immer ich für mein Recht halte, einklagen. Wenn ich verliere, schimpfe ich über die Ungerechtigkeit der Gerichte. Demokratie heißt für manche, ich darf mithelfen, meine Regierung auszuwechseln, für andere, die Regierung soll endlich das tun, was ich für richtig halte.

Die Religion spielt überall mit, einmal in ihren jeweiligen Verbänden, Kirchen oder „Zentralräten", aber auch durch die Glaubensvorstellungen und Selbstverständnisse der Individuen und ihrer Zusammenschlüsse.

Inhaltsfreie Definitionen haben zum Ziel, lediglich eine Beschreibung zu geben, was ein Begriff umfassen kann. Die dadurch entstehende „Abgrenzung" entscheidet, was dazugehört und was nicht. Sie könnte dadurch trotzdem nicht als „frei von Interesse" bezeichnet werden. Das „Interesse", mit *dem ich etwas beschreibe, denken manche, bestimmt meine Definition. Beispiel: Wenn ich Religionsfreiheit beschreibe, kann ich mehrere Interesse haben:*

1) meine Religion zu etablieren,

2) Religion von jeder Einmischung des Staates freizuhalten,

3) mir bestimmte Privilegien zu sichern,

4) meine Moralvorstellungen umzusetzen, selbst wenn oder gerade weil sie eindeutig Gesetzen widersprechen,

5) ungestört meinen Glauben zu leben, auch wenn andere ihn argwöhnisch beobachten,

6) ich lasse doch die Verrückten, die an einen Gott glauben, leben, auch wenn sie wissenschaftlich falsch liegen. Hauptsache ist, dass ich nicht zu glauben gezwungen werde, oder gar

7) mein eigenes Rechtssystem zu etablieren.

Alles setzt eine Trennung von staatlicher Gewalt und Kirche, Moschee oder Verein voraus. So lange staatliche Gewalt, Machtausübung und religiöse Auffassung nicht getrennt sind, bleibt Religionsfreiheit schwierig. Denn dann heißt eine andere Religion im Zweifel dasselbe wie gegen die Regierung.

Wenn ich Religion definiere, kann mein Interesse sein, nachzuweisen,

1) was ich glaube, ist richtig,

2) dass Glauben unvernünftig oder sinnlos ist,

3) dass Glauben vernünftig ist[116],

4) dass Naturwissenschaft jedes Thema bewältigt,

5) dass die Philosophie noch existiert,

6) dass die Religion noch nicht tot ist,

7) dass ich in jeder Hinsicht schlauer bin als „zurückgebliebene Menschen",

8) dass ich dem „christlichen Abendland" zugetan bin,

9) dass meine Partei das C im Namen zu Recht trägt.

---

[116] Ralf Bergmann, Gott und die Erklärung der Welt. Christlicher Glaube oder atheistische Weltanschauung: Was ist vernünftiger? Gießen 2019.

Ich kann versuchen,

10) mich selbst in meinem Glauben zu stärken,

11) einem anderen Argumente für eine Debatte aufzuzeigen,

12) zu zeigen, dass ich mich an die Mehrheit der Meinungen halte, also politisch korrekt bin.

Ergebnis: *Definitionen sind nicht frei von Interesse, sie grenzen ein und damit aus. Sie verschaffen Macht, wenn sie sich durchsetzen lassen, und sorgen für gesellschaftliche Auseinandersetzungen (Dynamik). In der Naturwissenschaft sorgen Definitionen für nachvollziehbare Ergebnisse, im kulturellen und politischen Bereich für „klare Verhältnisse", Abgrenzungen, Machtstrukturen und Machtgefälle. Die Nachvollziehbarkeit der Ergebnisse bleibt wie in der Naturwissenschaft erhalten. Religion muss also definiert werden, damit klar ist, worüber man mit welcher Absicht (Interesse) redet.*

11. Neue Deutung von Religion: Ludwig Feuerbach

Der Name des Philosophen Ludwig Feuerbach (1804-1872) steht in der Religionsphilosophie für die so genannte Projektionsthese, kurz: In der Religion projiziert der Mensch sein eigenes Wesen in den Himmel. So gewinnt er sein Bewusstsein von sich selbst und verehrt sich selbst. Das lässt sich in allen Inhalten des Christentums nachweisen. Feuerbach geht es nicht um eine Bekämpfung der Religion, in diesem Fall des Christentums, sondern um seine Interpretation. Das war aber nicht seine einzige bemerkenswerte geistige Leistung. Ebenso ging es ihm um eine „Reformation der Philosophie"[117]. Feuerbach kritisiert bei Hegel und der gesamten „spekulativen Philosophie" des deutschen Idealismus die Einheit von Denken und Sein: „Die Identität von Denken und Sein ist daher nur der Ausdruck von der *Gottheit der Vernunft* – der Ausdruck davon, daß das Denken oder die *Vernunft das absolute* Wesen, der *Inbegriff aller Wahrheit* und Realität ist, daß es *keinen Gegensatz* der Vernunft gibt, daß vielmehr die Vernunft alles ist, wie in der strengen Theologie Gott alles ist, d.i. alles Wesenhafte und wahrhaft Seiende."[118] Georg Wilhelm Friedrich Hegel hatte das in einem berühmten Satz so ausgedrückt: „Was vernünftig ist, das ist wirklich; und was wirklich ist, das ist vernünftig."[119]

Was aussieht, als wäre es eine Erdung der philosophischen Vernunft in der Wirklichkeit, wird so interpretiert wie Feuerbach es tut. Mit diesem Satz wird die Wirklichkeit gewissermaßen geheiligt. Wenn das Wirkliche vernünftig ist, warum sollte die Vernunft dann etwas Besseres finden? Und wenn das Vernünftige wirklich ist, kann das Wirkliche nicht besse-

---

[117] Ludwig Feuerbach, Vorläufige Thesen zur Reformation der Philosophie, Kleine philosophische Schriften, Leipzig 1950, 55-79, zuerst abgedruckt in: Das literarische Comptoir 1843.
[118] Ders., Grundsätze der Philosophie der Zukunft, Kleine philosophische Schriften, 87-171, § 24, 2. Absatz. Erstdruck ebenfalls 1843.
[119] Georg Wilhelm Friedrich Hegel, Grundlinien der Philosophie des Rechts, Georg Wilhelm Friedrich Hegel: Werke. Band 7, Frankfurt a. M. 1979 (urspr. 1820/21), 24.

rungsbedürftig sein. Wenn also beides eine Einheit bildet, hört die Geschichte auf, da das Wirkliche (These) dann keinen Gegensatz (Negation, Antithese) mehr aus sich heraus bildet, über den es zu einer neuen Synthese fortschreiten kann (*Dialektik im Sinne einer Bewegung von der These – das Gegebene, Antithese – die Negation des Gegebenen, Synthese – neue These aus dem Gegebenen und seiner Negation = Fortschritt der Geschichte*). Die Nachfolgegeneration Hegels spaltete sich in Alt- und Junghegelianer, man könnte auch Rechts- und Linkshegelianer sagen. Feuerbach war Junghegelianer. Diese wendeten sich unter Beibehaltung der Dialektik gegen die konservative Bestimmung der Wirklichkeit bei Hegel, die den preußischen Obrigkeitsstaat als das Ergebnis der Geschichte ansah, gegen den also keine Negation mehr gebildet wird. Diese Denkweise hatte denn auch weitere Folgen, die hier nicht erörtert werden können. Die Junghegelianer führten die Auseinandersetzung philosophisch u.a. um den Begriff des Seins. Sie bildeten die materialistische Antwort auf den Idealismus. Der Materialist denkt, die Dinge in der Welt sind so, wie wir sie mit unseren Sinnen erfahren. Die realen Dinge sind die Grundlagen der Anschauung, nicht die Begriffe der Dinge.

Der Anfang der Philosophie ist das Endliche

Dazu sagt Feuerbach: „So wenig aber das Wort die Sache ist, so wenig ist das *gesagte* oder *gedachte* Sein das wirkliche Sein. ... . Die Frage vom Sein ist eben eine praktische Frage, eine Frage, bei dem unser Sein beteiligt ist, eine Frage auf Tod und Leben. Und wenn wir im Rechte an unserem Sein festhalten, so wollen wir es uns auch von der Logik nicht wegnehmen lassen. ... Das Sein, gegründet auf lauter solche Unsagbarkeiten, ist darum selbst etwas Unsagbares. Jawohl, das Unsagbare. Wo die Worte aufhören, da fängt erst das Leben an, erschließt sich erst das Geheimnis des Seins. Wenn daher Unsagbarkeit Unvernünftigkeit ist, so ist alle Existenz, weil sie immer und immer nur *diese* Existenz ist,

Unvernunft. Aber sie ist es nicht. Die Existenz hat für sich selbst, auch ohne Sagbarkeit, Sinn und Vernunft."[120] Das wahre Sein (Gott) kann nicht in der Vernunft liegen, wo es die spekulative Philosophie in platonischer Weise hinbefördert. Es liegt vielmehr in den konkreten Erscheinungen, im konkreten Leben. „Der Anfang der Philosophie ist nicht Gott, nicht das Absolute, nicht das Sein als *Prädikat* des Absoluten oder der Idee – der Anfang der Philosophie ist das Endliche, das Bestimmte, das *Wirkliche*. Das Unendliche kann gar nicht gedacht werden *ohne* das Endliche. Kannst *Du die* Qualität denken, definieren, ohne an eine *bestimmte Qualität* zu denken? Das Unendliche ist das *wahre Wesen* des Endlichen – das wahre Endliche. Die wahre Spekulation oder Philosophie ist nichts als die *wahre* und *universale Empirie*."[121]

Der Mensch existiert nicht von sich aus

In diesem Sinne spricht Feuerbach dann über Religion und ihre Voraussetzungen. Ganz lapidar kippt er die erste Behauptung der abendländischen Religionsphilosophie, Religion oder die Idee von Gott sei angeboren, eingeprägt, natürlich oder wie immer im Inneren vorhanden. Etwas andereres aber ist natürlich vorhanden, das Gefühl oder Bewusstsein eines jeden Menschen, dass er nicht von sich aus existiert. „Die Natur ist der erste, ursprüngliche Gegenstand der Religion, wie die Geschichte aller Religionen und Völker sattsam beweist. Die Behauptung, dass die Religion dem Menschen eingeboren, natürlich sei, ist falsch, wenn man der Religion überhaupt die Vorstellungen des Theismus, d. h. des eigentlichen Gottesglaubens unterschiebt, vollkommen wahr aber, wenn man unter Religion nichts weiter versteht, als das Abhängigkeitsgefühl – das Gefühl oder Bewusstsein des Menschen, dass er nicht ohne ein anderes, von ihm unterschiedenes Wesen existiert und existieren kann, dass er nicht sich

---

[120] Feuerbach, a.a.O, § 28, 3. Absatz.
[121] Vorläufige Thesen, 61f.

selbst seine Existenz verdankt. Die Religion in diesem Sinne liegt dem Menschen so nahe wie das Licht dem Auge, die Luft der Lunge, die Speise dem Magen. Die Religion ist die Beherzigung und Bekennung dessen, was ich bin."[122] Gott ist jedoch letztlich ein Versuch der Erklärung des Lebens als Wirkung der Natur, weil Menschen sich das anders nicht erklären können. „Wir sind mitten in die Natur hineingestellt und doch sollte unser Anfang, unser Ursprung außer der Natur liegen? Wir leben in der Natur, mit der Natur, von der Natur, und gleichwohl sollten wir nicht aus ihr sein? Welch ein Widerspruch!"[123] Die Theologie drehe die Verhältnisse um, wenn sie sagt, die Natur gebe es nur, weil Gott sie gedacht hat. Das ist die These allen philosophischen Bemühens gewesen: Weil der weise, gütige, kluge, allwissende, vollkommene oder allmächtige Schöpfer die Welt gedacht hat, konnte sie mit all ihren Gesetzmäßigkeiten und dem, was sie ist, entstehen; weil er die Ursache von allem gesetzt hat, konnte es überhaupt Wirkungen geben; weil er alles zweckmäßig planen konnte in seiner Vorstellung, kam es zu Stande. So ähnlich könnte auch heute noch die Vorstellung von Gott und seiner Welt aussehen.

„Gott ist der tiefe oder schöne Brunnen der Fantasie, in dem alle Realitäten, alle Vollkommenheiten, alle Kräfte enthalten sind, alle Dinge folglich schon fertig wie Fischlein herumschwimmen; die Theologie ist die Amme, die sie aus diesem Brunnen hervorholt, aber die Hauptperson, die Natur, die Mutter, die mit Schmerzen die Kindlein gebiert, die sie neun Monate lang unter ihrem Herzen trägt, bleibt bei dieser ursprünglich kindlichen, jetzt aber kindischen Erklärung ganz außer dem Spiele."[124] Dieser Gedankengang leuchtet, wenn man so will, von selbst ein. Der Schöpfer muss ja wohl eine Vorstellung von dem gehabt haben, was er da schaffen will,

---

[122] Ders., Das Wesen der Religion, 1. Kapitel, 2. und 3. Absatz.
[123] A.a.O., 1. Kapitel, 7. Absatz.
[124] A.a.O., 2. Kapitel, 1. Absatz.

es sei denn, dass alles planlos aus dem Zufall heraus zur Natur wurde, die wir sind und die unseren Lebensraum darstellt. Wenn das zweite der Fall war, das nehmen viele heute an, haben wir eine Chaos- oder eine Kontingenztheorie. Falls daraus eine Religion gebastelt werden sollte, müsste sie ein Lob des Chaos oder des Zufalls werden. Die entsprechenden Tempel wären dann Urwälder, Steinwüsten oder zerklüftete Höhlen oder alles Zufällige, d.h. jeder beliebige Ort. Wenn das mit der Vorstellung Gottes angenommen würde, wäre die Folge all das, was je in der Philosophie gedacht wurde und wird.

Der Wunsch ist der Ursprung der Religion

Aber Feuerbach gewinnt daraus eine andere Ansicht: „Der Wunsch ist der Ursprung, ist das Wesen selbst der Religion – das Wesen der Götter nichts anderes, als das Wesen des Wunsches. Die Götter sind übermenschliche und übernatürliche Wesen; aber sind nicht auch die Wünsche übermenschliche und übernatürliche Wesen?"[125] Wenn also der Wunsch der Ursprung der Religion sein sollte, dann wäre es der Wunsch, dass eine kluge, liebevolle, sinnvolle und allwissende Planung unserem Lebensraum zugrunde liegt und uns weiter begleitet. Das könnte auch dazu führen, eine Philosophie zu entwerfen, die einfach nur im Nachdenken darüber besteht, wie etwa das bereits Zitierte: „Gott erkennen heißt, Gott verehren." Aber Feuerbach fährt fort: „Es verrät daher die größte Unkenntnis der Religion, wenn du Gott mit dem Teleskop am Himmel der Astronomie, oder mit der Lupe in einem botanischen Garten, oder mit dem mineralogischen Hammer in den Bergwerken der Geologie, oder mit dem anatomischen Messer und Mikroskop in den Eingeweiden der Tiere und Menschen zu finden hoffst – du findest ihn nur im Glauben, nur in der Einbildungskraft, nur im Herzen des Menschen; denn er ist selbst nichts anderes als das Wesen

---

[125] A.a.O., 3. Kapitel, 2. Absatz.

der Fantasie oder Einbildungskraft, das Wesen des menschlichen Herzens."[126]

Gottesvorstellungen sind „die Wünsche" der Menschen

Umgekehrt heißt das, man findet in der Gottesvorstellung des Menschen seine Wünsche. Die Wünsche der Christen sind maßlos. Sie gehen weit über das Irdische - also Gesundheit, Glück, ein(e) gute(r) Frau / Mann oder ein gutes Leben - hinaus. Ihr Gott ist transzendent, über der Natur und ihren Notwendigkeiten. „Ihr Wunsch ist ein Himmel, in dem alle Schranken, alle Notwendigkeit der Natur aufgehoben, alle Wünsche erfüllt sind, ein Himmel, in dem keine Bedürfnisse, keine Leiden, keine Wunden, keine Kämpfe, keine Leidenschaften, keine Störungen, kein Wechsel von Tag und Nacht, Licht und Schatten, Lust und Schmerz, wie im Himmel der Griechen stattfindet."[127] Sie wollen der Seelen Seligkeit![128]

Theologie ist Anthropologie

Das ist die eine Seite der Feuerbach'schen Erkenntnis über die Religion. Die Religion stammt aus der Erfahrung und aus einem Mangel in der Erfahrung. Sie eine Folge des Gefühls, dass der Mensch sein Leben sich nicht selbst verdankt, des Gefühls der Abhängigkeit. Religion wird in ihrem Inhalt durch Wünsche der Menschen geformt. Religion und ihr Gott sind mithin Schöpfungen des Menschen, nicht Ergebnis irgendeiner Offenbarung. Diese Schöpfungen verraten daher viel über den Menschen. Daraus folgt, dass die Gotteslehre (Theologie) eigentlich Menschenlehre (Anthropologie) ist. Denn der Mensch setzt in seinem Glauben sein Wesen aus sich heraus, sich gegenüber als Anschauung. „Das göttliche Wesen ist nichts andres als das menschliche Wesen oder besser: das Wesen des Menschen, abgesondert von den Schranken

---

[126] A.a.O., 4. Kapitel, 1. Absatz.
[127] A.a.O., 4. Kapitel, 2. Absatz
[128] 1. Petrus 1, 9.

134

des individuellen, d. h. wirklichen, leiblichen Menschen, ver-
gegenständlicht, d. h. angeschaut und verehrt als ein andres,
von ihm unterschiednes, eignes Wesen - alle Bestimmungen
des göttlichen Wesens sind darum Bestimmungen des
menschlichen Wesens."[129]

Was ich wünsche, ist mein Gott

Im gedanklichen Fortgang erteilt Feuerbach allem, was darüber hinaus noch gedacht werden könnte, eine Absage. Man
könnte denken, was die Philosophie ja auch versuchte, dass
dieses Bild von Gott noch eine Fortsetzung verlangt. Das was
ich wünsche, ist „mein Gott", Gott für mich. Was aber sind
Eigenschaften Gottes „an sich" in ihrer abstrakten Form, von
mir unabhängig in seiner Unendlichkeit? Da behilft sich Feuerbach mit der Unterteilung in Herz und Verstand. Das Herz,
das Gemüt, ist das individuelle im Menschen, der Verstand
das Allgemeine. Zwischen diesen beiden gibt es Streit, wenn
die Vernunft etwas verwehrt, was das Herz wünscht. Doch
die Vernunft selbst ist so konstruiert, dass ihr nichts entge-
gensteht. Sie entsteht aus eigener innerer Notwendigkeit,
nicht aus einem Gegenüber. Die „Notwendigkeit der Welt ist
die Notwendigkeit der Vernunft". Die Vernunft ist nur sich
selbst Gegenstand, sie ist ihrer selbst mächtig und damit allmächtig. Daher ist dieser Gott auch das Wesen des vernunftbegabten Menschen.[130]

Die Anschauung Gottes als menschliches Wesen kommt am
besten in der Menschwerdung Gottes zum Ausdruck. „Die
Inkarnation ist nichts andres, als die tatsächliche, sinnliche
Erscheinung von der menschlichen Natur Gottes. Seinetwe-
gen ist Gott nicht Mensch geworden; die Not, das Bedürfnis
des Menschen - ein Bedürfnis, das übrigens heute noch ein
Bedürfnis des religiösen Gemüts - war der Grund der Inkar-

---

[129] Das Wesen des Christentums, 54f.
[130] A.a.O., 81-93.

nation."[131] Feuerbach geht durch viele Themen und Vorstellungen der christlichen Religion, um das Anthropologische herauszuarbeiten. Oft ist Kritisches kaum vom Gläubigen zu unterscheiden, sodass seine Zeitgenossen oder Freunde ihn in ihren Schriften als Verteidiger des Christentums „abkanzelten". Durch die Projektion des menschlichen Wesens auf Gott werden die Inhalte nicht etwa falsch, sondern als Erkenntnisse und Bewusstsein aus dem „Hinausgesetzten" vielleicht sogar noch geschärft. Es wirkt so, als blicke der Mensch in einen Spiegel. Im Wesen des Christentums findet Feuerbach überall Bestätigung seiner Thesen. „Der dreieinige Gott ist ein inhaltsvoller Gott, deswegen da ein Bedürfnis, wo von dem Inhalt des wirklichen Lebens abstrahiert wird. Je leerer das Leben, desto voller, desto konkreter ist Gott. Die Entleerung der wirklichen Welt und die Erfüllung der Gottheit ist ein Akt. Nur der arme Mensch hat einen reichen Gott. Gott entspringt aus dem Gefühl eines Mangels; was der Mensch vermißt - sei dieses nun bestimmtes, darum bewußtes oder unbewußtes Vermissen - das ist Gott."[132] Dieser Gedanke führt über die bloße Projektion hinaus zu dem etwas später erscheinenden Motiv des Symptoms: Je besser die Gottheit ausgestattet wird, desto deutlicher sieht man den Mangel des Menschen. Das ist jedoch für Feuerbach noch nicht die Einsicht, die auf die Änderung der menschlichen Lage zielt - wie fast gleichzeitig bei Karl Marx.

Widerspruch zwischen Glauben und Liebe

In der christlichen Religion findet Feuerbach einen zentralen Widerspruch zwischen Glauben und Liebe. Der kommt daher, dass Gott immer als Erstes gedacht wird. Die Liebe gilt somit eigentlich Gott und daraus abgeleitet dem Menschen. Es muss umgekehrt sein: Der Mensch ist als Erstes zu setzen, denn Gott ist eigentlich das wahre Wesen des Menschen.

---

[131] A.a.O., 102.
[132] A.a.O., 133f.

Erst damit ist die Liebe zu Mitmenschen echtes moralisches, zugleich aber religiöses Gebot. Feuerbach bezeichnet diese „Umstellung" als „Wendepunkt der Weltgeschichte", indem der Mensch des Menschen Gott ist. Der Mensch dankt Gott für die Wohltaten, die ihm ein anderer Mensch durch eigene Opfer verschafft. Diese religiöse Umkehrung entsteht dadurch, dass das Göttliche als Gegenüber gedacht wird. Sie vernichtet die „wahre Sittlichkeit". Wenn der Mensch dagegen sein eigenes Wesen verehrt, dankt der Mensch dem Menschen. Das Danken bleibt religiös oder heilig, weil doch der Mensch des Menschen Gott ist. Diese religiöse Umkehrung muss von der Vernunft behoben werden, indem sie die Hauptsache wieder zur Hauptsache macht, also die Liebe zur Liebe, die Dankbarkeit zur Dankbarkeit, das Wasser zum Wasser (Taufe), Wein und Brot (Abendmahl) zu Wein und Brot, das Recht zum Recht, das Gute zum Guten macht und nicht zum Symbol, Abglanz oder zur Stiftung eines göttlichen Wesens. All diese Dinge sind in sich selbst heilig. Man braucht sie nur wegzunehmen, um das zu bemerken.[133]

Am Ende ist die Projektionsthese von Feuerbach nicht dazu angelegt, Religion, in diesem Fall die christliche, zu beseitigen. Sie kehrt lediglich die 'theologischen Umleitungen' wieder um, um sie an die richtigen Adressaten, den Menschen, die Menschheit auszurichten. „Der Mensch ist der Anfang der Religion, der Mensch ist der Mittelpunkt der Religion, der Mensch ist das Ende der Religion."[134] Das ist aber doch mehr als eine Projektionsthese. Es ist die Interpretation der Religion als ein Geschöpf des Menschen, der sich selbst verehrt. Das führt von selbst zu der Frage, warum die Menschen aller Zeiten diese Umleitung in verschiedenster Weise geschaffen haben. Haben sie nicht gemerkt, dass es eine Umleitung ist? Gab es dahinter eine Notwendigkeit? Warum hat

---

[133] A.a.O., 401ff.
[134] A.a.O., 283

es bis ins Jahr 1841 gedauert, bis diese Umleitung „entlarvt" wurde. Und warum haben wieder viele das in den 2020er Jahren immer noch nicht verstanden? Eine einfache Antwort wäre die, dass Menschen sich ihre Existenz auf dieser Welt erklären, die Nöte des Lebens und des Todes einordnen, den Umgang in ihren notwendiger Weise vorhandenen Gemeinschaften klären, ihre Abhängigkeiten als natürliche Wesen verstehen und ein Bewusstsein bilden, was ihr Leben für einen Zweck hat. Warum lässt sich das alles nicht ohne Umleitung machen?

Die These von der Religion als Schöpfung der menschlichen Phantasie ist nicht neu. Sie findet sich schon bei Xenophanes (s.o.). Neu erscheint sie aber im Zusammenhang mit der Aufklärung und der Hegel'schen Philosophie, die ja gerade Geist und / oder Moral mit Gott oder einem höchsten Wesen zusammengedacht hatten. Wo Feuerbach am Religiösen festhielt, gingen Zeitgenossen weiter zu Atheismus. Wer die Gedankenfolge, dass der Mensch in der Religion sich selbst verehrt, ernst nimmt, kann ja durchaus zu dem atheistischen Schluss kommen, dass es keinen Gott gibt, wenn der Mensch in der Religion sein eigenes Wesen verehrt.

Eine theologische Antwort

Eine Antwort der evangelischen Theologie auf die Religionsphilosophie Feuerbachs gab Karl Barth (1886-1968), indem er sagte, das Christentum sei gar keine Religion, sondern eine Offenbarung des lebendigen Gottes. Religion sei im Gegenteil zum allgemeinen Verständnis „Unglaube", da sie ein Weg der Menschen zu dem von ihnen vorgestellten Gott sei (Projektion). Er führte das in einem langen Abschnitt seiner „Kirchlichen Dogmatik" aus.[135] Aus seinen Überlegungen resultierte aber kein Konzept zur Umsetzung dieses Gedankens. Seine Lösung mit der Offenbarung als „Selbstmitteilung

---

[135] Karl Barth, Kirchliche Dogmatik I,2, Zürich, 2. Aufl. 1948, 304-397. Zuvor hatte Barth die These, Religion sei Unglaube, im Römerbrief von 1915 ausgeführt.

Gottes" wird von Dietrich Bonhoeffer (1906 - 1945) als „friß Vogel oder stirb" - Methode bezeichnet. Bonhoeffer sprach in seinen Briefen aus dem Gefängnis von einem „religionslosen Christentum", in welchem nicht nur die Wunder entmythologisiert werden müssen (*den Inhalt eines in mythischer Sprache geschriebenen Textes in einer nicht mythischen Sprache wiedergeben, Methode und Antwort von Rudolf Bultmann* (1884-1976)), sondern die religiöse Sprache insgesamt. Man könne nicht Gott vom Wunder trennen, indem man das eine entmythologisiert, das andere aber bestehen lässt.[136] Er konnte diese Gedanken aber nicht mehr ausarbeiten. Sein Leben endete in einer Hinrichtung durch den ausdrücklichen Befehl Adolf Hitlers.

Andererseits hat sich Peter Sloterdijk damit ausführlich beschäftigt.[137] Er bescheinigt Karl Barth eine „Fiktion der Nichtfiktionalität" und steigert den Gedanken zu einer Objekt – Subjekt - Umkehr: *„Um Rezipient der Offenbarung zu werden, muß man auch ihr Subjekt sein – besser: sich ihrem wahren Subjekt, Gott, eingliedern oder vielmehr zugeben, ihm immer schon eingegliedert zu sein."*[138] Damit erklärt der Philosoph den Begriff „dialektische Theologie", der Barth und einige seiner Zeitgenossen bezeichnet(e). Das zu denken, sei zwar unmöglich, aber notwendig: „Daß die Wahrheit die Wahrheit ist, und wir also ursprünglich der Wahrheit teilhaftig sind, das sagt uns - die Wahrheit selber."[139] Diese ganze Denk- oder Glaubensoperation gleicht dem Satz des Paulus: „Ich bin mit Christus gekreuzigt. Ich lebe, doch nun nicht ich, sondern Christus lebt in mir." (Galater 2, 19b.20)

Sloterdijk findet bei diesem Anfang der dialektischen Theologie gleichnishaft einen Meteoriteneinschlag zur Beendi-

---

[136] Dietrich Bonhoeffer, Widerstand und Ergebung, München 19.Aufl. 2008, 140-145, Zitat 143.

[137] Peter Sloterdijk, Den Himmel zum Sprechen bringen, 114ff.

[138] A.a.O., 115.

[139] Karl Barth, Der Römerbrief. München: Chr. Kaiser Verlag, Vierter Abdruck der neuen Bearbeitung 1926, 281.

gung der kulturprotestantischen Welt des 19. Jahrhunderts abgebildet. „Die empirische Wirklichkeit Europas, die moralische Verirrtheit der Alten Welt, hatte sich im Weltkrieg katastrophisch selbst offengelegt. Jetzt käme es darauf an, das Wort Gottes als die stärkere Katastrophe zu erfahren. Angesichts dessen, was die Agenten der Welt und ihrer nationalisierten Religionen angerichtet hatten, brachte Karl Barth, wie ein aus der Zeit gefallener Kirchenvater, des Himmels letzte Chance auf den Begriff: daß die Teilhabe des Menschen an der Wahrheit trotz allem weiter reiche als das von ihm selbst angerichtete Unheil."[140] Wie die Welt des 19. Jahrhunderts aus dieser Sicht erscheint, fasst Barth in einem kühnen Satz zusammen: „Hier gibt's nichts zu erleben für Romantiker, nichts zu schwärmen für Rhapsoden, nichts zu analysieren für Psychologen, nichts zu erzählen für Geschichtenerzähler. Nichts, gar nichts ist hier von jenen „Keimzellen" oder „Ausflüssen" Gottes, nichts von jenem sprudelnden quellenden Leben, in dem etwa ein kontinuierlicher Zusammenhang zwischen Gottes Sein und dem unsrigen stattfände."[141] Der Brunnen, aus dem man immer schöpfen kann, ist sozusagen versiegt. Die Religion ist nichts als der Weg, mit dem sich die Menschen Gott gefügig machen oder sich selbst erhöhen. Dem widerspricht das Wort Gottes diametral. Die Vorstellung, das Wort Gottes komme sozusagen in den Worten der Menschen immer wieder vor, sei in seinen Begabungen ausgedrückt oder zeige sich in seinen Handlungen und Fähigkeiten, gleicht der Selbsterhöhung und Selbstverehrung und ist Unglaube.

Die radikalste Religionskritik kommt von einem Theologen des Christentums. Alles, was Religion heißt, ist ein Versuch des Menschen, in die göttliche Welt vorzudringen und damit Unglaube. Wie aber die Göttliche Offenbarung ohne alle vorstellbaren Anknüpfungspunkte übermittelt worden sein soll, wie das „Wort Gottes" in die Feder diverser Menschen gelangt sein soll, diese Frage wirft aus philosophischer Sicht

---

[140] Sloterdijk a.a.O., 122f.
[141] Barth, a.a.O., 279.

ebenso alle Probleme der Erkenntnisfähigkeit auf wie alle anderen Religionsgrundlagen. Die Fiktion der Nichtfiktionalität führt nicht weiter – es sei denn, man glaubt daran. Unter dem praktizierenden Theologenpersonal ging dann die etwas sarkastische Story herum: Wenn Gott durch den Mund der Theologen spricht, dann sparen diese sich die Mühsal einer wöchentlich vorzubereitenden Predigt, da der Prediger lediglich den Mund öffnen muss, um als Lautsprecher zu dienen. Oder: Was immer Du auf der Kanzel sagst, ... Deus dixit. Karl Barth hat der Geschichte der Religionen ein großes Stück hinzu"gedichtet" und darauf beharrt, dass die Wahrheit Gottes geoffenbartes Wort und Gottes Wort die geoffenbarte Wahrheit ist. Seine Sichtweise hat ihn davor bewahrt, auf „den Führer" und die Nazis hereinzufallen, wie große Teile der deutschen Bevölkerung, Kirchen eingeschlossen.

Wohnsituation in Deutschland 1840 (Gemeinfrei)

12. Karl Marx - Religion als Symptom der Entfremdung

Zur atheistischen Folgerung kam u.a. Karl Marx (1818-1883). Er hatte eine Erklärung für die Umleitung über die Religion. Sie kommt in dem inzwischen geflügelten Wort zum Ausdruck: Religion ist „Opium des Volkes".[142] Als solche führt sie zum Symptom. Karl Marx versteht Feuerbach so, dass dieser die Religion in ihre weltliche Grundlage auflöste. Aber er übersehe, dass die Grundlage in sich selbst zerrissen sei und sich selbst widerspreche. Wenn man also das Geheimnis der „heiligen" Familie entdeckt, muss man daraus nicht die Religion erklären, sondern die Probleme der realen Familien ernst nehmen und die Familie „revolutionieren", also verändern. Wenn das menschliche Wesen betrachtet wird, sollte man sich vom Abstrakten lösen und erkennen, dass das Individuum „das Ensemble der gesellschaftlichen Verhältnisse" ist.[143] Religion müsste man demnach zum Ergebnis der menschlichen Entfremdung und Zerrissenheit erklären, diese wieder liegt in den gesellschaftlichen Verhältnissen begründet. Die Menschen benutzen die Religion als Schmerzmittel gegen ihre Krankheit der gesellschaftlichen Entfremdung, statt die Krankheit - ihre soziale Entfremdung vom wahren Menschsein - zu bekämpfen. Nach dieser These hätten dann die gesamte Weltgeschichte entlang die Menschen in einer kranken - entfremdenden - Gesellschaft gelebt. Das kommt durchaus der Geschichte vom Sündenfall[144] nahe, nach der die Menschen aus dem Paradies - der heilen Gesellschaft - vertrieben wurden.

Feuerbach hat die sakrale Krankheit der Gesellschaft entlarvt. Nun kommt es darauf an, die wirkliche gesellschaftli-

---

[142] Karl Marx, Einleitung zur Kritik der Hegelschen Rechtsphilosophie, Marx-Engels-Werke Band 1, S. 378.
[143] Ders. Thesen über Feuerbach.
[144] 1. Mose 3.

che Krankheit zu bekämpfen. „Die Philosophen habe die Welt nur verschieden interpretiert; es kommt aber darauf an, sie zu verändern." Ein Textabschnitt aus der Einleitung zur Kritik der Hegel'schen Rechtsphilosophie verdeutlicht das:

„Für Deutschland ist die *Kritik der Religion* im Wesentlichen beendigt, und die Kritik der Religion ist die Voraussetzung aller Kritik.

Die *profane* Existenz des Irrtums ist compromittirt, nachdem seine *himmlische oratio pro aris et focis* (d.h. wörtlich: „Gebet für Altar und Herd" im Sinne von fürs Vaterland oder für Vaterland und Familie) widerlegt ist. Der Mensch, der in der phantastischen Wirklichkeit des Himmels, wo er einen Uebermenschen suchte, nur den *Wiederschein* seiner selbst gefunden hat, wird nicht mehr geneigt sein, nur den *Schein* seiner selbst, nur den Unmenschen zu finden, wo er seine wahre Wirklichkeit sucht und suchen muss.

Das Fundament der irreligiösen Kritik ist: Der *Mensch macht die Religion*, die Religion macht nicht den Menschen. Und zwar ist die Religion das Selbstbewusstsein und das Selbstgefühl des Menschen, der sich selbst entweder noch nicht erworben, oder schon wieder verloren hat. Aber *der Mensch*, das ist kein abstraktes, ausser der Welt hockendes Wesen. Der Mensch, das ist *die Welt des Menschen*, Staat, Societät. Dieser Staat, diese Societät produziren die Religion, ein *verkehrtes Weltbewusstsein*, weil sie eine *verkehrte Welt* sind. Die Religion ist die allgemeine Theorie dieser Welt, ihr encyklopädisches Compendium, ihre Logik in populärer Form, ihr spiritualistischer Point-d'honneur (Ehrensache, Frage der Ehre), ihr Enthusiasmus, ihre moralische Sanktion ihre feierliche Ergänzung, ihr allgemeiner Trost- und Rechtfertigungsgrund. Sie ist die *phantastische Verwirklichung* des menschlichen Wesens, weil das *menschliche Wesen* keine wahre Wirklichkeit besitzt. Der Kampf gegen die Religion ist also mittelbar der Kampf gegen *jene Welt*, deren geistiges *Aroma* die Religion ist.

Das *religiöse* Elend ist in einem der *Ausdruck* des wirklichen Elendes und in einem die *Protestation* gegen das wirkliche Elend. Die Religion ist der Seufzer der bedrängten Kreatur, das Gemüth einer herzlosen Welt, wie sie der Geist geistloser Zustände ist. Sie ist das *Opium* des Volks.

Die Aufhebung der Religion als des *illusorischen* Glücks des Volkes ist die Forderung seines *wirklichen* Glücks. Die Forderung, die Illusionen über seinen Zustand aufzugeben, ist die *Forderung, einen Zustand aufzugeben, der der Illusionen bedarf.* Die Kritik der Religion ist also im *Keim* die *Kritik des Jammertales*, dessen *Heiligenschein* die Religion ist.

Die Kritik hat die imaginairen Blumen an der Kette zerpflückt, nicht damit der Mensch die phantasielose, trostlose Kette trage, sondern damit er die Kette abwerfe und die lebendige Blume breche. Die Kritik der Religion enttäuscht den Menschen, damit er denke, handle, seine Wirklichkeit gestalte, wie ein enttäuschter, zu Verstand gekommener Mensch, damit er sich um sich selbst und damit um seine wirkliche Sonne bewege. Die Religion ist nur die illusorische Sonne, die sich um den Menschen bewegt, solange er sich nicht um sich selbst bewegt.

Es ist also die *Aufgabe der Geschichte*, nachdem das *Jenseits der Wahrheit* verschwunden ist, die *Wahrheit des Diesseits* zu etabliren. Es ist zunächst die *Aufgabe der Philosophie*, die im Dienste der Geschichte steht, nachdem die *Heiligengestalt* der menschlichen Selbstentfremdung entlarvt ist, die Selbstentfremdung in ihren *unheiligen Gestalten* zu entlarven. Die Kritik des Himmels verwandelt sich damit in die Kritik der Erde, die *Kritik der Religion* in die *Kritik des Rechts*, die *Kritik der Theologie* in die *Kritik der Politik.*"[145]

Warum es nach diesem Text Religion immer noch gibt, könnte man sich durchaus fragen. Waren diese Thesen nicht einleuchtend? Sollte der Mensch nicht daran interessiert sein, seine Kette abzuwerfen? Oder ist vielleicht die Entlarvung der Religion selbst eine Illusion? Die Geschichte hat zumindest gezeigt, dass die Illusionen, Wünsche, Phantasien oder was immer Religion ist oder war, sogar nach einer Zeit der Verwirklichungsversuche des Atheismus wie in Russland und deren Scheitern wiederkehren. Die Zeit der Wahrheit des Diesseits dauerte etwa 70 Jahre. Wie wir aus dieser Zeit wis-

---

[145] https://de.wikisource.org/wiki/Zur_Kritik_der_Hegel'schen_Rechtsphilosophie, Einleitung, Absätze 1-7 oder Marx-Engels-Werke, Band 1, Seite 378-379.

sen, gehörten die Versuche der Verwirklichung neben den nationalsozialistischen Verirrungen und Verbrechen in Deutschland zum Schlimmsten, was die Menschheit erlebt hat. Bedeutet das im Umkehrschluss, dass der Mensch „unheilbar religiös"[146] bzw. nach der Marx'schen Sicht, nur heilbar krank ist? Andererseits ist aber im Osten Deutschlands zu betrachten, dass eine Gesellschaft nahezu ohne Religion funktioniert, wenn auch nicht in jeder Beziehung.

Kurz gesagt

Was ist der Inhalt der Projektionsthese?

Religion ist ein eigener Anschauungsbereich, die jedem menschlichen Wesen verfügbar ist. Wenn man Religion aber den Maßstäben der Vernunft und ihrer Kategorisierung aussetzt, würde man sie damit in ein Gefängnis von Bedingungen und logischen Grundsätzen sperren. Das wir ihr auf keinen Fall gerecht. Dadurch kann sie gar nicht erkannt werden. Nur wer in die Anschauung des Universums eintaucht, kann Religion verstehen.

Der Mensch verehrt in der Religion sein eigenes Wesen. Wie kann das gemeint sein?

Wenn Transzendenz gespiegelte Immanenz ist und menschlicher Ausdruck als Wahrnehmen, Denken, Fühlen und Wollen verstanden wird, verehrt man im so gebildeten Gott sich selbst oder sein eigenes allgemeines oder allgemein vorgestelltes Wesen. Selbstverehrung des Individuums als Individuum ist damit nicht gemeint.

Wenn Religion ein Symptom geblieben ist, dann von was?

Wenn das menschliche Wesen den Mittelpunkt der Verehrung bildet, zeigt die Religion in diesem Akt das Elend des individuellen Menschen unübersehbar. Denn er erlebt alle

---

[146] Das Zitat stammt von Nicolai Berdjajew, einem russischen Philosophen (1874-1948).

„wesentlichen" Elemente des Menschseins nicht. Er erlebt vielmehr Unterdrückung, Gewalt, Krankheit und Elend, einen menschenunwürdigen Zustand der Entfremdung. Das eigentliche Wesen seiner selbst zu verehren, gibt ihm Einblick, wie er selbst sein sollte oder könnte. Dieser Einblick wirkt gleichzeitig als eine Beruhigung und Linderung seiner Symptome. Die aber entstehen durch Entfremdung von seinem angeschauten eigentlichen Wesen.

Kann ein „vernünftiger Mensch" religiös sein?

Ja, er kann. Denn auch der Vernünftigste findet in der Anschauung der Dinge all das, was ihm nicht vollständig verfügbar ist, worin er sich fremd fühlt, wo es einschließlich seiner selbst Endliches gibt, wo er sich ganz anders sieht, wo er hofft, Angst empfindet, sich „eins mit dem Universum" fühlt usw. Es sind somit alle nicht berechenbaren und absehbaren Erfahrungen, wie sie beschreiben sind, die eine Ahnung von dem verschaffen, was man gewöhnlicher Weise Religion nennt. Zumindest ist es nicht unvernünftig, Angst zu haben, zu hoffen, sich fremd zu fühlen, oder auch gegen die Vernunft zu lieben oder sich geborgen zu fühlen. Mit Vernunft lässt sich das alles nur beschreiben, nicht berechnen und nicht herstellen. Wer dem Nicht-Verfügbaren, Nicht-Erzeugbaren einen Platz lässt, trifft nach menschlicher Erfahrung unweigerlich auf Religiöses.

Was träte an die Stelle, wenn es keine Religion gäbe?

Die Antwort erfordert Phantasie. Es gäbe wohl andere Formen der Verehrung, die alle irgendwie verdächtig wären. Beispiele kommen auf der Erde der Menschen vor. Wer kann sich vorstellen, einen kleinen dicken Mann mit merkwürdigem Haarschnitt zu verehren wie die Nordkoreaner. Oder sich vor einem allmächtigen Partei- und Staatschef zu beugen wie in China oder in der Türkei? Da hätte ich doch lieber eine Religion, die zumindest in der Phantasie jedes Menschliche unterstützt und ihm Wert zuspricht, die weder mit phy-

sischer noch mit staatlicher oder moralischer Allgewalt auftritt. Eigentlich sind Freiheit, Kommunikation und Liebe die
Nachweise Gottes, nicht Hass und Vernichtung von Gegnern.

Kann es ein Christentum ohne Religion geben?

Ein Christentum ohne Religion bedeutet, die Inhalte wie
Feindesliebe, Nächstenliebe, Gewaltfreiheit, Hoffnung gegen
jede Vernunft, Dankbarkeit, Treue und Demut gegenüber
den Mitmenschen als Mit-Geschöpfen anders als aus Gottes
Willen und Absicht herzuleiten. Das könnte nach Jahrtausende dauernder Einübung in die religiöse Gewohnheit schwierig werden. Wenn der Gottesbegriff nur für Tradition, Allmacht und Moral steht, passt er für keine jetzige Zeit. Wenn
er aber ein Zielbegriff für Aufbruch, Freiheit, Verbundenheit,
Vergebung, Neuanfang und Verantwortung wäre, müsste er
beibehalten werden. Religionsloses Christentum kann nur
heißen, die Inhalte des Gottesbegriffes anders zu bestimmen
als zu Zeiten der Unterdrückung, Sklavenherrschaft, Obrig-
keitsverehrung und Staatsorganisation als unumschränkte
Gewalt gegen „das Volk".

Kann man Gott entmythologisieren?

Es ist sogar dringend notwendig, das zu tun. Gott ist, egal
wie man ihn erfährt, immer zeitgebunden, weil menschliche
Wahrnehmung das auch ist. Deshalb ist die Kritik des Gottesbegriffes so notwendig wie die Kritik der gesellschaftlichen Umstände oder der Gemeinschaftsformen. Denn Kritik
hält lebendig, Nichtkritik ist der allmähliche Tod durch Ver-
steinerung. Als Gottesmythen möchte ich bezeichnen, was
immer mit Gott als Begriff verbunden wird. Gott als von
weltlichen Gesetzen freies Wesen erscheint in unendlichen
Facetten und ist mit keinem Begriff umfassend beschrieben.
Daher sind alle Bezeichnungen menschliche Bedingungen,
die Gott einschränken oder sogar fesseln. Wenn man sich
vorstellt, das freieste, was Menschen sich vorstellen können,
wird von ihnen selbst gefesselt, läge darin selbst schon eine

grauenhafte Vernichtungsabsicht Gottes. Da aber menschliches Leben und Denken ohne Begriffe nicht funktioniert, bekommt die Kommunikation über das Gemeinte im Sinne der Entmythologisierung eminente Bedeutung und bedarf der steten Aufmerksamkeit, Fortführung und Verantwortung. Entmythologisierung hat also nichts mit der Ablehnung Gottes zu tun, sondern gerade im Gegenteil mit verantwortlichem Nachdenken über Gott und die Menschheit.

13. Die Angst vor dem Gottesverlust

Die Rede des toten Christus vom Weltgebäude herab

Die Aufklärung und ihre Infragestellung Gottes hat noch eine andere Antwort hervorgerufen: Die literarische Auseinandersetzung. Bereits 1796 - 1797 veröffentlichte Jean Paul (1763-1825) seinen Roman Siebkäs in drei „Bändchen". Im dritten Bändchen beschrieb er die Idee, dass es keinen Gott gibt als Albtraum, aus dem er glücklicherweise aufwacht und: „Meine Seele weinte vor Freude, daß sie wieder Gott anbeten konnte – und die Freude und das Weinen und der Glaube an ihn waren das Gebet. Und als ich aufstand, glimmte die Sonne tief hinter den vollen purpurnen Kornähren und warf friedlich den Widerschein ihres Abendrotes dem kleinen Monde zu, der ohne eine Aurora im Morgen aufstieg; und zwischen dem Himmel und der Erde streckte eine frohe vergängliche Welt ihre kurzen Flügel aus und lebte, wie ich, vor dem unendlichen Vater; und von der ganzen Natur um mich flossen friedliche Töne aus, wie von fernen Abendglocken."[147] Das klingt, als wäre mit Gott die ganze Weltwahrnehmung, das Gefühl der „frohen vergänglichen Welt" entschwunden, deren Überlebensgarantie eben niemand anderes als Gott ist. Aber das ist eine Frage des Gemüts. In der Einleitung zum Traum schreibt Jean Paul, dass die Menschen Gott ebenso gefühllos leugnen wie sie an ihn glauben. Der atheistische Gedanke sei wie ein tödlicher giftiger Dampf. Die Unsterblichkeit zu leugnen, sei dagegen eine Kleinigkeit. Das betreffe nur die nebelverhüllte kommende Welt. Die Leugnung Gottes dagegen bedeutet Verlust der gegenwärtigen Welt. „Das ganze geistige Universum wird durch die Hand des Atheismus zersprengt und zerschlagen in zahlenlose quecksilberne Punkte von Ichs, welche blinken, rinnen, irren, zusammen- und auseinanderfliehen, ohne Einheit und Bestand. Niemand ist im All so sehr allein als ein Gottesleugner – er trauert mit einem verwaisten Herzen, das den größten Vater verloren, neben dem unermeßlichen Leichnam der Natur, den kein Weltgeist regt und zusammenhält, und der im Grabe wäch-

---

[147] Jean Paul, Siebenkäs, Erstes Blumenstück, http://gutenberg.spiegel.de/buch/siebenkas-3215/47, letzter Absatz.

set; und er trauert so lange, bis er sich selber abbröckelt von der Leiche. Die ganze Welt ruht vor ihm wie die große, halb im Sande liegende ägyptische Sphinx aus Stein; und das All ist die kalte eiserne Maske der gestaltlosen Ewigkeit."[148] Was er dann schließlich träumt, muss man im Original der Formulierungskünste von Jean Paul lesen:

„Jetzo sank eine hohe edle Gestalt mit einem unvergänglichen Schmerz aus der Höhe auf den Altar hernieder, und alle Toten riefen: »Christus! ist kein Gott?«

Er antwortete: »Es ist keiner.«

Der ganze Schatten jedes Toten erbebte, nicht bloß die Brust allein, und einer um den andern wurde durch das Zittern zertrennt.

Christus fuhr fort: „Ich ging durch die Welten, ich stieg in die Sonnen und flog mit den Milchstraßen durch die Wüsten des Himmels; aber es ist kein Gott. Ich stieg herab, soweit das Sein seine Schatten wirft, und schauete in den Abgrund und rief: 'Vater, wo bist du?' aber ich hörte nur den ewigen Sturm, den niemand regiert, und der schimmernde Regenbogen aus Wesen stand ohne eine Sonne, die ihn schuf, über dem Abgrunde und tropfte hinunter. Und als ich aufblickte zur unermeßlichen Welt nach dem göttlichen *Auge*, starrte sie mich mit einer leeren bodenlosen *Augenhöhle* an; und die Ewigkeit lag auf dem Chaos und zernagte es und wiederkäuete sich. – Schreiet fort, Mißtöne, zerschreiet die Schatten; denn Er ist nicht!"

Die entfärbten Schatten zerflatterten, wie weißer Dunst, den der Frost gestaltet, im warmen Hauche zerrinnt; und alles wurde leer. Da kamen, schrecklich für das Herz, die gestorbenen Kinder, die im Gottesacker erwacht waren, in den Tempel und warfen sich vor die hohe Gestalt am Altare und sagten: „Jesus! haben wir keinen Vater?" – Und er antwortete mit strömenden Tränen: 'Wir sind alle Waisen, ich und ihr, wir sind ohne Vater.' ...

Dann hob er (Jesus) groß wie der höchste Endliche die Augen empor gegen das Nichts und gegen die leere Unermeßlichkeit und sagte: 'Starres, stummes Nichts! Kalte, ewige Notwendigkeit! Wahnsinniger Zufall! Kennt ihr das unter euch? Wann zerschlagt

---

[148] A.a.O., zweiter Absatz.

ihr das Gebäude und mich? – Zufall, weißt du selber, wenn du mit Orkanen durch das Sternen-Schneegestöber schreitest und eine Sonne um die andere auswehest, und wenn der funkelnde Tau der Gestirne ausblinkt, indem du vorübergehest? – Wie ist jeder so allein in der weiten Leichengruft des Alles! Ich bin nur neben mir – O Vater! o Vater! wo ist deine unendliche Brust, daß ich an ihr ruhe? – Ach wenn jedes Ich sein eigner Vater und Schöpfer ist, warum kann es nicht auch sein eigner Würgengel sein?'

Ist das neben mir noch ein Mensch? Du Armer! Euer kleines Leben ist der Seufzer der Natur oder nur sein Echo ....‟[149]

Der Schrecken, der angesichts der trostlosen toten Materie in den Menschen fährt, ist hier ergreifend geschildert. Schweben wir wirklich ohne jeden Grund im All, dem Zufall ausgesetzt? Dann ist die Frage, ob der neben mir noch ein Mensch ist. Sind wir unsere eigenen Schöpfer und Würger? Für viele Menschen ist das auch heute noch unvorstellbar, obwohl die Wissenschaften uns diese Ansichten schon lange verschaffen. Warum entgöttert der Mensch den Himmel, das Universum, den Kosmos, um ihn der Notwendigkeit von Naturgesetzen zu unterwerfen? Das menschliche Leben - eine Laune der Natur? Mit dieser Vorstellung wäre der Mensch ein bedrohtes Wesen, vereinzelt, ohne (innere) Gemeinschaft, ohne Herkunft und ohne Ziel. Hier kann man die Tiefe des Erschreckens der Aufklärung nachvollziehen, die auch schon in den Ängsten vorheriger Jahrtausende abgebildet war, dass uns Menschen nämlich niemand gegenüber steht, dass unsere Empfindungen und Gefühle, Ängste oder Nöte nur Einbildungen sind, ja, dass wir gar nicht sind, sondern nur existieren, schließlich nichts sind und einem Nichts anheimfallen. Gott war so fest mit der menschlichen Selbstwahrnehmung verbunden, dass es ohne ihn eine völlige Neukonstruktion der Selbstwahrnehmung geben musste. Identitätsverlust geht oft mit tiefen Krisen einher. Der Verlust Gottes beschreibt eine Krise des Menschen. Jean Paul lebte

---

[149] Erstes Blumenstück, beginnend mit Absatz 7.

in Zeiten der Umbrüche nicht nur durch geistige Aktivitäten. Sein Roman entstand kurze Zeit nach der Französischen Revolution. In Deutschland waren diese Umbrüche zwar gemäßigt, aber nicht ohne Folgen. Die Religion stand in jener Zeit nicht unbedingt auf der Seite des Menschen, sondern eher auf der Seite der Herrschaft, der alten Gesellschaftssstruktur (gerade aufbrechendes Ständewesen und bald aufgehobene Leibeigenschaft) und unumschränkter Herrschaft als Gottesgnadentum, die sich die Herrscher im Rückgriff auf die christliche Religion trotz aller Aufklärung auch in der „Heiligen Allianz" von 1815 gegenseitig bestätigten. Sie vereinbarten so etwas wie eine Politik der Nächstenliebe, getreu der „unvergängliche(n) Religion des göttlichen Erlösers". Dies war allerdings gegen bürgerliche Bestrebungen und Reformen gerichtet. Aus unserer Sicht wäre das Aufbrechen der Allianz von Thron und Altar, von Gott und Weltordnung keine Katastrophe gewesen. Wenn das aber sogar ein literarisches Thema von solcher Intensität gewesen ist, muss die Angst vor diesen Umbrüchen, die Gott und die Welt in Frage stellten, immens gewesen sein. Der Siebenkäs wurde 1796-97 veröffentlicht und 1817 (erschienen 1818) von Jean Paul umgestellt und ergänzt. Er sah offenbar keinen Anlass, an diesem Traum nach der Änderung der politischen Verhältnisse und der Bestätigung der christlich-religiösen Fundierung etwas zu ändern.

Die Nachwachen des Bonaventura

Im Jahre 1804 gab es eine weitere, allerdings sehr derbe, literarische Gestaltung des Themas „Religionsverlust" bzw. aufklärerische Aufregung. Dieses Buch beschreibt und kritisiert die Gesellschaft aus der Sicht eines Nachtwächters, der für verrückt gehalten wurde. Das passiert in Form einer deftigen Satire. So sucht er hinter den Rollen und Masken die wahren Gestalten und landet beim Nichts. Zwischendurch weilte er im Irrenhaus, wo er, zum Unteraufseher ernannt, dem Arzt die Kranken vorführt, nach Nummern geordnet. So landete er auch bei der Nr. 9 mit Namen Gott, der seine Klagen in einen Monolog fasste.

„Aber dies winzige Stäubchen, dem ich einen lebendigen Athem einbließ und es Mensch nannte, ärgert mich wohl hin und wieder mit seinem Fünkchen Gottheit, das ich ihm in der Übereilung anerschuf, und worüber es verrükt wurde. Ich hätte es gleich einsehen sollen, daß so wenig Gottheit nur zum Bösen führen müsse, denn die arme Kreatur weiß nicht mehr, wohin sie sich wenden soll, und die Ahnung von Gott, die sie in sich herumträgt, macht daß sie sich immer tiefer verwirret, ohne jemals damit aufs Reine zu kommen. In der einen Sekunde, die sie das goldene Zeitalter nannte, schnitze sie Figuren lieblich anzuschauen und baute Häuserchen darüber, deren Trümmer man in der andern Sekunde anstaunte und als die Wohnung der Götter betrachtete. Dann betete sie die Sonne an, die ich ihr zur Erleuchtung anzündete und die, mit meiner Studierlampe verglichen, sich wie das Fünkchen zur Flamme verhält. Zulezt – und das war das ärgste – dünkte sich das Stäubchen selbst Gott und bauete Systeme auf, worin es sich bewunderte.

...

„Wie die Physiker sich jezt über die veränderte Temperatur wundern, und neue Systeme darüber aufstellen werden. Ja diese Erschütterung bringt vielleicht Erdbeben und andere Erscheinungen zuwege, und es giebt ein weites Feld für die Teleologen. O das Sonnenstäubchen hat eine erstaunliche Vernunft, und bringt selbst in das Willkührlichste und Verworrenste etwas systematisches; ja es lobt und preiset oft seinen Schöpfer eben deshalb weil es davon überrascht wurde daß er eben so gescheut als es selbst sei. – Dann treibt es sich durch einander und das Ameisenvolk bildet eine große Zusammenkunft und stellt sich fast an, als ob etwas darin abgehandelt würde. Lege ich jezt mein Hörrohr an, so vernehme ich wirklich etwas und es summen von Kanzeln und Kathedern ernsthafte Reden über die weise Einrichtung in der Natur, wenn ich etwa den Ball spiele und dadurch ein paar Duzzend Länder und Städte untergehen und mehrere von den Ameisen zerschmettert werden, die sich ohnedas seitdem sie die Kuhpocken erfunden haben nur zu viel vermehren. O seit einer Sekunde sind sie so klug geworden, daß ich mich hier oben nicht schneuzen darf, ohne daß sie das Phänomen ernsthaft untersuchen. – Beim Teufel! da ist es fast ärgerlich Gott zu sein, wenn einen solch ein Volk bekrittelt! – Ich möchte den ganzen Ball zerdrücken!"[150]

Überall sind die Systematiker an der Arbeit, die doch in der Tat feststellen, dass der Schöpfer genau so gescheit ist wie sie. Und jeder noch so absurde Laut Gottes wird systematisch untersucht. Aber all die geistige Arbeit führt nicht zum Erfolg, denn es ist etwas zu wenig göttlicher Geist im Menschen gelandet, sodass es nur böse und in Verwirrung enden kann. Am Ende baut dieser Mensch Systeme, um sich selbst zu bewundern. Die Beschreibung der geistigen Erhebung der Aufklärung liest sich sehr zwiespältig, besonders, wenn man das Ende sieht. Am Ende des Buches befindet sich der Nachtwächter auf dem Kirchhof und wandelt über die Gräber hin, wo er sie alle findet, die Könige und die Bettler. Im Gewitter findet er das Grab seines Vaters, der zu Asche zerfällt.

„Wehe! Was ist das – bist auch du nur eine Maske und betrügst mich? – Ich sehe dich nicht mehr Vater – wo bist du? – Bei der Berührung zerfällt alles in Asche, und nur auf dem Boden liegt noch eine Handvoll Staub, und ein paar genährte Würmer schleichen sich heimlich weg, wie moralische Leichenredner, die sich beim Trauermahle übernommen haben. Ich streue diese Handvoll väterlichen Staub in die Lufte und es bleibt – Nichts!"

„Drüben auf dem Grabe steht noch der Geisterseher und umarmt Nichts!"

„Und der Wiederhall im Gebeinhause ruft zum leztenmale – Nichts!"[151]

Dieses düstere Ende der Nachtwachen mit dem Nichts ist der Schrecken des Nihilismus, bei dem es kein Erwachen gibt. Denn der Nachtwächter erlebt keinen Traum, sondern triste natürliche maskenhafte Wirklichkeit. Der Mensch -

---

[150] Ernst Klingemann, Nachtwachen des Bonaventura, 1804, neunte Wache.
[151] Sechzehnte Wache, letzter Absatz.

ausgesetzt im schrecklichen Nichts. Die Gesellschaft der Bürger, Denker und Könige treibt ein maskenhaftes Spiel, bei
dem nichts herauskommt und die feine und weniger feine
Gesellschaft schließlich gemeinschaftlich von den Würmern
zerfressen wird.

Der tolle Mensch - Gott ist tot.

Viele Jahre später trägt Friedrich Nietzsche (1844-1900) eine
Reaktion auf die Auflösung der Religion vor. Er lässt einen
tollen Menschen auftreten, der auf dem Marktplatz den Tod
Gottes verkündet. Er erntet Spott, da viele nicht an Gott
glauben und über diese Nachricht laut lachen. Doch der tolle
Mensch führt ihnen vor Augen, dass alle zusammen die
Mörder sind, die das Heiligste und Mächtigste, was der
Mensch hatte, getötet haben. Die Folgen sind entsetzlich:
„Gibt es noch ein Oben und ein Unten? Irren wir nicht durch
ein unendliches Nichts? ... Kommt nicht immerfort die Nacht
und mehr Nacht? Müssen nicht Laternen am Vormittag an-
gezündet werden?" Aber sie sind auch großartig, denn nun
beginnt wegen der entsetzlichen Größe dieser Tat eine höhere Geschichte als bisher. Nietzsche träumt den missver-
tandenen Traum vom Übermenschen. Mit Gott fallen nämlich auch die Beschränkungen des Menschlichen, vor allem
die falsche Moral. Der Mensch wird selber verantwortlich für
seine Lebensgestaltung und kann nicht mehr Gott verantwortlich machen. „Müssen wir nicht selber zu Göttern werden, um nur ihrer (dieser Tat und der neuen Verantwortung)
würdig zu erscheinen?"[152] Doch der tolle Mensch bemerkt,
dass er zu früh kommt mit seiner Botschaft. Sie ist noch
nicht angekommen. Die Mitmenschen sind noch nicht bereit
zu bemerken, dass die Kirchen Grabmale Gottes sind. Sie
sind noch nicht für die neue Verantwortung bereit.

---

[152] Friedrich Wilhelm Nietzsche, Die Fröhliche Wissenschaft, 6. Buch Nr. 125, 1882.
http://gutenberg.spiegel.de/buch/die-frohliche-wissenschaft-3245/6.

Kurz gesagt

Welchen Eindruck vermitteln die Autoren von den Ergebnissen der philosophischen Aufklärung?

Entsetzlichste Ängste und Alpträume gleichen der stetigen Wiederkehr traumatischer Einwirkungen. Sicher geglaubte Ansichten mit Argumenten wegzuschaffen, stürzt in tief empfundene Unsicherheit. Mit Ansichten fällt auch die ganze Weltkonstruktion mit all ihren realen Auswirkungen in sich zusammen. Wenn Ansichten sich ändern, betrifft es den eigenen Platz auf der Welt. Selbst ein schlechter Platz ist besser als gar kein Platz. Wenn also die Aussicht auf einen Ausgleich im Himmel schwindet, wie soll man die Plagerei und Bosheit in diesem Leben ertragen? Ist denn alles nur Schein und Trug? Es scheint, als habe die Aufklärung alle Gewissheiten zerstört, indem sie Gott kritisierte oder gar als Einbildung beschrieb. Die Absicht war ja eher, die Menschen zum Gebrauch der ihnen eigenen Vernunft zur Selbstbestimmung zu ermächtigen und sie aus unwürdigen Herrschafts- und sonstigen Verhältnissen zu befreien. Darauf reagierten viele mit Angst statt mit Hoffnung auf eine glänzende Zukunft. Jean Paul und Bonaventura drücken das mit zum Teil drastischer Bildersprache aus.

Sind diese Ängste begründet?

Die Ängste sind begründet, weil niemand weiß, welche neuen Formen die Wirklichkeit annehmen wird, wenn die alten Gewissheiten und Verhältnisse verschwinden. Das gilt besonders, wenn Menschen vorher Jahrtausende lang in Knechtschaft und oder Unterdrückung durch herrschaftliche Willkür leben mussten. Dieses „Normale" lässt Freiheit oder Kühnheit im Denken nicht zu. Da zeigt sich auch: wenn die Religion „angegriffen" wird, die Garant des alten Systems war, weiß niemand mehr, was er oder sie zu erwarten hat. Die so genannten „Opfer der Revolution" haben beim Zusammenbrechen der alten Ordnungen nichts zu lachen. Das auszuhalten oder mitzugestalten begründet durchaus nicht nur Hoffnungen.

Sind diese Ängste eine Bestätigung, dass der Mensch von Grund auf religiös ist?

Nein, es ist keine Aussage darüber, oder der Menschen wesensmäßig auf Religion angelegt ist. Vielmehr sagt es aus, dass Menschen, die eine Religion gewohnt sind, sie zumindest nicht ohne Schmerzen aufgeben werden, weil darin ihre Antworten auf die unvorhersehbaren und vorhersehbaren Ereignisse im Leben und ihre Gemeinschaft aufgehoben sind.

14. Der Gotteswahn – die atheistische Reaktion

John Leslie Mackie (1917-1981) beschäftigte sich in seinem Buch „Das Wunder des Theismus" aus der Sicht eines empirischen Philosophen erneut mit den Argumenten der Gottesbeweise. Sein Fazit lautet: „Jedenfalls ist es nicht leicht, die Religion zu verteidigen, wenn man einmal eingeräumt hat, dass sich die als Tatsachenbehauptung verstandene Aussage, es gebe einen Gott, vor der Vernunft nicht aufrecht halten lässt."[153] Dennoch wird die Verteidigung der Religion als vernunftgemäß immer wieder unternommen. Wer möchte schon mit seinem Glauben als merkwürdig oder unvernünftig dastehen. Vor allem in den USA entwickelte sich eine religiöse Bewegung, die mit dem Christentum gegen die Moderne antrat. Die Einflüsse auf die Politik der USA waren und sind unübersehbar, besonders in der Ära George W. Bush, der z.B. im Irakkrieg zum Gebet aufrief, beim Umgang mit homosexuellen Menschen, bei der Frage der Abtreibung und auch in der Ablehnung der Evolutionstheorie durch „kreationistische" Denkweise.[154] Alles sei in der Bibel klar bestimmt. Davon abzuweichen, was dort geschrieben steht, sei abzulehnen. Die „Kreationisten" betonen insbesondere, die Schöpfung sei eindeutig so zu betrachten, dass dahinter ein „intelligent design" angenommen werden müsse, das man nicht mit Vernunftsgründen bestreiten könne. Das Argument, dass die gute Ordnung der Welt einen intelligenten Schöpfer voraussetzt, ist uns ja bereits bekannt. Es ist aber auch schon oft bestritten worden.

---

[153] John Leslie Mackie, Das Wunder des Theismus, Stuttgart 1982, 402. (Engl. Originalfassung Oxford 1982)
[154] Die Ausbreitung des kreationistischen Gedankens beschreibt Ronald L. Numbers, The Creationists, First Havard University Press, Expanded edition 2006.

Christlicher Glaube ist nicht „unvernünftig", sondern tröstlich

Im Umkreis der Kreationisten wird auch philosopisch gearbeitet. Alvin Plantinga formuliert das so: „Dementsprechend stellt sich heraus, dass eine weitverbreitete Form der agnostischen Einstellung - 'Ich habe keine Ahnung, ob der christliche Glaube wahr ist, aber ich weiß, dass er irrational bzw. nicht gerechtfertigt ... ist' - nicht verteidigt werden kann. ... Auf keinem dieser Wege (der dargelegten Einwände), so behaupte ich, kommt es zu einem gravierenden Einwand gegen die Gewähr, die dem christlichen Glauben zukommen kann, wenn unser Modell, ja der christliche Glaube selbst wirklich wahr ist. Aber ist er wirklich wahr? Das ist die eigentlich wichtige Frage. Und damit verlassen wir den Zuständigkeitsbereich der Philosophie, die auf diesem Gebiet vor allem dazu beitragen kann, bestimmte Einwände, Widerstände und Hindernisse auf dem Weg des christlichen Glaubens auszuräumen. Um für mich selbst - und natürlich nicht im Namen der Philosophie - zu sprechen, kann ich nur sagen. Dass dieser Glaube nach meinem Eindruck tatsächlich wahr ist und die wichtigste aller Wahrheiten darstellt."[155] Plantinga kommt nach 592 zum Teil komplizierten Seiten mit höchst philosophischen Anschein zu einem Schluss, der auch jedem anderen Menschen eingefallen wäre: Es gibt kein Vernunft - Argument, das die christliche Religion aus den möglichen Denkweisen ausschließt, deswegen kann ich 'mit Gewähr' (so die Übersetzung des Buchtitels, wohl eher: 'mit Berechtigung' oder 'gerechtfertigt') an ihre Wahrheit glauben.

Holm Tetens argumentiert aus der Sicht des Philosophen in seinem Buch „Gott denken. Ein Versuch über rationale Theologie" andersherum: „Nein, der Satz ‚Menschen sind nichts anderes als ein Stück komplizierter organisierter Materie in einer rein materiellen Welt' ist selber kühn, um nicht zu sa-

---

[155] Alvin Plantinga, Gewährleisteter christlicher Glaube, Berlin/Boston 2015, 592f.

gen, tollkühn, ist unbewiesen und unbeweisbar, ist existenti-
ell betrachtet absurd, bereitet allergrößte Schwierigkeiten,
uns in seinem Lichte wirklich als vernünftige Personen begreifen zu können. Seine Botschaft ist durch und durch trostlos. Zugegeben, der Satz könnte am Ende trotz allem wahr
sein."[156] Dasselbe gilt auch von dem Satz, wir seien Geschöpfe
eines gerechten und gnädigen Gottes, der unser Heil will.
Auch er ist unbeweisbar, aber dafür tröstlich. Und man kann
sich mit diesem Satz Menschen als vernünftige Personen
vorstellen. Aber dieser Satz könnte am Ende falsch sein.
Dennoch wäre es „vernünftiger" und angemessener, an einen Gott zu glauben. Eine moderne rationale Rede über einen zugewandten Gott wird also nicht von jedem als
schwachsinnig und unvernünftig betrachtet. Zudem braucht
sie nicht die fundamentalistische Verzerrung der Religion als
Gegenüber.

Atheismus ist „vernünftig" - Gott ist „unvernünftig"

Vor allem die Versuche, die Religion in Politik umzusetzen,
aber auch der Kreationismus, riefen eine heftige Gegenbe-
wegung hervor. Eine davon ist ein atheistisches Programm
von angeblich wissenschaftlicher Qualität. Der praktische
Atheismus umfasst in Deutschland und weltweit wohl mehr
als ein Drittel der Bewohner. Die Zahl wird nirgendwo erfasst.
Der Organisationsgrad ist gering und in zahlreiche Organisa-
tionen oder Vereine aufgesplittert. Die Unterscheidung von
Atheisten (gottlos) und Agnostikern (gottindifferent) zeigt
überdies, dass sich wahrscheinlich nur eher organisiert, wer
einen Gott als beweisbar nicht existent ansieht, als die, denen das einfach gleichgültig ist.[157] Das bekannteste Buch zum
Atheismus stammt von Richard Dawkins, Autor der vielgele-

---

[156] Holm Tetens, Gott denken. Ein Versuch über rationale Theologie, Ditzingen 6. Aufl. 2015, 89f.
[157] https://www.zeit.de/2010/37/Atheismus-Empirie/komplettansicht. Siehe auch: https://hpd. de/artikel/atheisten-werden-weltweit-diskriminiert-15080. Rainer Hempel-mann, Vision einer religionsfreien Welt, Herder Korrespondenz S1/2014, 2-5.

senen und vielzitierten evolutionsbiologischen Studie „Das egoistische Gen" von 1975. Darin beschreibt er, dass Organismen nur so eine Art Behälter für das ewige Leben der Gene sind. Gene wollen ihr Überleben sichern. Egoistisch ist das auch dann, wenn sie dieses Ziel besser durch Altruismus (Selbstlosigkeit, Rücksicht auf andere) erreichen. Man kann daraus schließen, dass auch bei Menschen z.B. Nächstenliebe egoistisch sein kann. Viel Aufsehen erregte dann das Buch „Der Gotteswahn".[158] Ich nehme das als gesellschaftlich - religiöses Ereignis wahr wie die Schrift „Der Herr ist kein Hirte" von Christopher Hitchens.

Religion wird mit Fundamentalismus gleichgesetzt

Doch vorher muss ich noch erklären, warum die zu beschreibenden Bücher zum Atheismus das Thema „Fundamentalismus" voraussetzen. Beide Autoren schildern die Religion, die sie mit Vernunftargumenten bekämpfen wollen, vor allem aus der Perspektive des so genannten Fundamentalismus. Als Fundamentalismus bezeichnet man eine Art von Glauben, die vorgibt, auf die Ursprünge zurückzugehen bzw. die einzige Wahrheit des Glaubens umzusetzen. Das betrifft die Heilige Schrift jeweils in dem Sinne, dass dort jedes Wort göttlichen Ursprungs ist und von Gott eingegeben wurde (Verbalinspiration), als auch die Ethik. In der Ethik auf den Ursprung zurückzugehen bedeutet, alle Verhaltenshinweise der Schriften wörtlich umzusetzen, ohne Interpretation als „zeitbedingt", „situationsbedingt", „mythologisch" oder „widersprüchlich". Wenn also dort steht, Homosexualität sei Sünde, dann ist es so. Wenn dort steht, dass man die Ungläubigen bekämpfen muss, dann muss man es. Dabei ist es gleichgültig, welcher Epoche (in der Bibel z.B. Altes Testament / Neues Testament; im Koran die Phase des Propheten Mohamed in Mekka oder in Medina) die jeweilige Aussage

---

[158] Richard Dawkins, Der Gotteswahn, Berlin 2007, Original: The God Delusion, Bantam Press, London 2006.

entstammt. Zu diesem fundamentalistischen Verständnis tendieren nicht nur nach der Ansicht der beiden atheistischen Autoren alle Religionen.

„Im Herbst 2007 stand die Frankfurter Buchmesse auch im Zeichen der Religion." So wurde ein Bericht über die Frankfurter Buchmesse eingeleitet, in dessen Mittelpunkt der „Gotteswahn" von Dawkins stand. Bei Amazon gab es einen Monat nach Erscheinen schon 67 deutschsprachige Leserkritiken. Inzwischen sind es 791 bei der deutschen und 78 bei der englischen Ausgabe. Das Buch wurde darüber hinaus in allen Presseorganen besprochen. Alle Fernsehkanäle haben darüber berichtet. In der deutschen Ausgabe ließ der Autor bereits eine Zusammenfassung der englischsprachigen Kritiken und seine Entgegnungen darauf abdrucken. Es war also ein großer weltweiter Auftritt eines atheistischen Vorzeigeautoren, woraus man schließen kann, dass Atheismus ein interessanter Stoff sein muss. Und das über 160 Jahre nach Feuerbachs „Wesen des Christentums", womit doch eigentlich die Kritik der Religion abgeschlossen schien.

Unwahrscheinlichkeit Gottes

Dawkins' zentrale These der Unwahrscheinlichkeit der Existenz Gottes bleibt trotz einer behaupteten Logik nebulös. Ein Begriff aus der Schach-Strategie namens Gambit ist die „höchste Form der Boeing 747": Die Entstehung des Lebens ist so unwahrscheinlich wie Entstehung einer Boeing 747 auf einem Schrottplatz durch einen darüber hinwegfegenden Sturm. Diese Unwahrscheinlichkeit dient den Kreationisten als Argument für einen gestaltenden Schöpfer und Dawkins sieht darin einen Denkfehler. Für ihn ist Gott die höchste Form der Unwahrscheinlichkeit, die Gestaltungsthese eine Falle. Die Alternative zur Unwahrscheinlichkeit bzw. zum Zufall ist nicht die gezielte Gestaltung. Hier nimmt Dawkins David Hume neben Charles Darwin als philosophischen Kronzeugen. Aus der Falle der Gestaltungsthese entkommt man nur mit der Theorie der natürlichen Selektion.

Den größten Teil des Buches widmet der Autor den negativen Seiten der christlichen Religion in Form des amerikanischen Fundamentalismus. Dabei beschäftigt er sich beispielsweise mit einer unsinnigen bzw. peinlichen Argumentation der Abtreibungsgegner (dem sog. „Beethoven-Trugschluss"[159]: in etwa: wie viele mögliche Beethovens werden durch Abtreibung getötet?). Es geht um das Potenzial des Ungeborenen, das mit der Abtreibung vernichtet wird. Seltsamer Weise hebt der Naturwissenschaftler Dawkins diese von Abtreibungsgegnern genutzte Geschichte in den Rang eines religiös - theologischen und auch noch christlichen Arguments. Dabei handelt es sich nur um eine Story, mit der evtl. Frauen in (Gewissens-)Not für dumm verkauft werden. Diese Geschichte würde in unsere theologische Auseinandersetzung überhaupt keinen Eingang finden. Hier wäre eher die Frage nach dem nicht herleitbaren Wert des einzelnen Individuums am Platze.

Die Bibel taugt nicht als Grundlage für Ethik

Die Bibel taugt nach Dawkins nicht als Quelle von Ethik und schon gar nicht als Grund, Gutes zu tun. Im Gegenteil fördert und begründet sie die Gewalt unter den Menschen durch ihre absolutistische Spaltungstendenz in „wahr" und „unwahr" oder zugehörig und nicht zugehörig, wie alle anderen religiösen Grundschriften auch. Wenn man die Geschichten des Alten Testaments als Richtschnur für Ethik nähme, mit all ihrer Grausamkeit und Gewalt gegen die „Götzendiener", was für entsetzliche Folgen hätte das! Dabei zeigen gerade die Geschichten des Alten Testaments besonders deutlich, wie gern sich die Gewalttäter auf Gott berufen. Dass dabei auch Gott, der ja nur aus der Sicht der Menschen („die Mut-

---

[159] A.a.O., 495ff.

ter aller Burkas", so Dawkins, im Sinne des Sehens aus nur einer Perspektive) gesehen werden kann, Wandlungen vom wütenden und rachsüchtigen Jahwe zum annehmenden Gott Jesu (etwa die Geschichte vom verlorenen Sohn) durchmacht, scheint Dawkins zu entgehen. Nur wenige rufen heute ihre Mitchristen dazu auf, die Ausrottung ganzer Stämme, eine Landnahme wie Josua oder die Steinigung von Ehebrecherinnen vorzunehmen. Jeder normale Theologe hält das ohnehin für falsch. Nach der Lesart von Dawkins sind das jedoch die wahren Verhaltensweisen der christlichen Religion bis heute.

Ist es sinnvoll, religiöse Auswüchse anders denn als Reaktionsbildungen auf psychische Störungen – so eine Art Selbstheilungsversuch im Sinne einer psychischen Krankheit - zu betrachten? Genau auf dieses Argument wartet Dawkins bereits und argumentiert folgendermaßen: Solange religiöse Argumentationen und Begründungen als „unberührbar" anerkannt werden, fördert jede ‚gemäßigte' Religion ihre eigene Zuspitzung, weil auch sie den Kindern bereits diese „Unberührbarkeit" anerzieht. Statt auf einen wachen Verstand werden Kinder überall in der Welt auf Denkverbote getrimmt. Dann hilft auch die Distanzierung von religiös motivierten Exzessen als ‚Perversion' durch die Sprecher der Religionen nicht mehr. Dawkins ist davon überzeugt, dass die jeweiligen Fundamentalisten das, was sie sagen, auch wirklich glauben. Er sieht sie als die Spitze der Gläubigkeit an und alles andere einschließlich der gesamten wissenschaftlichen Theologie als „laues Volk", das durch die eingepflanzte Ehrfurcht vor der Religion der wahren Erkenntnis unfähig ist.

Dawkins mag Recht haben, wenn er behauptet, die Mehrheit der Gläubigen aller Religionen nähmen ihre Heiligen Schriften wörtlich. Als Beispiel kann die Opferung des Isaak dienen (1. Mose 22, 1-19). Man soll für wahr halten, dass Abraham seinen Sohn Isaak im Auftrag Gottes opfern sollte, um dann im letzten Moment von Gott selbst daran gehindert zu werden. Daraus folgert der Autor, dieser Gott sei das Unmoralischste, was diese Erde gesehen hat. Hätte er sich damit beschäftigt, dass hier von einem großen Fortschritt menschlicher Erkenntnis erzählt wird, dass Gott zumindest keine Menschenopfer haben will, müsste er diese Geschichte anders verstehen. Dass Gott dennoch Opfer in Tierform haben will, kann man spätestens seit Paul Gerhards Interpretation als Protestant auch verneinen: „...dankbare Lieder sind Weihrauch und Widder, an welchen er sich am meisten ergötzt", heißt es in dem Lied „Die güldene Sonne".[160]

Verbalinspiration

Neben solchen merkwürdigen Interpretationen übernimmt Dawkins auch die Lehre von der Verbalinspiration. In der Bibel lesen wir nach heute überwiegender Auffassung eine lange und spannende Geschichte der Auseinandersetzungen von Menschen mit ihrem Gottesbild und daher mit ihrem Dasein in dieser Welt. Dass in den neutestamentlichen Schriften verschiedene Interpretationen der „Gottessohnqualität" auftauchen, kann bei den verschiedenen Kontexten der Evangelisten niemand wundern. Auch wenn das ‚konstruierte' und menschengemachte Werk' nicht vom Himmel gefallen wäre, kann es dennoch Leitbildfunktion übernehmen. Hat Dawkins etwas von der „Feindesliebe" gelesen, davon, dass Gott über Böse und Gute die Sonne aufgehen lässt? Hier werden die Gegensätze von „Wir gegen die anderen" aufgehoben und Gott ausdrücklich als „Nichtpartei" oder „Allpartei" dargestellt. Kein Mensch könnte also aus den Evangelien die Abgrenzung „Recht- und Falschgläubiger" ableiten. Allerdings stellt die Argumentation von Dawkins die Frage an die christliche theologisch - kirchliche Landschaft: Warum kommen die theologischen Erkenntnisse in den Gemeinden nicht an? Warum glaubt „das Volk" unabhängig von

---

[160] Evangelisches Gesangbuch Nr. 449, Paul Gerhard 1666.

der Art der Religion, ohne sich um Erkenntnisse der „Gelehrten" zu kümmern?

Offenbar zielt das Buch nicht auf die Gelehrten unter den
Verächtern des Atheismus / der Religion, sondern auf die
LeserInnen aus dem Lager der durchschnittlichen Gläubigen.
Jedenfalls handelt es sich um ein großes Geschäft, von dem
nach unseren Regeln auch die Gegner des Inhalts profitieren.
Das Thema garantiert größte Aufmerksamkeit wegen des
amerikanischen und vor allem des islamistischen Fundamentalismus. Niemand wird eine Schrift dafür verantwortlich
machen können, dass gerade ihre angeblich eifrigsten Verfechter sie nicht richtig lesen. Die Apokalypse wird jedenfalls
nach christlicher Vorstellung nicht von Menschen herbeige-
führt, so sehr sie sich auch täglich darum bemühen. Selbst
wenn die Menschheit sich aufgrund ihrer hartherzigen Bemühungen um Dominierung der anderen irgendwann selbst
auslöscht, wäre das nach biblischer Vorstellung lediglich das
Überwiegen der menschlichen Aggressivität und Angst und
nicht das Handeln Gottes oder im Namen Gottes.

Der brilliante Naturwissenschaftler Dawkins erliegt dem Irrtum, den David Hume bereits aufklärte. Wenn zwei Dinge
gleichzeitig geschehen, müssen sie nicht auch kausal zusammenhängen bzw. muss die Kausalität nicht die vom Be-
trachter vorkonstruierte sein. Wenn menschliche Negativsei-
ten im Namen der Religion auftreten, könnten sie auf ganz
andere Probleme hindeuten als auf die Religion. Wer die
Religionen im Sinne des Autors für „Erfindungen" hält,
spricht ohnehin dafür, dass sie nur menschliche Weisen des
Daseinsverständnisses ausdrücken. Dann wären die fundamentalistischen Ergebnis tiefgreifender Probleme der Menschen mit ihrem Dasein. Dass der Einsatz der Vernunft diese
Probleme der Unübersichtlichkeit und Ungleichzeitigkeit, ja
Ungerechtigkeit des Lebens der Menschheit allein lösen
könnte, kann bezweifelt werden. Warum immer wieder die
Unvernunft siegt und der Glaube daran, dass man sich gegen

andere mit allen Mitteln durchsetzen muss, ist nach wie vor das größte Problem, das mit der Beseitigung der Religionen oder mit der Bekehrung aller zum Atheismus sicher nicht gelöst wäre. Im Übrigen verstehe ich die fundamentalistischen Formen als bedenkliche und schädliche Antworten auf menschliche Fragen der Zugehörigkeit und des Selbstentwurfes.

Das Gift der Religion

Ein wenig anders als Dawkins geht Christopher Hitchens an die Fragen der Religion heran. Der Untertitel seines Buches lautet: ‚Wie Religion die Welt vergiftet'[161]. Er kann in vier Punkten konkret benennen, was an der Religion falsch oder giftig ist:

- Falsche Darstellung der Entstehung von Welt und Menschen,

- woraus ein Höchstmaß an Unterwürfigkeit mit einem Höchstmaß an Solipsismus (*in diesem Falle: Handeln nur nach den Gesichtspunkten der eigenen Religion)* entsteht.

- Religion entwickelt eine gefährliche sexuelle Repression.

- Sie fußt auf Wunschdenken.

Der Atheist dagegen vertraut nicht ausschließlich auf die notwendige aber nicht erschöpfende Vernunft, sondern er misstraut „allem, was Wissenschaft und Vernunft widerspricht".[162] Vor allem wirft Hitchens der Religion jedoch vor, dass sie ihn nicht in Ruhe seine Sicht der Welt formulieren lässt, also keine abweichenden Gedanken akzeptiert.

Hitchens trägt einen großen Umfang von Material an widerwärtigen Folgen von religiösem Fundamentalismus zusammen, um das, wenn nicht zu beweisen, dann doch zu untermauern.

---

[161] Christopher Hitchens, Der Herr ist kein Hirte. Wie Religion die Welt vergiftet, München 2007; Original: God Is Not Great. How Religion Poisons Everyting, USA 2007.
[162] A.a.O., 15.

Religion tötet

Er setzt mit dem Kapitel „Religion tötet" ein und beschreibt darin Gräuel, die im Namen der Religion Menschen an Menschen verüben. Dazu gehören religiöse Riten wie die Beschneidung (von Jungen und Mädchen in verschiedenen Religionen), die Verteufelung der Sexualität, aber auch die fundamentalistisch orientierten Bedrohungen individueller oder globaler Art.

Dass Religion tötet, könne man an all denen nachweisen, die zum Töten Religiöses im Munde führen, was Hitchens auch versucht. Es kommt aber nur zu einer Aufzählung derer, die behaupten, im Namen der Religion zu töten. Man liest mit Erstaunen, dass die christliche Rechte in den USA sogar die Anschläge von New York als Strafe für Gottlosigkeit interpretieren konnte.

Die biblischen Schriften werden heftig kritisiert. Dabei kommt am Ende aber nur ein Vorschlag heraus, den Theologen schon lange umgesetzt haben: „So sollen denn die Vertreter und Verfechter der Religion allein auf ihren Glauben vertrauen. Und sie mögen so mutig sein, dies auch einzugestehen."[163] Im Hinblick auf den Islam beklagt der Autor, dass die anderen Religionen durch ihre „Weichheit", d.h. durch den Aufruf zur Toleranz, die umfassende Forschung über dessen historisches Werden verhindere, was zu seiner gegenwärtigen Situation beitrage.

Wie Religion entsteht, erläutert Hitchens an verschiedenen neueren ge- oder misslungenen Beispielen – u.a. am Gründer der Mormonen (Joseph Smith gründete diese Religionsgemeinschaft 1830). Allesamt erscheinen ihm korrupt bis betrügerisch. Als bessere Tradition sieht er den Skeptizismus, der auch nach allgemeiner Annahme mit Sokrates beginnt. Schließlich kommt Hitchens zu dem Schluss, wir brauchten

---

[163] A.a.O., 152.

vor allem „eine neue Aufklärung, die als zentrale For-
schungsgebiete der Menschheit den Menschen anerkennt,
Mann *und* Frau."[164].

Die Streitschrift ist vehement vorgetragen und durch die Zugehörigkeit des Autors zu verschiedenen Religionen und seine eigene Wahrnehmung als Journalist in allen Teilen der
Welt fundiert. Offenbar hat er sich jedoch nicht im Protes-
tantismus umgesehen oder umgehört. Denn genau die Forderung nach der Anerkennung aller Menschen als Mensch ist
das Fazit der evangelischen Theologie. Es ist wohl eher der
Mensch, der mittels der Religion die Welt vergiftet und gestaltet.

Was beide Bücher richtig gesehen haben, ist ein Auslöser der
neueren Debatte über Religion. Diese entzündet sich nicht
an den üblichen Formen des christlichen Sonntags oder des
moslemischen Freitags, nicht an Vernunftargumenten über
Religion oder gar einer neuen These zur Herkunft des Religiösen. Es sind vielmehr die heutigen Formen des islamistischen Fundamentalismus, die Männer mit der Bombe, die
den neuen Religionsboom ausgelöst haben. Deshalb ist es
notwendig, diesen kritisch zu betrachten. Hier kommen Argumente aus Religion und Philosophie zusammen.

---

[164] A.a.O., 340.

Kurz gesagt

Gegen welche Form der Religion richtet sich der atheistische Ansatz in der Hauptsache?

Er richtet sich gegen das fundamentalistische Verständnis der Religionen, jedenfalls nach dem, was sie dafür halten.

Wodurch vergiftet Religion die Welt?

Sie lässt oft keinen Platz für die eigenen Erkenntnisse von Menschen, drängt ihnen im Gegenteil ihr Weltbild auf. Sie fördert Unterwürfigkeit und Selbstbezogenheit, teilt die Welt in Gläubige und Ungläubige und unterdrückt normale Sexualität. Außerdem vertraut sie nicht der menschlichen Vernunft, sondern unterliegt einem verbreiteten Wunschdenken.

Spielt es eine Rolle, ob Religion eine Erfindung und Schöpfung des Menschen ist oder aus einer Offenbarung Gottes stammt?

Nein, das spielt bei den Einschätzungen der Religion keine Rolle, wenn sie als „unberührbar" gilt. In beiden Fällen ist sie mächtig als Herrschaftskonstrukt.

Gibt es Argumente gegen den Atheismus?

Das wären die Argumente, die für den Theismus sprechen. Wenn Dawkins von „Wahrscheinlichkeiten" spricht im Sinne von ‚ein Gott ist so unwahrscheinlich wie die Entstehung der Boeing 747 durch Sturm auf dem Schrottplatz' bedarf es ohnehin keiner Argumente, sondern anderer Wahrscheinlichkeiten. Warum soll etwas „Unwahrscheinliches" nicht doch zum Sein gelangen?

15. Neue alte Formen der Offenbarung

Die Religionen leiden daran, dass „die Offenbarungen" schon ziemlich lange zurückliegen. Das bedeutet, dass ein Kontakt mit Gott übers Schriftliche geht. Es war aber schon häufiger - besonders bei Schleiermacher - davon die Rede, dass Religion etwas mit dem Gemüt, dem Gefühl oder dem Inneren zu tun hat. Sehr religiöse Menschen werden emotional berührt, wenn sie die Texte ihrer Religion vorgetragen bekommen. Dies geschieht auch häufiger in Situationen, die emotional bestimmt sind. Bei Taufen oder Bescheidungen von Kindern, bei Konfirmation, Firmung, erstem Besuch des Sohnes mit dem Vater in der Moschee, bei Hochzeiten oder bei Trauerfeiern, bisweilen auch in Gottesdiensten spielt das Gefühl, die Emotion eine große Rolle. Die meisten können sich aber nicht vorstellen, dass es eine noch unmittelbarere Art gibt, einen hohen emotionalen Schub zu spüren, wenn man böse Feinde oder solche, die man dafür hält, besiegt, weil man Gott auf seiner Seite hat. Genau das aber erlebt die Welt seit Jahrzehnten und zuletzt im Agieren des so genannten „Islamischen Staates" im Irak und in Syrien und an vielen anderen Orten. In Deutschland passierte es in Berlin. Die Begründung lautet stets Heiliger Krieg gegen die Ungläubigen aus der eigenen und den anderen Religionen – als eine Form der Gottesoffenbarung.

Diese Glaubensform scheint uns völlig fern zu stehen. Aber diese Ansicht täuscht. Denn sie ist in der Tat eine Glaubensform, die uns in Europa inzwischen völlig unbekannt und dadurch unverständlich scheint. Sie schreckt jedoch die Menschheit auf, bestimmt die Berichterstattung über „die Religion" und lässt viele fragen, wie gefährlich oder verrückt eigentlich Religionen sind. Die Berichterstattung ist in der Welt der Netzmedien ein sehr großer Faktor der Meinungsbildung und des Wissens der Menschheit. Wer da die „Nase vorn" hat, gewinnt Anhänger oder erzeugt Gegner. Fundamentalistische Richtungen überall auf der Welt erscheinen dadurch mächtiger als sie es in Wirklichkeit sind. Sie inszenieren sich fortlaufend und liefern stets auch Bilder ihrer Siege, d.h. den Sieg ihres Gottes über die ungläubige Welt. Während in der „westlichen Welt" der blutige Krieg als etwas eigentlich zu Vermeidendes und daher Entsetzliches in den Medien breiten Platz einnimmt, hat er in der islamistischen Vorstellungswelt offenbar eine ganz andere Rolle. Er weist die Überlegenheit und Stärke der eigenen Religion nach und damit natürlich auch die der eigenen Gruppe. Überlegungen zur Vernünftigkeit oder Offenbarungsqualität werden gar nicht angestellt. Es geht um Macht und deren Durchsetzung. Beides kommt einer jeweiligen Offenbarung Gottes gleich. Man braucht also nicht mehr auf die Schrift (Koran oder Bibel) zurückzugreifen, sondern erfährt Gott direkt. Dennoch interpretiert man ihn mit Rückgriff auf die Heilige Schrift.

Inzwischen ist die „westliche Welt" darüber belehrt, dass auch im ‚aufgeklärten Bereich' ein einzelner Potentat brutale militärische Gewalt ohne jede Rücksicht auf Menschen ausübt und sich damit brüstet – nicht ohne Rückgriff auf einen religiösen Irrläufer in Gestalt eines Bischofs: Im Februar 2022 überfiel der russische Präsident sein Nachbarland Ukraine mit absurden religionsähnlichen Begründungen wie etwa dem „heiligen Boden" Russlands. Metropolit Kirill steuerte die religiöse Schein-Begründung bei.[165]

Eine ähnliche Bewegung durchlaufen in Deutschland (und anderswo) Menschen, die sich mit „Verschwörungstheorien" beschäftigen. Das erklärt heftige Auseinandersetzungen während der Flüchtlingskrise und der Coronapandemie. Die vermutete Verschwörung hat jedoch Gott nicht im Hintergrund, sondern vermutet hinter der Wirklichkeit lediglich macht- oder geldgierige Menschen. Nichtsdestoweniger benehmen sie sich wie „Gläubige". Damit beschäftige ich mich später.

---

[165] Siehe Kapitel 16.

Gott offenbart sich im Tod des gottlosen Feindes und im Sieg

Bei großen Attentaten islamistischer Prägung, so etwa nach dem 11.9. 2001, gab es Berichte, dass in arabischen Staaten und in Palästina großer Jubel ausbrach. Solche Berichte wirk(t)en auf uns fremd und abstoßend und lösen die Frage aus: Wie kann man sich über den sinnlosen Tod vieler friedlicher Menschen freuen, als hätte man einen bösen Feind besiegt? Für diese Freude gibt es aber ein Vorbild im Makkabäerbuch des Alten Testaments. Es gehört zu den apokryphen Schriften, d.h. zu den Spätschriften des Alten Testaments, die in der griechischen Bibel (septuaginta) überliefert sind. In diesen Schriften werden die Aufstände der Makkabäer gegen die römische Fremdherrschaft geschildert. Dort steht zu lesen:

„Die Truppen Nikanors rückten mit Trompetengeschmetter und Kampfliedern vor. Die Leute des Judas dagegen griffen die Feinde unter Beten und Flehen an. Mit den Händen kämpften sie, im Herzen beteten sie zu Gott. Mindestens fünfunddreißigtausend Mann streckten sie zu Boden, hocherfreut, dass Gott sich so sichtbar offenbarte. Schon war der Kampf beendet und sie wollten voller Freude aufbrechen, da entdeckten sie Nikanor, der in seiner Rüstung erschlagen dalag. Es gab ein großes Geschrei und Getümmel und sie priesen den Herrn in der Sprache ihrer Väter." (1. Mak. 1)

Ein Zusammenhang entsteht, wenn man die heutigen Rollen aus islamistischer Sicht zuteilt: Der Feind sind die Ungläubigen in aller Welt. Der Kampf gegen die Ungläubigen mitten im Herzen ihrer Städte oder Länder ist in jedem Fall Grund zum Jubeln. Wenn sich Gottes Allmacht so offensichtlich zeigt, indem wenige Kämpfer die Wahrzeichen (world trade center) des Feindes zerstören und viele teuflische Feinde töten, überwältigt die Gläubigen die Freude – Gott ist größer! Aller Glaube wird in diesem Moment bestätigt und man ist stolz, dass „die Brüder" Gott nachhaltig und erfolgreich gedient haben.

Gewalt – keine Erfindung der Islamisten

„Wir haben mit Gewalt nichts zu tun!" ist eine gemeinsame Reaktion von Muslimen und christlichen Kirchen. Damit können sie Verantwortung für die Auslegung ihrer Glaubensinhalte ablehnen und sich der Auseinandersetzung um die Religionen entziehen. Wenn man sich aber in der christlichen Heiligen Schrift umsieht, kann man darin lesen, wie Gott sich zeigte. Das Alte Testament lebt in manchen Teilen von der Gewalttätigkeit seiner Akteure als Zeichen der Gottesbegegnung. Das Folgende ist nur eine unvollständige Liste.

1) Gott selbst sucht die Menschen mit allem heim, was Gewalt heißt, wenn sie abtrünnig werden. In der Sintflut bringt er aus Wut über die Engel und Menschenfrauen fast alle um (1. Mose 6-8). Seine Diener tun es ihm gleich.

2) „Da ließ der Herr Schwefel und Feuer regnen vom Himmel herab auf Sodom und Gomorra und kehrte die Städte um und die ganze Gegend und alle Einwohner der Städte und was auf dem Lande gewachsen war." (1. Mose 19, 24f.)

3) „Wenn ich wirklich ein Mann Gottes bin, dann soll Feuer vom Himmel herabfallen und dich und deine fünfzig Mann vernichten!" Da ließ Gott Feuer vom Himmel fallen, das verbrannte sie vollständig. (2. Könige 1,12)

4) Samson tötet im ersten geschilderten Suizidattentat gleich dreitausend Feinde auf einmal (Richter 13-16).

5) Der König Saul weigerte sich, den Bann an den Amalekitern zu vollziehen. (*Bann heißt die restlose Vernichtung des Gegners, seiner Familie, Tiere und Dinge.*) Dafür wurde er von Gott ‚ausgemustert'. Ihm fehlte die Gottesfurcht. Er übte Gnade zu eigenen Nutzen. Gewalt gehört zu den Aufträgen, die Gott seinem Volk oder einzelnen gibt. Gewalt, die jemand erfolgreich ausübt, kennzeichnet seine Nähe zu Gott. Wen Gott zum Tod bestimmt hat, dem darf der Gläubige keine menschliche Gnade gewähren, besonders wenn diese „Gnade" noch eigennützig ist. (1. Samuel 15).

6) Der Prophet Elia bringt nach einer gewonnen religiösen Wette 450 Priester des Baal eigenhändig um. Sie hatten die falsche Religion, waren also Gottes Feinde (1. Könige 18).

7) Der politische Terrorismus beginnt spätestens mit Mose in Ägypten. Die große Befreiungstat Gottes in Ägypten beginnt mit veritablen „Strafen" für das Volk des Pharao von Blut statt Wasser im Nil bis zur Tötung aller Erstgeborenen durch den Würgeengel. Gott greift also gewaltig ein und sorgt so für die Durchsetzung des Auszugs aus Ägypten, also für seine Leute. Gott selbst terrorisiert die Menschen, die sein Volk behindern (2. Mose 7-11).

8) Die Geschichte der Kirche und des Christentums und die des Islam ist voll von Gewalt gegeneinander und gegen Andersgläubige. Die Kreuzzüge waren „heilige Kriege". Sie haben auch Ähnlichkeit mit dem islamischen heiligen Krieg. Die Kämpfer erwartete Schulden- und Sündenerlass, Schutz für Eigentum und Familie sowie Immunität. Wer ums Leben kam, galt als Märtyrer. Das beruhte auf einer anderen, uns heute fremden, Bibelinterpretation. Im Alten Testament ist Gott als „rechter Kriegsmann" der, der seine Krieger schützt und die Feinde vernichtet. (2. Mose 15, 3) Das Neue Testament wird nicht spirituell verstanden, wie etwa die „Waffenrüstung Gottes" bei Paulus (Eph. 6,11). Daher konnte der Kampf als Teilnahme am Heilsplan Gottes verstanden werden und gleicht damit der apokalyptischen Aufladung der islamistischen Vorstellung.[166]

Mystik der Gewalt - Gewalt als Gottesbeweis

Gewaltorgien oder Suizidattentate scheinen bisweilen eine geradezu mystische (*Mystik = eine erlebte direkte überwältigende, nicht jedem zugängliche, Gotteserfahrung, von Religionsgemeinschaften oft argwöhnisch betrachtet*) Anziehungskraft auf Menschen auszuüben. Diese Mystik der Gewalt

---

[166] Christopher Tyerman, Die Kreuzzüge, Stuttgart 2009, 93-97.

hängt nicht immer von der geschriebenen Religion ab, greift aber auf ihre mächtigen Bilder zurück. Sie betont vor allem die Souveränität Gottes. Teilhabe an der Souveränität Gottes wäre, über Anfang und Ende bestimmen zu können. In dem Moment (Erinnern Sie sich an Schleiermacher!), in dem die Bombe explodiert, tritt volle Eindeutigkeit ein. Es gibt keine zwei Meinungen mehr. Anat Berko spitzt das noch zu: "In the process of neutralisation and rationalization, the suicide bombers take the role of both victim and God. The suicide bomber feels drunk with power and a sense of omnipotence in that he can take the lives of others."[167] Unter dem Sein wie Gott fallen alle Gegensätze in sich zusammen. In der Omnipotenz (*Allgewalt*) gibt es weder Gut noch Böse, sondern nur Allmacht. Wer sich mit Gott, dem Allmächtigen, gemein macht, lacht über weltliche Gesetze und Herrschaft(en). Vor der Allmacht verblasst das alles zu kleinen und unbedeutenden Anmaßungen von Menschen untereinander.

Gott ist groß (= *Allahu akbar: bedeutet im Alltag ohne terroristischen Zusammenhang ungefähr dasselbe wie oh mein Gott!, dient aber im Kult dem Aufruf zum Gebet. Eine andere Übersetzung heißt: Gott ist größer oder der Größte.*) und ich helfe ihm dabei. Sich so zu fühlen, das führt weit über das Menschsein der Ungläubigen hinaus und tötet alle Selbstzweifel ab. Was die Welt mir nicht zugesteht, nämlich Achtung und Ehrerbietung, bekomme ich da in reichstem Maße. Und alle schauen mir hoffentlich entsetzt oder begeistert zu (via Fernseher oder in einschlägigen Internetportalen). Die Machtformel „Gott ist groß" oder nach anderer Übersetzung: „Gott ist größer" oder „am größten"[168] stammt aus dem Alten Testament und dient dort alleine der Anbetung. Sie ist in Psalm 48,2; 70,5; 99,2; 96,4; 135,5; 145,3; 147,5 und 1. Chronik 16,25 zu finden.

---

[167] Anat Berko, The Path to Paradise, Praeger Security International 2007, 172.
[168] Navid Kermani, a.a.O., 45 f.

Sich vorzustellen, Gott ist groß, bedeutet, ich bin klein und erbarmungsbedürftig, aber er steht auf meiner Seite und macht mich damit groß, ermächtigt mich zum Leben (christliche Variante) – das ist ein ähnlicher Gedanke der Kompensation, hat aber ganz andere Folgen, wenn es im Konzept der Nächstenliebe verankert wird. Gott nachzuahmen bedeutet dann, sich um andere zu kümmern. Die Anerkennung von Gottes Größe kann also völlig verschiedene Konzepte generieren.

Apokalypse als Ende der Welt

Dazu kommt regelmäßig das weitere „Turbo"-Motiv der apokalyptischen „Aufladung": Der letzte Kampf versammelt die Völker der Welt zur Entscheidungsschlacht. Laut des IS-Magazins „Dabiq" sollte diese Endschlacht in dem gleichnamigen Ort stattfinden, nachdem die Welt gegen den IS dort aufmarschiert ist. Dabei spielt dann sogar Jesus mit seinem tausendjährigen Reich dieselbe Rolle wie in der Offenbarung – mit dem Unterschied, dass der IS den letzten Kampf vor die tausend Jahre gezogen hat. Der Islamist zwingt die Welt zur Entscheidungsschlacht. Anscheinend ist dieser Glaubensinhalt nach der schmucklosen Eroberung von Dabiq auf Rom – der Name des neuen Magazins - übergegangen.

Apokalyptische Gedanken bewegten in der Reformationszeit den Luthergefährten Thomas Müntzer. Er begründete seinen Einsatz als Anführer des Bauernkrieges von 1525 (Schlacht von Frankenhausen) so: „Ein gottloser Mensch hat kein Recht zu leben, wo er die Frommen behindert ... Wie uns essen und trinken ein Lebensmittel ist, so ist es auch das Schwert, um die Gottlosen zu vertilgen."[169] Müntzer kämpfte bei Frankenhausen selbst als Anführer, wurde festgenommen, gefoltert und hingerichtet, d.h. enthauptet und aufgespießt. Er verstand das Reich Gottes sozusagen konkret und nur für

---

[169] Thomas Müntzer, Fürstenpredigt am 13. 7. 1524, in: Die Fürstenpredigt, Stuttgart 1967, 71 und 73f.

Gläubige. Unterschied zu heutigen islamistischen Agitatoren ist: der Anführer ging voran und war anerkannter Theologe und Pastor. Er kämpfte für Forderungen nach „gerechter" Behandlung der Bauern durch die Obrigkeit.[170]

In der christlichen Theologie rumorte die Apokalypse auch in den 1960iger Jahren. Das klang wie eine theologische Begründung für Revolution: *„Der Gott, der alte Strukturen niederreißt, um die Bedingungen für eine menschliche Existenz zu schaffen, ist selbst mitten im Kampf. Seine Gegenwart in der Welt und sein Druck auf die Strukturen, die ihm im Wege stehen, begründen die Dynamik dieses Prozesses."*[171] *„Gott ist der Eine, der das verneint, was ist, und das schafft, was nicht ist."*[172] Menschliche Opfer dieser theologischen Episode wurden nicht bekannt.[173] Aber die apokalyptische Begeisterung war auch bei christlichen Mitmenschen spürbar, wenn sie als Europäer in Mittel- und Südamerika Stellung nahmen und zur Unterstützung dorthin reisten. Allerdings handelte es sich dort um einen realen „Befreiungkampf" gegen Diktaturen, die ihr Überleben u.a. durch „Todesschwadronen" gegen die eigene Bevölkerung sicherten.

Der Islamwissenschaftler Behnam Said beschreibt moderne Märtyrermythen: „So sollen beispielsweise die Leichen der Gefallenen auch nach einem Jahr noch frisch gerochen haben und ihr Blut flüssig gewesen sein. ... Nach und nach entstand ein richtiger Todeskult in der jihadistischen Szene, und junge Männer kamen nach Afghanistan, um das Martyrium

---

[170] Z.B. „Zwölf Artikel" der Bauern über Arbeitsleistungen (Fron), Abgaben, Erbschaftssteuern und Pfarrerwahl von 1525.

[171] Richard Shaull, Befreiung durch Veränderung, Mainz 1970, 101.

[172] A.a.O., 129.

[173] Camilo Torres hatte sich als Priester im kolumbischen 'Befreiungskampf' positioniert. Camilo Torres, Revolution als Aufgabe der Christen"; aus dem Spanischen von Johann Hoffmann-Herreros; Matthias-Grünewald-Verlag, Mainz 1969. Siehe auch: Franz Putz, Priester und Partisan, Die Zeit vom 30. Mai 1969, aktualisiert 21. 11. 2012. https://www.zeit.de/1969/22/priester-und-partisan.

zu suchen und so in den Genuss der versprochenen Paradies-
freuden zu kommen."[174]

Die Befreiung des Menschen

Hinter den islamistischen Terrorismen steckt ein theologisch-
ideologisches Konzept des Ägypters Sayyid Qutb (gesprochen: Kutub). Sein für Islamisten grundlegendes Buch hat er
in ägyptischer Haft verfasst (englische Fassung „Milestones"
13. Auflage 2006, zuerst veröffentlicht 1962). Er wurde wegen Teilnahme an einer Verschwörung gegen den damaligen
Präsidenten Nasser 1964 erneut verurteilt und 1966 hingerichtet. Der folgende Textausschnitt zeigt, dass Qutb nicht
nur theologisch, sondern auch philosophisch - politisch argumentiert: „Der Islam ist die universale Deklaration der
Befreiung des Menschen von dem Diener-Sein." Er ist eine
faktische Konkretisierung der Befreiungsbewegung. Dschihad
oder Jihad ist der „Heilige Krieg", der als Verteidigungskrieg
erlaubt oder sogar geboten ist. Er verteidigt die Menschen
gegen alles, was ihrer Freiheit Fesseln anlegt. Freiheit heißt
hier Befreiung vom Diener-Sein durch Unterwerfung unter
Allahs Gebote. Sie gilt universal, nicht auf Nationales oder
Regionales begrenzt und besitzt „Notwendigkeit" in Gottes
Vorstellung von der Welt und ist deshalb die „richtige Religion".

„Der Islam musste auftreten, um ein gesellschaftliches, wirtschaft-
liches und politisches System zu errichten, das der Befreiungsbe-
wegung die faktische Konkretisierung erlaubt, nachdem die etab-
lierte Macht beseitigt worden ist - egal ob diese rein politischer
Natur ist, sich mit dem Rassismus liiert hat oder aber innerhalb der
einen Rasse auf der Klassendiskriminierung beruht. Es war keines-
falls die Absicht des Islam, die Menschen zur Annahme seiner
Glaubenslehre (...) zu zwingen. Aber der Islam ist nicht nur Glau-
benslehre. Der Islam ist, wie wir gesagt haben, die universale De-

---

[174] Behnam T. Said, Islamischer Staat, München 2015, 163 f.

klaration der Befreiung des Menschen von dem Diener-Sein (...) gegenüber den Dienern (...)."

"Wenn es für uns unvermeidlich ist, die islamische Bewegung des Dschihad als der Verteidigung dienende Bewegung zu bezeichnen, so müssen wir das Verständnis des Begriffs „Verteidigung" neu definieren. Wir verstehen diesen Begriff als „Verteidigung des Menschen" als solchen gegen alle Faktoren, die seiner Freiheit Fesseln anlegen und seine Befreiung verhindern."

"...Wesen des Islam selbst: Nämlich, dass er die universale Deklaration zur Befreiung des Menschen aus dem Diener-Sein (...) gegenüber den Dienern (...) ist, die Bestätigung des alleinigen Gott-Seins (...) und Herr-Seins (...) Gottes gegenüber den Weltenbewohnern, die Zerschmetterung des Königtums der menschlichen Willkür auf der Erde, und die Aufrichtung des Königtums der göttlichen Scharia in der Welt des Menschen."[175] Die Begründung aus dem Koran lautet dazu: *"Die Entscheidung steht allein Gott zu. Er hat befohlen, dass ihr nur ihm dienen sollt. Das ist die richtige Religion"* (Koran 12,40).

Diese Deklaration der Gottesherrschaft impliziert nicht unbedingt den gewalttätigen Charakter. Welche Regierung oder Herrschaft aber würde wohl freiwillig weichen – es sei denn aufgrund von Bekehrung? Welche andere Religion würde sich gerne aufheben lassen, es sei denn, wenn sie davon überzeugt würde? Darauf kann man nicht warten. Daher muss es Gewalt geben, die Gott rechtfertigt.

Islamismus heißt mit Qutb, den Islam als gottgewollte weltweite revolutionäre Bewegung zur Abschaffung der menschlichen Versklavung durch ihre Mitmenschen zu verstehen. Mehr Legitimation ist nicht möglich. Durch dieses Konstrukt wird jedes (weltliche) Recht als Gewalt gegen Menschen zum Übergriff. Nur Allah hat die Macht und dadurch das Recht, Gesetze zu erlassen. Ein Rechtsstaat entspringt der menschlichen Willkür ebenso wie eine weltanschaulich orientierte

---

[175] Textauszug aus: Andreas Meier, Der politische Auftrag des Islam, 1994. Original: Sayyid Qutb, Wegmarken, Kairo, 10. Auflage 1983, 47.

Diktatur. Dagegen aufzubegehren, gleicht einer heiligen Pflicht.

Das Heil der Welt

Um die Befreiung des Menschen zu erreichen und das Heil der Welt heraufzuführen, bedarf es eines langen Atems und eines gefestigten Glaubens. Da es viele Ungläubige auch in den eigenen Reihen gibt, bedarf das Ganze des entschiedenen Einsatzes. Verhandlungen können keine Erfolge erzielen, weil sie immer zu Kompromissen führen. Das bedeutet dasselbe wie Verrat.

Damit Menschen zu solcher Entschiedenheit überhaupt bereit sind, brauchen sie die Versprechen, mehr zu sein als alle und bei der höchsten Autorität - Gott – anzukommen. Die Ungläubigen scheinen im Moment im Vorteil zu sein. In Wirklichkeit aber sind sie Unwissende, die der ewige Tod erwartet, während die entschiedenen Kämpfer im Paradies landen oder eben dort tausend Jahre mit Jesus regieren sowie nicht den zweiten endgültigen Tod erwarten müssen.

Wer ein großes Ziel direkt von Gott hat, muss sich keine Gedanken um die Unwissenden und Ungläubigen machen. Sie sind ohnehin nach religiöser Lesart die Ausgeburten des Teufels. Das zeigt beispielhaft ein Bericht über das Ende des IS - Kalifats in Syrien. Die ausgehungerten Frauen, Kinder und Männer zeigen sich nach ihrer Flucht aus dem letzten Fleckchen Kalifatserde in Baghus (Syrien) nicht etwa ängstlich oder gar reumütig. Sie kündigen hingegen ihren Sieg an und beschimpfen die Ungläubigen. ‚Der Staat des Kalifats wird nicht verschwinden, er ist in den Hirnen und Herzen der Neugeborenen und der Kleinen eingebrannt', zeigt sich eine ältere Frau überzeugt." „'Die IS-Anhänger, die aus den letzten Überresten des Kalifats geholt wurden, bleiben weitgehend reuelos, entschlossen und radikalisiert'", sagte ein US-Kommandeur im Mittleren Osten. Religion ist ein Konstrukt der Menschen, das alles andere ausblenden kann, Philosophie hin oder her.

Wer jedoch daran glaubt, wird die Wirklichkeit mit anderen Augen sehen. Er wird sich Gott als wirksame Allmacht vorstellen, der durch seinen Propheten einen realen Auftrag zur Unterwerfung der Welt unter seinen Willen und sein Gesetz erteilt hat. Fragestellungen sind da nicht vorgesehen. Fragestellungen sind Unglaube. Wenn wir das zugrunde legten, könnten wir Teile der Religionsphilosophie seit den griechischen Anfängen als Unglauben verstehen. Lediglich die Denker, die die Wahrheit der Religion philosophisch nachzuweisen versuchten, könnten als willkommene Helfer der Religion bezeichnet werden. Der Glaube geht zugrunde, wenn jemand anfängt zu fragen, ob es Gott etwa gibt oder vielleicht auch nicht. Wenn diese Frage offen ist, wie soll ich dann an Gottes Allmacht, Güte, Weisheit, Liebe glauben?

Wie sich diese religiöse Herangehensweise in unserem Umfeld auswirkt, möchte ich an zwei Beispielen zeigen, die aus eigenem Erleben stammen.

Timo „hat sich konvertiert"

Timo, ein schmächtiger, blasser Junge von 19 Jahren, saß in einer Gruppe neben mir. Wir waren in der Jugendarrestanstalt. Er wegen diverser kleinerer Körperverletzungsdelikte. Er sagt, er habe „sich konvertiert". Er hat das Glaubensbekenntnis gesprochen und ist jetzt Moslem. Aber er geht nicht in eine Moschee. Da lügen sie nur. Er betet für sich oder mit seinem Kumpel. Der war auch der Grund, warum er „sich konvertiert" hat. Einen Koran besaß er mal. Der ist aber verloren gegangen. Der Grund für die Konversion? Die Gemeinschaft. Ich gehöre dazu. Timo hat mit Gewalt nichts zu tun, beteuert er zweimal: „Ich bin für Frieden." Eine klare Regel verrät er mir noch: Für Konvertiten zählt eine Sünde doppelt im Vergleich zu geborenen Muslimen, sagen ihm die Glau-

bensbrüder. Dann war leider das Zeitfenster für Unterhaltungen geschlossen.

Keine theologisch fundierte Glaubensidee:

- Weitergabe einer Religion durch Kontakt / Graswurzelbewegung.

- Auch der Scheinkontakt per internet tritt hier auf.

- Kein Interesse an der „Lehre" von Religionsgelehrten.

- Die (islamische) weltenverbindende Gemeinschaft zieht an. Die gibt es übrigens auch im Christentum, doch sie zieht nicht an. Sie ist zahm und eben nicht gewaltig. (Ausnahmen: ev. Kirchentag und Weltjugendtreffen mit dem Papst). Oder sie ist in die Normalität eingebunden wie kirchliche Feiertage.

- Sünden von Konvertiten: Naive Übernahme von ‚volkstümlichen' oder einer Kultur geschuldeten Überzeugungen.

- Die Konversion gibt einem Orientierungslosen irgendeine Richtung, die er aber nicht genau kennt. Er weiß nur, dass er sich anstrengen muss, weil seine Sünden doppelt zählen.

- Die ersten vier Punkte sind von der jeweiligen Religion unabhängig.

- Damit hätten wir eine erste Idee, wie eine religiöse Legitimation entstehen kann.

Wenn die gottgestiftete Gemeinschaft angegriffen wird, ist es nur logisch und legitim, sich zu wehren. Der Konvertit muss sich dann besonders anstrengen.

Die Blitzradikalisierung von J

J kam nach Europa über den Irak, wohin er als Jugendlicher gegangen war, um sich Geld zu verdienen. Als er fünftausend Euro zusammengespart hatte (eine erstaunliche Summe!), gab er diese dem Reiseunternehmer (Schlepper), der ihn und andere auf Lastwagen nach Italien brachte. Den Weg dorthin weiß er nicht, weil er ja im LKW fuhr. In Italien wurden seine Fingerabdrücke genommen (Asyldatei). Er wollte nicht in Italien bleiben, sondern nach Schweden weiterreisen. Dann wurde er in Deutschland festgenommen.

J hatte den heftigen Wunsch, Christ zu werden. Seine Religion sei voller Gewalt und Blut. Nach mehrwöchiger Unterrichtung, als der Asylantrag in Deutschland mit Hinweis auf Italien abgelehnt worden war, erklärte er sich plötzlich zum ‚Hungerstreikenden‘. Der Auslöser war ein Missverständnis über einen Rückkehrtermin nach Italien. Er werde nur an der Nase herumgeführt, ließ er übersetzen. Er wisse nicht mehr, wie lange es noch dauern werde. Auf der ganzen Welt werde von der Freiheit und den Möglichkeiten in den christlichen(!) Ländern geredet und alles großartig dargestellt. Wenn dann junge Menschen unter viel Mühe und Einsatz ihrer gesamten Möglichkeiten den Weg geschafft haben, werden sie eingesperrt und hin und her geschoben. Es gibt überhaupt keine Möglichkeiten. Und dann reden alle immer von Terroristen und Islam. Es handle sich um junge Männer wie ihn selbst, die enttäuscht sind und gegen die Leute kämpfen, die in ihre Länder kommen und dort Krieg führen. Man muss dazu kein Islamist sein oder etwas vom Heiligen Krieg wissen. Das ergibt sich ganz von selbst.

Erkenntnis / Legitimation

- Man muss nicht von Anfang an religiös sein, um im heiligen Krieg mitzumachen.

- Es reicht die Enttäuschung über die Behandlung in der sich großartig fühlenden westlichen Welt, die in der Abwanderungsregion Kriege führt, aber den Menschen nichts bieten kann.

- Der religiöse Anschluss ergibt sich ganz von selbst.

- In diesem Fall legitimieren Enttäuschung und Zurückweisungserfahrungen eine Teilnahme am Kampfeinsatz, die

Religion kommt ‚von selbst dazu‘. Die westlichen Versprechen erweisen sich als Illusion. Das ursprünglich Eigene wird trotz Blut und Gewalt wieder plausibel, jedoch in verschärfter Form.

- Der (terroristische) Kampf gegen den „hohlen Westen" speist sich aus Wut, Enttäuschung unter der Sprachregelung heiliger Krieg. Die da nicht mitmachen, sind vom Westen infizierte Scheinmoslems. Ist das ein Missbrauch der Religion? Ist nicht vielmehr die Religion gerade gut zur Begründung geeignet für den Kampf gegen die falschen Versprechen der Ungläubigen?

Religiöser Anstoß für die Politik im „Lebensschutz"

Im christlichen Bereich formieren sich Bewegungen, die von ihren Gegnern als fundamentalistisch angesehen werden, mit religiöser Ausrichtung an bestimmten Themen. Eines dieser Themen ist der „Lebensschutz". Es handelt sich um Gegnerschaft gegen Abtreibung, Sterbehilfe und Präimplantationsdiagnostik. In einer kritischen Stellungnahme sieht der Lebensschutz so aus: „Am Thema „Lebensschutz" werden eine Vielzahl von gesellschaftlichen Diskursen zugespitzt, moralisiert und emotionalisiert. Von Anfang an war das Ziel der „Lebensschutz"- Bewegung nicht alleine darauf ausgerichtet, Schwangerschaftsabbrüche gesetzlich zu erschweren, zu verbieten oder moralisch zu verdammen. Näher betrachtet geht es ihnen um eine Kritik an einer als „unverantwortlich" apostrophierten liberalisierten Sexualmoral, an der Anmaßung des Menschen über die „Schöpfung" (sprich „Gottlosigkeit"), am fehlenden Schutz der „Schwächsten" der Gesellschaft, an Materialismus, Profitdenken und Egoismus, und, zumindest im deutschen Kontext, am demografischen Wandel und dem damit verknüpften, drohenden Verlust eines „christlichen Abendlandes". Ihre propagierten „Problemanalysen" skizzieren einen pro-christlichen, anti-säkularen und anti-modernen Gesellschaftsentwurf."[176] Der geschilderte islamistische Ansatz strebt mithilfe der Religion eine Begründung für die ausgeübte Gewalt an. Der christlich orientierte möchte mit Hilfe der Religion Positionen in Gesellschaft und Politik stärken und möglichst umsetzen. Dazu werden lokale, regionale, nationale und internationale Vereine und Verbände gegründet, die durch Schriften und die Organisation von Protestzügen wie dem jährlichen „Marsch für das Leben", Demonstrationen vor Arztpraxen, Schwangerenberatung oder öffentliche Gebete Einfluss zu nehmen versuchen. Bisweilen unterstützt auch die Statistik die Argumentation. So schreibt Cornelia Kaminski, Vorsitzende des „Verbandes Lebensrecht", über wissenschaftliche Studien zu Abtreibungsfolgen unter dem Titel: „Mehr Selbstmorde nach Abtreibung", dass eine Abtreibung nicht nur für die Föten schädlich ist, sondern auch für die Frauen, die abtreiben lassen.[177] D.h. nicht nur der moralische Grundsatz, auch die schädlichen Folgen sind zu beachten, auch wenn sie nicht alle treffen.

Im Kern geht es darum, dass bei einer Abtreibung das ungeborene Kind getötet wird. Damit wird nur das Leben der Frau geschützt, das des Föten aber missachtet. Das Leben des Föten hängt aber zumindest einige Monate vom Leben der Mutter ab. Die Positionen in der weltweiten Debatte sind zahlreich von populär-feministisch: „Mein Bauch gehört mir!" über sozialorientiert: „bei sozialen Problemen entscheidet das Recht der Frau" bis zu radikal: „Abtreibung ist Mord!" Dazu kommt eine rationale Position: „Wozu gibt es Verhütung?" Das deutsche Strafgesetz hat Abtreibung weiterhin verboten mit mehreren Ausnahmen, wenn z.B. die Schwangere einen Beratungsschein vorlegt und der Abbruch

---

[176] https://rechtsaussen.berlin/2014/08/deutschland-treibt-sich-ab-organisierter-lebensschutz-christlicher-fundamentalismus-und-antifeminismus.

[177] https://www.bundesverband-lebensrecht.de/mehr-selbstmorde-nach-abtreibung.

innerhalb der ersten 12 Wochen stattfindet (§§218, 218a, 218b Strafgesetzbuch).

Papst Franziskus hat dazu am italienischen Tag des Lebensschutzes Folgendes gesagt: „Wo es Leben gibt, da gibt es auch Hoffnung! Aber wenn das Leben selbst in seiner Entstehung verletzt wird, bleibt nicht mehr jene dankbare und staunende Annahme des Geschenks, sondern eine kalte Berechnung dessen, was wir haben und worüber wir verfügen können. Dann wird sogar das Leben wie Konsumgüter behandelt, die verwendet und bei Bedarf weggeworfen werden. Wie dramatisch ist eine solche Vision, die leider weit verbreitet und verwurzelt ist und auch als Menschenrecht dargestellt wird, und wie viel Leid verursacht dies den Schwächsten unserer Geschwister! ... Ich nutze die Gelegenheit, um alle Politiker dazu aufzurufen, unabhängig von ihrer Glaubensüberzeugung, die Verteidigung des Lebens als Grundstein des Gemeinwohls zu achten, und hierfür in der Gesellschaft einzutreten. Es geht um Ungeborene, die zu uns kommen sollten, um Neuheit, Zukunft und Hoffnung zu bringen."[178]

Da im Grunde alle den Schutz des menschlichen Lebens und der Natur für geboten halten, fällt gar nicht mehr auf, warum diese Ideen für fundamentalistisch gehalten werden könnten. In der katholischen Morallehre ist ja sogar die Empfängnisverhütung, also die Verhütung potentiellen Lebens, mit Ausnahme der „natürlichen Methode" verboten. „Wenn jemand daher einerseits Gottes Gabe genießt und anderseits - wenn auch nur teilweise - Sinn und Ziel dieser Gabe ausschließt, handelt er somit im Widerspruch zur Natur des Mannes und der Frau und deren inniger Verbundenheit; er stellt sich damit gegen Gottes Plan und heiligen Willen."[179] Das setzt einen erkennbaren Gotteswillen voraus, der mit den Naturgesetzen im Einklang steht. Sich an diesen nicht zu

---

[178] Papst Franziskus am 2. Februar 2019 zum italienischen Tag es Lebensschutzes. https://www.die-tagespost.de/kirche-aktuell/online/Papst-Franziskus-Abtreibung-ist-kein-Menschenrecht;art4691,195490.

[179] Enzklika Seiner Heiligkeit Paul PP. VI., Humanae Vitae, Über die Weitergabe des Lebens, 25.6.1968, Nr. 13.

halten, ist Sünde. Wenn die Kirche via Papst die einzige richtige Erkenntnis in der Auslegung der biblischen Schriften und der Natur zukommt, dann handelt es sich durchaus um eigentlich verbindliche Vorschriften, die alle, die sich nicht daran halten, zu Sündern, in anderer Sprache: zu Ungläubigen, machen. Außerdem wird durch eine Abtreibung auch ein Stück Hoffnung und Erneuerung getötet. Enthalten ist außerdem die Kulturkritik an der Wegwerfgesellschaft des Kapitalismus: Das Geschenk (!) des Lebens als Wegwerfware! Enthalten ist auch das Verständnis der Ehe als „natürliche" Einrichtung für Mann und Frau!

Stellen Sie sich vor, dass mit all dem mehr als eine (politische) Meinungsäußerung verbunden wäre, es nämlich mit Gewalt oder mit Autorität durchgesetzt werden sollte, dann wäre ein heiliger Krieg nicht undenkbar! Dem stehen das christliche Friedensgebot, sowie die Nächsten- und die Feindesliebe entgegen. So können sowohl der Papst als auch andere „Lebensschützer" nicht viel mehr tun, als immer wieder auf ihre Erkenntnisse oder ihren Glauben hinzuweisen. Dabei gelten auch die Erfahrungen in anderen Religionen: Durchhalten, Gott ist auf unserer Seite! Seine Wege sind nicht immer absehbar – aber sie führen doch am Ende zum Ziel! Christen und Kirchen sind aufgerufen, Gott in der jeweiligen Gesellschaft unzweideutig zu vertreten, jedoch nicht die anderen unter ihr Joch oder ihre Wahrheit zu zwingen! Die säkulare Welt der Trennung von Religion und Politik ist ihr Platz zum Wirken. Daher unterscheidet sich an der Stellung von Religion in der Gesellschaft, wie sich Fundamentalismus als Glaubensform auswirkt.

Allerdings ist das nicht in jedem Falle so. Es gab einst einen „bekehrten Christen", der Beratungsstellen von pro familia in Bremen und Kiel verwüstete und anzündete, angeblich weil sie Abtreibungen befürworteten. Er wollte ein „prophetisches Zeichen" gegen die „böse Welt" und ihre Gottlosigkeit setzen. In Wirklichkeit aber richtete sich seine Wut gegen sich selbst: Er hatte als Krankenpfleger bei Abtreibungen helfen müssen und es nicht gewagt, sich dagegen zu wehren. Die „böse Welt" schickte ihn in eine forensische Psychiatrie.

Eine christliche Bekehrung

F hat ein religiöses Erlebnis gehabt, das ihm erlaubt, seiner Vergangenheit mit Abstand gegenüberzutreten. Seine Vergangenheit waren unglaublich viele Diebstähle in Läden und anderswo, Obdachlosigkeit, exzessiver Rauschmittelmissbrauch, dauernde Täuschung von Mitmenschen auch innerhalb der Familie. Aber im Ausland hatte er plötzlich eine Lichterscheinung, die ihn umschloss. Er erinnerte sich an Jesus Christus und betete zu ihm. Er kam völlig verändert zu Hause an, konnte wieder bei seinen Großeltern einziehen, die ihn ohne Argwohn, aber mit Erwartungen an eine bessere Zukunft aufnahmen. Bereitwillig nahm er eine von Gericht verhängte kurze Haft auf sich, zum Nachdenken. Ab jetzt wird er alle, die er getäuscht hat, aufsuchen, um sich zu entschuldigen. Er weiß wohl, dass das nicht alle annehmen werden, aber er will sie alle besuchen. Wenn es geht, wird er allen Schaden wieder gut machen. Dann wird er sein Leben in Ordnung bringen, eine Ausbildung machen und Gott vertrauen. Er weiß, dass das mit dem Glauben gelingen wird. F strahlte stets über das ganze Gesicht, wenn er seine Straftaten „preisgab". Das kam von der Gewissheit, dass das alles hinter ihm liegt. Was glauben bedeutet, kannte er vor diesem Bekehrungserlebnis auch, konnte es aber nicht nutzen oder anwenden. Allerdings wusste er von seinem Pastor „theoretisch", dass Glauben eine Gnade Gottes ist und nur als solche zur Wirkung kommen kann. „Ich bin frei", setzte er zum Abschluss noch hinzu.

Ob das alles mit der Realität vereinbar sein wird, muss sich im Laufe der Zeit zeigen. F beschreibt eine so genannte Metanoia (Umkehr) in seinem Leben. Fragen nach richtig und falsch müssen gar nicht gestellt werden, noch muss er einen

Nachweis haben, dass es Gott gibt und er sich nicht etwa getäuscht hat. Er hat ihn gerettet! Die „Lichterscheinung" könnte man mit Schleiermacher als „Moment" bezeichnen, wenn man das möchte. Sie ist subjektiv zu werten. Es geht nur um Gott und Jesus und um ihn selbst. Wenn andere ihn auslachen, kann er ihnen ruhig entgegentreten und sie können seiner positiven Aufmerksamkeit sicher sein. Er verlacht sie seinerseits nicht. Wenn er anfinge, andere zu bedrängen, dass sie ohne seinen Glauben nicht leben können und die Bibel studieren müssen, wäre er auf dem Weg zum Fundamentalisten und für andere bedrohlich.

So gab es in der Tat eine ernsthafte Auseinandersetzung zweier Bibelstundenteilnehmer über die Frage, ob man dem Ratschlag folgen solle, sich die Hand abzuhacken (Matthäus 5, 30), wenn sie das Rauchen oder den Alkohol nicht lassen könne. Gemacht hat es keiner, obwohl sie nicht zu überzeugen waren, dass das kein biblischer Ratschlag zur Steuerung einer Sucht sein kann. Denn es sei doch schließlich besser, ohne Hand in den Himmel als mit Hand in die Hölle zu kommen. Bleibt man im System der Religion, behalten sie mit dieser Folgerung Recht. Mit Vernunft und dem Glauben an die Güte Gottes könnte man auch zu der Ansicht kommen, eine Therapie zu beginnen und durchzuhalten wäre sinnvoller.

Kurz gesagt

Welchen Eindruck machen die Geschichten von Gewaltereignissen im Alten Testament auf Sie?

Hier müssen alle ihre eigene Einschätzung beschreiben. Mir kommt es so vor, als stimme hier die Aussage von Hume, dass Gott und seine Ausführungs- und Interpretationsgehilfen als sehr menschlich und stark von negativen Gefühlen bewegt geschildert werden. Auf Menschenleben nehmen sie keine Rücksicht, wenn es um die eigenen Interessen geht. Dann kommt natürlich die Interpretation ins Spiel: Eigentlich werden da Vorgänge und Ereignisse geschildert, die auch vorkommen oder vorgekommen sind. Die kann man als „Gottes Wut" oder aber als auf die Gottesgestalt projizierte menschliche Wut oder Deutung: Menschen rechtfertigen Hass und Gewalt untereinander mit Hinweis darauf, es sei von Gott so vorgesehen. Der sei die Ursache und der Grund für die Gewalt, die sie in Wahrheit selbst dauernd anwenden. Wenn man sich damit in die Reihe der „Naturereignisse" wie Erdbeben, Vulkanausbrüche oder Fluten stellt, wird man selbst mächtiger. Im Alten und Neuen Testament findet eine Entwicklung statt, die solche Projektionen eigentlich ausschließt.

Gibt es Gründe, warum die Gewalt heute von Christen nicht wahrnehmbar ausgeübt wird?

Der Grund liegt in der Entwicklung des Gottesbildes vom gewalttätigen Herrscher zum liebevollen Vater. Zudem gibt das in den Evangelien erzählte Leben Jesu dazu wenig her, bis auf den Wutausbruch im Tempel (Matthäus 21, 12f.), wo er allerdings nur „Sachen" beschädigte. Er wurde im Gegenteil Opfer religiöser und staatlicher Gewalt.

Was fasziniert Menschen an der Allmacht Gottes?

Es ist wohl der Wunsch, mehr als alle anderen „Recht zu haben", die Schwäche der anderen zu entlarven, endlich die Wahrheit durchzusetzen und sich richtig groß zu fühlen, wenn man da mitmacht. Dass ich zur größeren Macht gehöre als alles, was diese Welt zu bieten hat, ist doch wohl das große Gefühl!

Die Geschichte von J erzählt sozusagen von einer Blitzradikalisierung. Nennen Sie seine Motive und setzen Sie sich damit auseinander.

Die Radikalisierung von J ist eine Reaktion auf seine Situation. Er hat größte Anstrengungen auf sich genommen, um ins westliche Paradies zu kommen, wo es keine blutigen Auseinandersetzungen gibt wie „zu Hause". Diese Anstrengung wird aber von niemand anerkannt. Im Gegenteil wird er sogar noch schlecht behandelt. Die heftige Enttäuschung führt ihn zu der Einsicht, dass die Welt aus der er kommt, vielleicht doch besser ist als all die Versprechungen, die nicht umgesetzt werden. Die Wunschwelt besteht aus Illusionen, die blutige ist Realität. Diese „blitzartige Erleuchtung" hat mit Religion nichts zu tun.

Das ist alles als psychische Bewegung nachvollziehbar und verständlich, vermutlich aber nicht sehr zielführend. Es könnte aber die Verwerfungen zwischen der islamischen Welt und der so genannten westlichen Welt erklären. Die westliche Lebensweise besteht aus Illusionen und Versprechungen, denen der Islam mit Allah und Glauben entgegentritt. Alles ist eine Frage der Identität. Dass die eigene Welt mit sogar noch gefährlichen Illusionen lebt, ist dem Enttäuschten nicht zugänglich.

Was bedeutet es, wenn man den Koran unter der Maxime der Barmherzigkeit Gottes lesen soll? An wen richtet sich die Barmherzigkeit?

Die Maxime bedeutet: Alles, was im Koran zu lesen ist, ist barmherzig. Jede Sure beginnt mit diesen Worten: „Im Namen Gottes, der Erbarmers, des Barmherzigen" – bis auf die Sure 9, die als die zeitlich letzte gilt. Unter diesem Obersatz soll man auch die Stellen lesen, in denen Allah „gewaltige

Strafen" ankündigt und die Ungläubigen zu vernichten auf-
fordert. Allah ist barmherzig und allverzeihend, wenn man
sich zu ihm bekehrt. Wenn nicht, dann kennt er keine Gnade.
Alle Barmherzigkeit hängt am Glauben. Der Glauben ist niemand verwehrt. Also ist Allah barmherzig.

Was hat Timo dazu gebracht, „sich zu konvertieren"?

Sein Freund ist Moslem, mit dem wollte er zusammen sein.
Jetzt gehört er zu einer exklusiven Gemeinschaft, die sich
sogar von den Moscheen abgrenzt, weil sie da nur lügen. In
diesen Schilderungen wird schon der Boden der „verschwo-
renen" Gemeinschaft vorbereitet, wo der Konvertit eine besondere Rolle spielt. Jetzt ist Timo kein „doofer Idiot" mehr,
der nichtsnutzig und ohne Schulabschluss in der Gegend
herumhängt und nicht weiß, was er mit sich anfangen soll.

Man geht wohl nicht fehl, darin den möglichen Start einer
Radikalisierung wahrzunehmen. Zugleich wird die Problematik der Sozialisation und ihrer Bedingungen von Timo schlag-
lichtartig beleuchtet: Ihm fehlen: Zugehörigkeit, Anerkennung und die so genannte „Wertschätzung". Er sieht den
Grund offenbar nicht darin, dass er sich in der Schule nicht
bemüht, keinen Ausbildungsplatz gefunden und keine Beziehungen entwickelt hat, sondern darin, dass es ihm nicht angeboten oder entgegengebracht wurde. Das geschieht nun
durch die „fremde" religiöse Ansprache, die alles „Fehlende"
auf einmal mit sich bringt. Timo ist ein Beispiel für die Muster zur Verstrickung in den Islamismus.

16. Religionsersatz durch Verschwörungswahn

Ganz ohne religionsähnliche Denk - Figuren kommen auch die in der Flüchtlingskrise und in der Coronapandemie verbreitet aufgetretenen „Verschwörungstheorien" nicht aus. Angebliche Theorien oder Offenbarungen begleiten diese Wahngebilde. Sie pflanzen sich durch einfache Posts in Netzwerken des Internet fort. Wer sie erdacht hat, bleibt oft im Dunkeln. Manchmal werden sie konkreten Menschen zugeschrieben. Ihr Gehalt an Gedanken wirkt reichlich dünn, manchmal fatal, manchmal einfach total irre. So soll ein Mann namens Bill Gates, Milliardär durch die Firma Microsoft, die Impfung gegen das Coronavirus steuern, damit er der Menschheit einen manipulierenden Chip einpflanzen kann. Da fehlt noch die Behauptung, er habe das Virus zu dem Zweck erfunden eine Impfung mit seinem Chip zu ermöglichen, und in China in die Welt gesetzt. Wohin die Manipulation durch den Chip führen soll, weiß allerdings niemand von denen, die daran glauben. Dass aber Bill Gates damit noch mehr Geld durch Chipproduktion verdienen will, erscheint manchen einleuchtend. Warum soll jemand einen derartigen Umweg machen, damit er noch mehr Chips verkaufen kann? Wir leben doch weithin bereits mit den Chips. Ganz viele tun das sogar ganz ohne Zwang im täglichen Leben durch Smarthomes, Smartphones, soziale Medien, im neuen Fahrzeug etc. Da steckt eine Allmachtsphantasie über Bill Gates drin. Das undurchschaubare Verhalten eines Gottähnlichen wird durch lächerliche Geschichten verständlich. Dass man sich damit wie ein(e) Idiot:in gebärdet, stört Gläubige nicht.

Eine weitere Erzählung ist die, dass das Virus speziell in Deutschland dazu dient, die Bevölkerung einer Diktatur zu unterwerfen. Welcher Diktatur? Der Gesundheitsdiktatur oder der Krankenhausdiktatur? Das Angebot, sich durch Impfung gegen die möglichen Folgen einer Infektion zu schützen, verstehen die Anhänger:innen dieses Wahns als Angriff auf ihre Gesundheit und Persönlichkeit. Normaler Weise nimmt man eine Impfung gegen ein eventuell tödliches Virus dankbar entgegen. Die Anhänger des Wahns sind außerstande, den ihnen zugeworfenen Rettungsring zu ergreifen, sondern weisen ihn empört zurück. Wenn sie aber erkranken, wollen sie in einem Krankenhaus behandelt werden. Das ist so widersinnig, dass selbst jemand mit weniger Leistung des eingebauten Prozessors namens Gehirn diesen Widerspruch erkennen müsste.

Bei der Flüchtlingskrise 2015 verbreitete sich der Wahn, die Kanzlerin wolle das deutsche Volk austauschen, indem sie viele Migrant:innen ins Land hole. Da kann ein gesunder Mensch nur den Kopf schütteln. In Wirklichkeit wollte die Kanzlerin Menschen in Not helfen und traute das auch ihrem Volk zu: „Wir schaffen das". Ansonsten arbeitete sie politisch für die Zuwanderungsbegrenzung. Der Wahn aber richtet sich gegen Menschen, die man für Zuwanderer hält und ist manchmal tödlich – siehe Hanau am 19.2.2020. Der Wahn kostete den Regierungspräsidenten von Kassel, Walter Lübke, am 1.6.2019 das Leben. Am 18.10.2015 wurde die Kölner Bürgermeisterin, damals noch als Kandidatin, Henriette Rieker durch einen wahngeplagten Rechtsextremisten niedergestochen und schwer verletzt.

In den USA kursiert die Erzählung, Milliardäre hielten Kinder gefangen, um deren manipuliertes Blut als Droge zu nutzen und so die Macht an sich zu reißen. Eigentlich hätten sie die Macht schon als „deep state". Ihre Repräsentanten seien Hillary Clinton, Barack Obama oder auch George Soros (Qanon) [180]. In Deutschland gewinnt die Erzählung immer mehr Anhänger. [181] Hier geistert auch die Story, Putin sei ne-

---

[180] Patrick Gensing, Wulf Rohwedder, Verschwörungsanhänger: Was ist QAnon? | tagesschau.de, 31.3.2022.
[181] Lars Wienand, Jeder achte Deutsche ist offen für QAnon-Verschwörung, Erste große Studie: Jeder Achte ist offen für QAnon-Verschwörung (t-online.de), 31.03.2022.

ben Trump einer der Helden, die den Kampf aufnehmen. Also: Wirres Zeug mit aggressiver Haltung gegenüber „korrumpierten westlichen" Werten. In Deutschland sollen über 12 Prozent an diese Verschwörungsidee glauben.

Noch schlimmer wird es, wenn die „jüdische Weltverschwörung" hervorgeholt wird, um unliebsame Personen oder Vorgänge zu desavouieren, oder dem Antisemitismus zu frönen. Da wirkt sich der Verschwörungswahn direkt als Hass und Gewalt gegen einzelne Menschen und ganze Volksgruppen aus. Der Anschlag auf die Synagoge in Halle am höchsten Feiertag der Juden (9.10.2019) gehört in diese Wahnidee. Eine stabile Holztür war glücklicher Weise kein Wahn und hielt den Attentäter zurück. Das kostete zwei Zufallsopfer, die sich in der Nähe aufhielten, das Leben.

Manche Leute denken, die Politiker:innen seien von irgendwelchen geheimen Zirkeln gesteuert. Sie wissen nicht, wer diese Zirkel bildet, glauben aber fest an diese Idee.

Andere denken, Bill Gates wolle auch noch die Welt über das Mobilfunknetz 5G unter Kontrolle bringen. Auch das ist nicht des Nachdenkens wert. Warum sollte ein Mensch sich eine derartige Bürde aufladen, die ihm gar nichts bringt?

Allem aber setzen die Lügen von Donald Trump die Krone auf. Die US-Wahl 2020 soll ihm von irgendwelchen missgünstigen Zirkeln „gestohlen" worden sein, obwohl er nach ganz offiziellen und sogar Mehrfachzählungen deutlich verloren hat. Die „Trumpgläubigen" in den USA und aller Welt glauben an seinen Sieg. Das war nur die letzte seiner tausend Lügen. Selbst in diesem vorher unvorstellbaren Fall eines US-Präsidenten kursieren also Verschwörungstheorien, die in aller Breite widerlegt sind und dennoch bestehen bleiben. Unter normalen Umständen wäre dieser Politiker eher Insasse einer psychiatrischen Anstalt. In Wirklichkeit aber stürmten enthemmte „Gläubige" am 6. Januar 2021 das Zentrum der amerikanischen Demonkratie namens Kapitol. Mehrere

Tote waren die Folge. Allerdings hatte dieser Präsident mindestens einen Vorgänger. George W. Bush stürzte die Welt ins Unglück mit der Behauptung, Sadam Hussein im Irak besitze Massenvernichtungswaffen. Die ganze Welt wusste, dass das eine ganz konkrete Lüge war. Das konnte man überall nachlesen. Das wurde noch gestärkt durch die „Erkenntnis", der Irak beherberge Al-Qaida-Terroristen. Diese Begründung für den 2. Irakkrieg, begonnen am 20.3.2003, konnte sich aber nicht als Inhalt bei „Gläubigen" halten. Er ist heute als einfache Falschbehauptung im kollektiven Gedächtnis, löste aber dennoch den Kriegseinsatz mit verheerenden Folgen aus. Die USA wurden dabei z. B. von Großbritannien unterstützt. Dort glaubte man den USA mittels des Geheimdienstes MI6. Diese Episode trägt nichts zum Wahn oder Religionsthema bei. Sie wurde real als Legendenbildung zur Kriegslegitimation entlarvt. Hier wird die Aussage von Michael Butter in Frage gestellt: „Vor allem gehen Verschwörungstheorien von einem falschen Menschen- und Geschichtsbild aus, wenn sie behaupten, dass Geschichte über einen längeren Zeitraum plan- und kontrollierbar ist."[182] Zur Begründung taugen diese Vorstellungen schon, bei den Folgen hört dann meist die Kontrolle auf.

Eigentlich handelt es sich bei Verschwörungstheorien nicht um Theorien, sondern um Ideen, Glaubenssätze oder Wahnvorstellungen, um sich eine Kohärenz von Vorgängen, Verläufen oder Entscheidungen einzubilden. Dann „weiß" man, was in Wirklichkeit dahintersteckt und ist den Dingen nicht mehr einfach ausgeliefert. Was man sich nicht erklären kann, was keinen Grund hat, wirkt auf Anhänger plötzlich „sonnenklar" und selbsterklärend. Die Absichten der gegenwärtig politisch Regierenden erscheinen ihnen so eindeutig, dass sie sich dagegen wehren wollen.

---

[182] Michael Butter, Nichts ist wie es scheint: Über Verschwörungstheorien, Berlin, Suhrkamp Verlag, 5. Aufl. 2021, 22.

Solche Gedanken ähneln Religionsbildungen. Der Unterschied liegt darin, dass sie letztlich nichts erklären, sondern immer anderen die Schuld an Widerfahrnissen zuschreiben, um Kontingentes zu entschärfen. Dadurch stellen diese „Gläubigen" sich über andere Menschen, die nach ihrer Ansicht in Verblendung und in falschen Realitäten leben. Damit verstehen sie sich als bedroht und reklamieren das einfache Recht auf Widerstand. Sie leisten also keine Beiträge zur gemeinsamen Bewältigung der Lage, sondern kämpfen mit ihren Glaubensvorstellungen gegen die anderen, die die „Wahrheit" nicht kennen. In Ungarn führte die Idee der jüdischen Weltverschwörung zur Schließung einer ganzen Universität. In Deutschland führten die Leugnung von Corona und die Impfverweigerung zu bösartigen Angriffen auf Mandatsträger oder Berichterstatter. Angemahnte Maskenpflicht führte zur Ermordung eines Kassierers einer Tankstelle (September 2021 in Idar-Oberstein).

Dass Wahnideen nicht nur das Denken von Menschen leiten, sondern auch deren Handlungen, drängt sich von selbst auf und ist lange bekannt. Selbst wenn die Anhänger dieser Wahnideen gesellschaftlich meistens ausgegrenzt werden, verstärkt das oft ihr Gefühl, im Besitz der Wahrheit hinter den Phänomenen zu sein. Die das nicht glauben, folgen wie eine dumme Herde ihren korrupten Hirten, die sie zur Schlachtbank führen. So können sich Anhänger des Wahns dazu berufen fühlen, durch aufsehenerregende Handlungen ihre Wahrheit zu unterstreichen und die Welt aufzurütteln. Als korrupte Hirten angesehene Verantwortliche sind durch sie gefährdet. Man kann Handlungen gegen die Verantwortlichen als Terror bezeichnen. Dann sind sie als „Zeichenhandlungen" zu verstehen. Das führt mitten in die Religionen hinein. Auch dort sind Zeichenhandlungen wichtige Punkte in der Botschaft der jeweiligen Akteure, wenn man beispielsweise die Propheten vergleicht. Sie werden als Verbildlichung des Wortes Gottes betrachtet. Gott spielt aber in den

Botschaften der Wahndarsteller von heute keine Rolle. Sie begnügen sich mit einzelnen sogenannten Erkenntnissen, die sie aus wirren Annahmen entnehmen. Sie treten aber mit demselben Anspruch an „Wahrheit" auf wie prophetische Botschaften. Das kann als Kenntnis der Welt hinter der Welt oder als wirkliche Wahrheit hinter den Dingen verstanden werden.

Es geht somit bei Verschwörungstheorien oder Wahnvorstellungen zu verschiedensten Themen um dasselbe, was auch hinter den religiösen Wahrheiten steckt: Die Welt des Vorfindlichen wird durch wahre Erkenntnis transzendiert. Aus der Welt hinter der Welt weiß der „Gläubige", was sich wirklich tut und wer wirklich die Macht hat. Alles Vordere ist nur Schein, nur Ablenkung hin zum Unheil. Das wird belegt an einzelnen oder Gruppen, die angeblich die Macht über alles haben. So geht es gegen Kirchen, Intellektuelle, das Establishment, das wie schon immer in der Geschichte korrupt und verderbt ist, gegen selbstgewählte Regierende, gegen „unermesslich Reiche", gegen alles, was ein „normaler Mensch" nicht erreichen kann. Gleichzeitig streben viele „Normalmenschen" nach allem, was ihnen eigentlich ungerecht oder zu verdammen erscheint, also „plötzlichem Reichtum", Schutz vor dem Sterben, nach Absicherung in allen Lebensbereichen, nach Vorteilen gegenüber anderen, nach Offenlegung aller Fakten, nach den Freuden, zum korrupten Establishment mit dem großen Auto zu gehören, nach der Wahrheit hinter der Wahrheit. Da das für die meisten illusorisch bleibt, suchen sie mit aller Macht nach den Mächten, die ihnen das vorenthalten. Dadurch stoßen sie auf die Wahrheit hinter der Wahrheit, je abstruser desto besser. Ihr gemeinsames geheimes Wissen tragen sie auf „Spaziergängen", Demonstrationen oder durch terroristische Aktionen zur Schau – als Auserwählte, die mehr wissen als die Masse derer, die angeblich die Mehrheit bilden. Sie nehmen sich das Recht, die unwissenden Repräsentanten vorzuführen und deren Büttel anzugreifen.

Es handelt sich um eine ungezügelte Form von Wahn, die sehr gefährlich werden kann. Die organisierten Religionen dienten bisher dazu, ungezügelte Wahnvorstellungen zu integrieren. Wenn sie diese integrative Kraft verlieren, drohen schwere Auseinandersetzungen in den Gesellschaften nicht im religiösen, sondern im öffentlich – politischen Raum. Die organisierten Religionen können sich dem weitestgehend entziehen, weil sie nicht mehr im Zentrum stehen. Glauben kann jeder alles, was er will. Nichts ist gefährlicher, als wenn der Glaube als hartnäckiger Wahn auftritt, der in den Augen seiner Anhänger eine andere Wirklichkeit für wirksam hält als das Vorfindliche. Wer das Vorfindliche für Täuschung hält, sieht sich geradezu gezwungen, es bald richtig zu stellen.

Eine umfassende Erklärung der Hintergründe von Verschwörungsideen formulierte Michael Butter: „Verschwörungstheorien haben den Vorteil, dass sie die Welt in ihrer Komplexität vermeintlich einfacher und verständlicher machen. Durch einfache Erklärungsmodelle können unklare Situationen aufgelöst und auf bekannte Phänomene zurückgeführt werden. So mag eine bestimmte Situation zwar immer noch bedrohlich sein, aber dank der Verschwörungstheorie scheint sie zumindest nicht mehr unerklärlich zu sein. Eine ähnliche Funktion haben in der Menschheitsgeschichte auch Religionen eingenommen. Deshalb werden Verschwörungstheorien auch oft als „Ersatz-Religionen" bezeichnet, die in einer immer konfessionsloser werdenden Gesellschaft den Menschen Halt geben. Anstatt durch einen Gott werden die Geschehnisse des Alltags durch eine Superverschwörung bestimmt. So paradox es auch klingen mag: Verschwörungstheorien können so eine Funktion bei Menschen einnehmen, um den Alltag zu bewältigen. Die Verschwörungstheorien dienen oft auch dazu, eigene Ängste abzuspalten, sie haben damit für diese Menschen auch eine gewisse Schutzfunktion. Vor allem in Bezug auf das Corona-Virus sind die Geschichten, die sich darum ranken, oft eine Abspaltung von starken Ängsten: Wer nicht an die Krankheit glaubt, denkt auch nicht, dass er in Gefahr ist."[183]

Es klingt so, als bräuchten (manche) Menschen irgendeine Ursache für Ereignisse und Vorkommnisse aller Art, ja eigentlich für die Zusammenhänge hinter den Dingen, um ihr Leben zu führen. Da ihnen das niemand anbietet und sie den offiziellen Agenturen wie Staat, Politik, Religion, herrschenden Medien nicht mehr glauben, schustern sie sich selbst etwas zusammen. Die Vermutungen für die Gründe lauten oft: Verunsicherung durch den Zusammenbruch herkömmlicher Weltbilder, Vereinzelung der Menschen durch Individualisierung, Unübersichtlichkeit der Welt in der Globalisierung. Das verursacht die Ängste, die durch den Glauben an Wahnideen besänftigt werden. Es geht bei dieser Art von Glauben nicht mehr um die weltumfassende Rettung oder Bewegung aller in die richtige Richtung, sondern nur noch um die Bedrohung des eigenen individuellen Lebens. Dass da noch ein paar andere sind, die auch daran glauben, gibt das Gefühl, der Richtigkeit, selbst wenn die Vernunft dagegen spricht. Denn die „Vernunft" ist ja von den Eliten auch korrumpiert.

Man könnte das als Hinweis auf das Bedürfnis werten, dass Menschen sich die Widerfahrnisse erklären, sie einordnen und auf Verursacher zurückführen müssen, um zu leben. Ganz viele Menschen können das offenbar mit Vertrauen auf die gängigen Erklärungsmuster leisten. Die These von der unheilbaren Religiosität des Menschen kann aber nicht mit ein paar Prozenten Wahngläubiger gestützt werden. Der Bedarf an konsistenten Kausalitäten und Zusammenhängen des Daseins wird sichtbar. Dazu reicht das Vertrauen in die gegebenen Strukturen von Wissenschaft, Politik, Ökonomie und Öffentlichkeit. Eine umfassende Welterklärung von der „Schöpfung bis zur Vollendung" sowie der Welt hinter der

---

[183] Michael Butter, Verschwörungstheorien erkennen und entlarven (lpb-bw.de), Landeszentrale für politische Bildung (lpb-bw.de), aufgerufen am 28.02.2022.

Welt – das kommt zwar einigen in den Sinn, brauchen aber offenbar nicht alle. Darüber sollen sich Wissenschaftler:innen, Philosoph:innen und wenn sie es nicht lassen können, Religionsvertreter:innen die Köpfe zerbrechen. Die Mehrheit lässt also glauben, nachdenken und forschen und sucht sich dann das für sich Passende aus. Darum ist das Wissen der Menschen über Ursprünge und Zusammenhänge eigentlich eine Folge ihres Vertrauens in die jeweiligen Repräsentanten der Spezialist:innen und dessen, was von ihnen berichtet wird. Dass da Medien eine riesige Rolle spielen, verkompliziert das Ganze. Wer von diesem Ensemble nichts hält oder enttäuscht wurde, baut sich andere Welten. Im Extremfall bekämpft er oder sie die Mehrheitswelten und schottet sich gegen sie ab, weil er oder sie das alles für Betrug hält. Der Betrug füllt nur die Kassen der „Reichen" und gibt ihnen Macht und Einfluss, um die anderen zu unterdrücken.

Diese Form der nicht offen diskutierten, aber wirksamen Wahnideen, birgt unter anderem die Gefahr, dass eben keine Verständigung durch Gespräch möglich ist. Wer die Wahrheit für sich reklamiert, will sie nicht durch Diskussionen verwässern lassen. Es besteht nicht einmal eine gemeinsame Definition für Wahrheit, da die Mehrheitsgesellschaft aus verblendeten Mitläufern besteht, die korrupten Eliten anhängen. Die Wahngläubigen sprechen nicht von Mitmenschen, sondern von ihren Feinden. In dieser Weltsicht sind nicht alle Menschen gleich. Vereinbarte Werte wie z.B. Menschenrechte sind in den Augen der Wahngläubigen Unterdrückungsinstrumente der korrupten Weltelite UNO. Es geht letzten Endes um die wahre Welt, die die Lügen der herrschenden Welt aufdeckt. Auch dieser Gesichtspunkt bringt die Wahn- oder Verschwörungsideen in die Nähe religiöser Gedanken, dass nämlich die vom Teufel regierte Welt endlich durch die wahre Welt ersetzt werden soll oder wird. Da das wegen fehlender gemeinsamer Grundlagen nicht im öffentlichen Diskurs besprochen werden kann, steuert alles auf gegenseitige Ausgrenzung zu. Für die „Gläubigen" wird alles, was andere unternehmen, zum Angriff auf ihren Glauben und ihre Welt. Da diese Seite des religionsähnlichen Vorgangs sich auf lächerliche Inhalte bezieht, die keinerlei Idee vom Werden der Welt, vom Leben, vom Individuum und seinen Platz im Universum, ja nicht einmal den kleinsten Funken einer Utopie haben, kann man sie eigentlich nicht ernst nehmen. Daher bringen sie sich überlaut ins Gespräch.

Überlegungen philosophischer Art wären hier völlig unergiebig. Es geht um bloße Behauptungen, nicht um des Streites werte Inhalte. Des Weiteren bildet diese Form von Gläubigkeit keine Gesellschaft, sondern bloße Abgrenzung. Noch gibt es „Orte der Erinnerung" oder gar eine Form des Transzendierens. Jedoch gibt es immerhin die Ansicht, dass hinter allem ein Plan steckt, was in den Religionen teilweise auch geglaubt wird (z.B. Gottes Plan, die Welt zu erlösen). Der soziopsychologische Vorgang dieser Wahnbildungen interessiert in der Diskussion. Da lehnt beispielsweise Michael Butter die auch im wissenschaftlichen Diskurs vorkommende „Pathologisierung" ab: „Angesichts der Tatsache, dass laut neuesten empirischen Studien die Hälfte der Amerikaner und ein geringerer, aber nicht unwesentlicher Teil der Deutschen an mindestens eine Verschwörungstheorie glauben, (ist) sie (die Pathologisierung) völlig sinnlos."[184] Diese These ließe sich mit dem Ergebnis psychiatrischer Erhebungen widerlegen, nach denen viele Anteile der Bevölkerungen und beispielsweise mehr als jeder vierte Erwachsene in Deutschland im Laufe eines Jahres psychische Krankheiten durchmachen.[185] Zudem gibt es auch in der Fachdiskussion zumindest

---

[184] Michael Butter, Nichts ist wie es scheint: Über Verschwörungstheorien, Berlin, Suhrkamp Verlag, 5. Aufl. 2021, 15.
[185] Deutsche Gesellschaft für Psychiatrie, Psychotherapie, Psychosomatik und Nervenheilkunde (DGPPN), u.a.zu finden unter Psychische Erkrankungen: Hohes Aufkommen, niedrige Behandlungsrate (aerzteblatt.de). Das ist mit Vorsicht zu genießen, da sich bei dieser Meldung das Eigeninteresse der Therapeut:innen kaum verleugnen lässt.

Annahmen von (schwachen) kognitiven Ähnlichkeiten zwischen Verschwörungstheorien und paranoidem Wahn.[186] Butter geht weiter davon aus, dass Verschwörungstheorien bis in die 1950iger Jahre „in der westlichen Welt eine vollkommen legitime Wissensform" waren, „deren Grundannahmen nicht hinterfragt wurden. Entsprechend normal war es, an Verschwörungstheorien zu glauben."[187] Die Stigmatisierung durch die Mehrheit ist ein Kennzeichen heutigen Umgangs mit diesen Denkweisen.

Ihre Funktion aber lässt sich angeblich verstehen. Sie dient der Identitätsbildung und der Reduzierung von Komplexität der undurchschaubaren Welt. Das Problem scheint mir dabei zu sein, dass Komplexität in den Themen vieler sogenannter Verschwörungstheorien gar nicht besteht. Das Komplexe an den Milliarden von Bill Gates ist lediglich, dass er sie hat, während die meisten anderen sich danach sehnen. Das Corona – Virus ist nun einmal da und bedarf keiner Reduzierung. Sein Auftreten wird mit dem Naturverhältnis der Menschheit und fehlenden Raum für die Tierwelt erklärt. Dadurch treten Viren aus der Welt der Tiere eher auf die Menschen über. Die Verschwörung sieht ein planvolles Verseuchen der Welt durch chinesische Führungskader. Andere vermuten einen Laborunfall, den China zu vertuschen versucht(e). Die Impfstoffe haben im Effekt nur eine begrenzte Wirkung, was zu realisieren ebenfalls keiner großen Reduktion von Komplexität bedarf. Sich da vorzustellen, jemand habe das Virus erfunden, um die Menschheit mit einem Impfstoff zu beglücken, der einer Gelddruckmaschine gleicht, ist viel komplexer um die Ecke gedacht als alles andere. Warum soll es irgendeinem Gehirn logisch vorkommen, dass einer

---

[186] Stephanie Mehl, Verschwörungstheorien und paranoider Wahn: Lassen sich Aspekte kognitionspsychologischer Modelle zu Entstehung und Aufrechterhaltung von paranoiden Wahnüberzeugungen auf Verschwörungstheorien übertragen? Journal: Forensische Psychiatrie, Psychologie, Kriminologie, Springer Nature, 2022, DOI: 10.1007/978-3-658-31701-0_4.

[187] Butter, a.a.O., 17.

oder eine Gruppe sich die Mühe macht, ein Virus zu kreieren, das sie selbst gefährdet, um dann einen Impfstoff erfinden zu lassen, mit dem man Geld verdient?

Statt Reduktion von Komplexität handelt es sich eher um eine Verwirrungsstrategie, die hinter einfachen Vorgängen komplexe, durchschaubare, dunkle, eigennützige Absichten vermutet. Soll die Verschwörungstheorie vielleicht den Glauben der Mehrheit an die derzeitigen Erklärungsmuster der vorfindlichen Welt erschüttern? Hat, wer sich gegen den Impfstoff stellt, die bessere Einsicht in den Hintergrund der bösen Absicht? Der Unterschied zu religiösen Vorstellungen liegt darin, dass hier die Absichten im Hintergrund nicht Menschen, sondern Gott und damit ein transzendierendes Moment betreffen. Wenn die dahinterstehenden Absichten einfach nur von anderen Menschen herrühren, schützt der Wahngläubige stellvertretend alle anderen vor den bösen Hintergrundabsichten böswilliger Gruppen, die alle hintergehen, um sich zu bereichern oder Macht anzusammeln. Er breitet das desaströse Bild Menschen gegen die Menschen aus und fördert die Ansicht, dass eben nicht alle gleich sind. Vielfach schließen Forschende aus diesem Befund, es handle sich um eine Form des bekannten Gut-Böse-Dualismus. Das Modell dafür bildet die in der Entwicklung des Christentums ausgeschiedene Richtung der Gnosis, die die Welt in Licht und Finsternis, Gott und Schöpfergott, Gut und Böse, Wissende und Nichtwissende aufteilt. Letzten Endes geht es also um ein Weltbild, in dem Gruppen von Menschen die jeweils anderen gefährden, weil sie damit schlichte irdische Ziele verfolgen wie Reichtum, Macht und Unterdrückung. Identitätsbildung ist davon nicht zu erwarten, lediglich die Konstruktion: ich kenne die Wahrheit und werde dafür verfolgt von denen, die in die Irre gehen. Gegen diesen Angriff muss ich mich mit allen Mitteln wehren, um nicht das Opfer der Fehlgeleiteten zu werden. Opfer brauchen keine weitere Legitimation, um sich zu wehren.

Die Verschwörungstheorien bilden allenfalls die Identität als Opfer aus, das sich wehren muss. Denn dieses Opfer der Mehrheit kennt die wahre Geschichte und könnte so die anderen retten. Diese nehmen das Angebot aber nicht an. Fast bekommt man Gefühle der ersten Christen, die zusehen mussten, dass die „böse Welt" ihren Retter nicht annahm. Dafür wünschten sie der bösen Welt das Jüngste Gericht herab. Gegen die damalige Glaubensrichtung wirkt allerdings die heutige Rettungsphantasie wie Spielzeug.

Dabei bildet sich eine „Identität" durch Elitekritik, die Verschwörungstheoretiker mit den Rechtspopulisten teilen. Sie vereinfachen und konzentrieren die politische Sphäre durch die Einengung auf die Alternativen „Herrschende" und Volk. Sie wollen eine als gut gewähnte Gesellschaftsordnung wieder herstellen. Die Zukunft wird ohne die Eliten wieder gut.[188]
„Überhaupt bieten Verschwörungstheorien letztendlich nur eine spezifische Erklärung für das Verhalten der Eliten. Diese sind nicht einfach abgehoben, ideologisch verbrämt, auf persönliche Bereicherung aus, individuell korrupt, schlichtweg dumm oder gar strukturellen Zwängen unterworfen, sondern verraten die Interessen des Volks, weil sie anderen Herren dienen, also zu einem Komplott gehören."[189] Diese Art der Elitenkritik hört sich an wie die Aussagen von Propheten des Alten Testaments. Die hatten aber den Vorteil, dass sie Gott auf ihrer Seite glaubten, der die Eliten (das Königshaus und seine Söldner) für ihre falsche Religion (=Politik) direkt bestrafte (siehe 1. Könige 17 - 2. Könige 1). So könnten Verschwörungstheorien als Rückfall in alte religiöse Denkfiguren betrachtet werden. Auch damals war der Dreh-und Angelpunkt der Prophetenkritik der, dass die Könige den falschen Göttern dienten. Das wurde allerdings in der Religion nicht als Komplott, sondern als falscher Glaube verstanden. Das

---

[188] Sie auch Butter, a.a.O., 175ff.
[189] Butter, a.a.O., 177

geht heute bei Menschen ohne Religion nicht mehr. Aber das Muster ist erhalten geblieben. Die Eliten arbeiten gegen das Volk aus Gründen der Machtfülle oder der eigenen Finanzen. Das war auch mit Gottesglauben so. Das Korrektiv war in der Religion das Gebot Gottes. Heute ist es das („gute") Volk. Der Nachteil des („guten") Volks ist, dass es keine schriftlichen Aufzeichnungen über seinen Willen vorweisen kann, während Gottes Wille durch „die Schrift" oder „das Wort" bekannt war.

Dass sich die Denkwege von Verschwörungstheorien und zumindest alttestamentlicher Religion in ihrer Struktur ähneln, scheint zumindest dem Forscher Michael Butter evident: So „bin ich der festen Überzeugung, dass Verschwörungstheorien einem adäquaten Verständnis der Wirklichkeit im Wege stehen. Das ist kein Alleinstellungsmerkmal des Konspirationismus – das Gleiche gilt aus meiner Perspektive zum Beispiel auch für Religionen."[190] Aus meiner Sicht gilt das vor allem für das Merkmal, dass die Verschwörer fremden Herrn dienen und dadurch ihr Volk vernachlässigen. Im Alten Testament zieht Gott derartige Sünder nicht nur zur Rechenschaft, sondern aus dem Verkehr. Das ist aber nicht von Erfolg, da neue Sünder nachfolgen, die das Volk sich z. T. auch selbst aussucht. In der Verschwörungstheorie herrscht dagegen die Phantasie der Opfer, wie man sie sich in der früheren Zeit vorgestellt hat: Ein Zeichnung mit Angela Merkel am Strick, oder der Ruf der Trump-Gläubigen: „Sperrt sie (Hilary Clinton) ein!" Darin wird aber der große Unterschied zwischen Glauben und Verschwörungswahn klar: Die Strafe Gottes enthüllt zwar einen wütenden Gott. Der bezieht sich auf das Königsrecht im Alten Israel. Der verschwörungstheoretische Ansatz aber bezieht sich auf nichts als eine vergangene Zeit oder ein vages Gefühl des Hilflos-Seins und fantasiert sich die Verantwortlichen dazu – aus gefühlter Evidenz. Um

---

[190] Butter, a.a.O., 221f.

konkrete Forderungen geht es schließlich nie, sondern nur um „Stimmung".

Bei dem allem kann es auch keine Debatte mehr um das „Heil der Welt" geben, noch geht es um ethische Orientierung oder um das Menschenbild. Wer auf der Welt die Maßstäbe setzt und über die anderen herrschen darf, um diese Frage geht es, ohne dass sie wie in anderen Zeiten wirklich gestellt wird. Ich oder du, nicht ich und du, das wird hier ausgetragen. Es endet nicht beim „Wir". Wie bei vielen Religionen geht es um Gläubige und Nichtgläubige. Nach den vielen Anstrengungen, der Menschheit das „Wir" beizubringen und einzuüben, nach Menschenrechten und Demokratie, nach Menschenwürde und Gleichberechtigung, droht bei einigen der Rückfall in die Zeit, in der der Glaube an dies oder das darüber entschied, wer Menschenwürde hat und wer nicht. Die Folgen sind bekannt.

Das Nachdenken über Religion landet bei Wahn- oder Verschwörungsvorstellungen. Erstaunlich ist das nicht. Wenn die ausgeprägten und jahrhundertelang hin und hergewendeten Religionen ihre Prägekraft verlieren, machen sich die Menschen neue Bilder und glauben daran, selbst wenn das Neue dem ganz Alten gleicht und sich unorganisiert ausbreitet. Dass Religionen in gefährliche Wir gegen-die-anderen-Zustände führen können, hat die Welt in aller Breite in Erinnerung und erlebt es noch heute. Dass auch unorganisierte Wahn- oder Verschwörungsvorstellungen die Menschen gegeneinander aufbringen, ist aktuell zu betrachten.

Viele glauben, dass beim Angriff Russlands auf die Ukraine ein wahnsinnig gewordener Präsident namens Wladimir Putin die Fäden zieht. Dass es sich da nicht um einen Wahn, sondern um platte Lügen zur Legitimierung eines verbrecherischen Überfalls auf ein ganzes Volk handelt, dürfte klar sein. Der Aggressor ließ wochenlang die ganze Welt an Mächtigen bei sich antanzen, um mit ihnen angebliche Verhandlungen zu führen. Alle seine Verhandlungspartner konnten sich nicht vorstellen, dass sie nur als Kulisse dienten. Dass jemand im 21. Jahrhundert eine derartig bösartige Handlungsweise auspackt, schien bisher auch allen unvorstellbar. Jahrelange Vorbereitung auf diesen Überfall hat niemand richtig ernst genommen. In Wirklichkeit waren sie Figuren in seiner für alle sichtbaren Vorbereitung eines bewaffneten Überfalls auf das Nachbarland. Er allein gebärdete sich als allmächtiger russischer Präsident, der ungestraft seine Gegner überall in Europa ermorden lassen, das eigene Volk wegsperren und Nachbarländer überfallen, ja sogar ihnen noch die Schuld an dieser Aggression zuschieben kann. Nebenbei bereicherte er sich und seine Clique im unglaublichen Ausmaß, ohne auch nur irgendetwas davon zu verschleiern. Die aber darüber reden wollen, werden psychisch und körperlich vernichtet. Das Recht dient in seinem Land der Vernichtung von Gegnern. Und die Welt schaut zu, weil niemand in der Lage ist, diesem Machtmissbrauch Einhalt zu gebieten. Der Machtmissbrauch gegen das eigene Volk erstreckt sich bis in die Sprache hinein, in der die Worte wie Krieg und Überfall verboten werden.[191] Es handle sich um Militär-Operationen.

Und genau hier steckt das Problem, das in der Politik niemand erkannt hat. Es ist nicht ganz so platt wie die Aussage von Walter Ulbricht: „Niemand hat die Absicht, eine Mauert zu errichten!" - so geäußert am 15. Juni 1961. Als zwei Monate später die Mauer da war, galt Ulbricht als größter Lügner der deutschen Politik. Vielleicht hat er gemeint, es habe niemand die Absicht, es sei aber notwendig. Wer hätte so genau hingehört, um diese Aussage zu entziffern. Wenn das so wäre, dann wäre es gar nicht so platt. Er hat seine Worte so gewählt, dass er seiner Meinung nach nicht gelogen hat. ‚Die Absicht hatte niemand, aber man war gezwungen.' Putin hat sich der gleichen Methode bedient, die aber niemand

---

[191] https://taz.de/Unabhaengige-Medien-in-Russland/!5834993/, 27.02.2022.

entschlüsseln konnte. Alle sprachen vom Überfall und vom Krieg gegen die Ukraine. Putin hat allen gesagt, dass er keinen Krieg plane und schon gar keinen Überfall auf das Nachbarland. Er hat nicht gesagt, dass er keine Militäroperation plane. Das scheint spitzfindig. Putin hat seine Gesprächspartner damit in die Irre geführt, dass er in der Tat nicht gesagt hat, dass er eine Militäroperation plane. Damit hat er seiner Meinung nach nicht gelogen. Er hat nur nicht alles gesagt. Das ist eine von den Jesuiten so benannte Mentalreservation: „Dieser Lehre zufolge ist es keine Lüge, wenn man etwas klar und deutlich ausspricht, das isoliert betrachtet eine Lüge wäre, in seinem Inneren oder mit leiser, für niemanden hörbarer Stimme jedoch etwas hinzufügt, das den Bedeutungsinhalt beträchtlich verändert, sodass die Aussage in ihrer Gesamtheit nicht unwahr ist. Stünde ich zum Beispiel vor Gericht, des Mordes an einem unliebsamen Kollegen angeklagt, könnte ich auf die Frage, ob ich die Tat begangen habe, laut und deutlich antworten: ‚Ich habe ihn nicht getötet', und dann in meinem Inneren hinzufügen ‚heute' oder ‚mit Gift', da seit der Tat ein Jahr vergangen ist und ich kein Gift, sondern einen Hammer verwendet habe."[192] Was die ganze Welt als Lüge verstanden hat, war in den Augen Putins keine Lüge, sondern eine Kriegslist. Man hätte ihm nur genau zuhören müssen. Folgerichtig verbot er in seinem eigenen Land die Worte Krieg und Überfall wegen der Wahrheit: militärische Spezialoperation. Mit einem derartigen Hintergrund zu arbeiten, hätte ausgerechnet Wladimir Putin niemand zugetraut. Allerdings wurde es in der Realität nichts mit der Spezialoperation, sondern weitete sich zum verlustreichen Krieg, mit dem propagandistisch umzugehen auch Putin große Mühe macht(e).

Eine große Zahl an Lakaien macht seine Winkelzüge mit. Hier glaubt niemand an eine Verschwörung. Einige aber spenden diesem Menschen mit seinen bösen Absichten sogar Beifall,

---

[192] Lars Svendsen, Philosophie der Lüge, München: S. Marix Verlag 2022, 63f.

in Deutschland beispielsweise die AfD[193] und andere rechte Gruppierungen.[194] Die ganze Welt lässt sich vorführen, indem sie einem verbrecherischen Machtmenschen auch noch die Bühne in der UNO bietet, in der er alle Maßnahmen gegen sich als Vetomacht verhindern kann. Wer einen Menschen ermordet, ist überall auf dieser Welt schuldig und wird zumindest weggesperrt. Wer Hunderte oder Tausende in einem militärischen Überfall ermorden lässt, hält sich für einen großen politischen Strategen, es sei denn er kommt aus Afrika oder aus dem früheren Jugoslawien. Dann steht (stand) er oder sie später vor dem Kriegsverbrechertribunal in Den Haag. Insofern steht auch das im inhaltlichen Zusammenhang mit Verschwörungstheorien.

Die russisch-orthodoxe Kirche tut in den Worten des Patriarchen Kirill alles, um den Überfall auf die Ukraine als große Tat zu preisen und ist insofern mindestens mit beiden Beinen bei den Verschwörungstheorien: „Wir müssen alles tun, um den Frieden zwischen unseren Völkern zu bewahren und gleichzeitig unsere gemeinsame historische Heimat vor all den Aktionen von außen zu schützen, die diese Einheit zerstören können", betonte Patriarch Kirill. Er warnte die Gläubigen vor „dunklen Kräfte von außen", die sich über Russland „lustig machen" könnten." Die Kräfte des Bösen seien die ukrainischen Soldaten.[195] Wenn aus dem Munde eines Kirchenoberen heute derartige Töne kommen, die im Überfall angegriffenen Soldaten eines souveränen Staates als Kräfte des Bösen zu bezeichnen, dann haben wir es nicht mit Reli-

---

[193] Die Afd hat sich relativ schnell vom Ukraine - Überfall halbherzig distanziert. Siehe: Alternative für Deutschland: Weidel verurteilt Angriff - und kritisiert den Westen | ZEIT ONLINE.

[194] Siehe z.B.: https://www.spiegel.de/wissenschaft/mensch/ukraine-invasion-wladimir-putins-globale-rechte-demaskiert-sich-selbst-kolumne-a-cd3e7e84-0aef-45f1-8c96-960273c1f6f2. Aufgerufen am 27.02.2022. https://www.t-online.de/nachrichten/ausland/usa/id_91740642/us-republikaner-huldigen-wladimir-putin-ein-schreckensszenario-fuer-europa.html, Aufgerufen am 28.02.2022.

[195] Orthodoxer Patriarch bezeichnet ukrainische Soldaten als "Kräfte des Bösen" (deutschlandfunkkultur.de), 27.02.2022.

gion, sondern mit einer Verschwörungstheorie zu tun. Kirill hat seine Haltung später noch präzisiert. „Tatsächlich gehe es in den internationalen Beziehungen, wie der langjährige Kirchenaußenpolitiker den Ost-West-Konflikt charakterisierte, um die Frage nach dem Seelenheil, also darum, auf welcher Seite des Weltenrichters die Menschen sich am Jüngsten Tag wiederfänden. Die Mächtigen der Welt wiesen den Weg des geringsten Widerstands, sagte Kirill über die westlichen Demokratien, und leider folgten ihm auch gläubige Orthodoxe, aus Schwäche, aus Dummheit oder Unwissen. Dieser Weg führe aber zur linken Seite des Auferstandenen am Jüngsten Tag. Als Test vor dem Zugang zu dieser „glücklichen" Welt stehe die Gay-Pride-Parade, die die Homosexualität, vom Alten wie Neuen Testament zur Sünde erklärt, als zulässige Variante des menschlichen Verhaltens definiere."[196] Das Böse muss nämlich überall auf der Welt abgewehrt werden. Wer es bekämpft, übt im Namen Gottes legitime Gewalt aus und dient Gott. So wäre also Wladimir Putin als herausragender Diener Gottes Vorkämpfer gegen das Reich des Bösen. Ich will nicht so weit gehen, dass das Gegenteil der Fall ist. Dass aber ein europäischer Christ dieser Argumentationslinie folgt, muss alle Christen erschrecken. Theologen müssen dieser Position mit aller Entschiedenheit widersprechen, was manche inzwischen auch tun.[197] Sie als lächerlich abzutun oder durch Verschweigen zum Erliegen bringen zu wollen, reicht in diesem Fall nicht. Im neunzehnten Jahrhundert mag eine solche Denk-und Glaubensweise noch weit verbreitet gewesen sein. Im zwanzigsten Jahrhundert hat sie das Unheil begleitet, wie man von Emmanuel Hirsch und Paul Althaus

---

[196] Kerstin Holm, Feldzug gegen die Sünde, aktualisiert am 08.03.2022. Russlands Patriarch: Ukraine-Krieg als Kampf gegen die Sünde (faz.net).

[197] An den Händen von Patriarch Kyrill I. „klebt Blut" : idea.de (aufgerufen am 22.04.2022). www.tagesspiegel.de/politik/oligarch-der-religionen-patriarch-kyrill-und-putins-krieg/ 28147128.html (aufgerufen am 22. 04.2022). www.tagesschau.de/ausland/europa/kyrill-moskau-orthodoxie-101.html (aufgerufen am 22. 04.2022). Ohne Bezug auf Kirill, aber deutlich im Inhalt: www.ekd.de/gott-selbst-an-der-seite-der-gemarterten-72853.htm (aufgerufen am 22. 04.2022).

weiß. Die deutschen Christen dagegen, wenn auch schon Ende des 19. Jahrhunderts entstanden, waren mit den Zielen des Nationalsozialismus einig. Nicht umsonst halten manche die Religionen für organisierte Verschwörungstheorien.[198] Damit werden sie nicht als Zugang zu der Welt hinter der Welt oder transzendente Ahnungen verstanden, sondern als rein diesseitige Zusammenhangsphantasien gesehen, mit denen Glaubende eine Lücke in ihrem psychischen Leben ausfüllen. Glauben bedeutet dadurch, zu wissen, was wirklich dahintersteckt. Wie man mit diesem „Wissen" umgehen muss, hängt von der jeweiligen historisch gewachsenen Religion ab.

---

[198] Butter, a.a.O., 221f.

17. Warum Religion?

Mit dem vorletzten Kapitel habe ich gezeigt, dass im Alltag des am Glauben orientierten Lebens nicht nachgefragt wird, ob Religion vor der Vernunft gerechtfertigt sein könnte, ob man einen Gott beweisen oder widerlegen kann, ob hinter Erzählungen eine Wahrheit steckt, ob eine mythische Ausdruckweise vorliegt oder was noch an philosophischer Spitzfindigkeit angeboten wird. Im Alltag des Lebens, das nicht von Glaubensvorstellungen geprägt wird, wird hingegen nachgefragt, ob Gottesglaube nicht unvernünftig und für Menschen schädlich sei, wie vor allem das drittletzte Kapitel gezeigt hat. Das Sein auf dieser Welt ist keine Möglichkeit, also etwas, was auch nicht sein könnte. Es ist eine wahrgenommene Realität, mit der jedes Individuum innerhalb seiner Lebensverhältnisse und Zugehörigkeiten / Traditionen zurechtkommen muss. Die so genannte Vernunft und ihre Erkenntnis spielen eine Rolle, wenn es um die Absicherung des Lebensraumes geht: Was ist zu tun, um den Lebensraum zu erhalten? Wie komme ich im Verbund mit anderen gut durchs Leben? Was tu ich, wenn ich mich im Nachteil fühle? Wer sind meine Feinde, die mich oder uns bedrohen? Wem vertraue ich? Wer hält zu mir? Wer kann mir etwas verbieten? Haben unsere Anführer Recht oder tun sie etwas, was uns schadet? Bevorzugen sie andere? Wie kann ich mich dagegen wehren? Wer ist mir ähnlich, wer ist ganz anders? Bekomme ich irgendwann eine bessere oder überhaupt eine Arbeit?

Darüber hinaus kommen Fragen auf, die alles betreffen: Woher kommt diese ganze Welt? Warum macht mein Körper nicht das, was ich will? Warum sind andere erfolgreich? Ich komme aus einer Familie, will ich auch eine? Wie kann ich meine Frau, meinen Mann lieben? Kinder - wie erziehen, was tun, wenn sie krank werden oder sich verletzen? Wie komme ich damit zurecht, dass meine Eltern oder andere aus der Familie sterben? Das und noch viel mehr sind die Aufgaben, die das schlichte alltägliche Leben von selber stellt. Als Antwort gibt es viele Möglichkeiten. Aber die meisten von uns machen das, was sie gewohnt sind und / oder was sie in ihrem Umfeld beobachten. Die meisten Dinge sind eingerichtet durch Verwaltung, Gesundheits- Religions- und Weltanschauungsagenturen, durch Schullaufbahnen und Berufsausbildungen. Sie sind also gesellschaftliche Errungenschaften, in die ich hineingeboren und in denen ich sozialisiert werde. Zu diesen gesellschaftlichen Strukturen gehören auch Überzeugungen, die mir zusagen oder nicht zusagen. So zum Beispiel muss, wer mehr Einkommen hat, auch mehr Steuern zahlen. Wer öffentlich tätig ist, sollte möglichst ein allgemein verständliches Leben führen, das irgendwie zum Vorbild neigt. Er oder sie sollte also das verkörpern, „was sich so gehört", und nicht (nur) auf eigene Vorteile bedacht sein. Oder auch: Wer Fehler gemacht hat, muss bestraft werden!

Religion als gesellschaftliche Größe

Die Religion oder Nichtreligion gehört zu diesem Umfeld des Individuums. Religion beantwortet meistens durch „alte Geschichten" Fragen wie die obigen. Im Normalfall und in manchen Umfeldern im Ausnahmefall gehören sie einfach zum Hintergrund des Lebens und seiner Strukturierung. Da das auch im Normalfall eine unübersehbare Zahl von Mit - Menschen oder auch Konkurrenten betrifft, ist nicht leicht zu überschauen, wer die Strukturen wie benutzt oder wie verändern will, um sein Dasein mehr oder weniger in seinem eigenen Sinne zu leiten. Die verschiedenen Interessen und Lebensalter führen zu verschiedener Intensität der Wahrnehmung. Daraus entwickeln sich Gruppen gleicher Interessen: Wohlhabende versus abhängig Arbeitende, Gesunde versus Kranke, Alte versus Junge, Einheimische versus Fremde, Gläubige versus Ungläubige, Anhänger einer Partei versus Anhänger der anderen. Die Denker:innen und Wissenschaftler:innen unterziehen dieses Gemenge einer unablässigen Prüfung nach Sinn oder Unsinn, Wahrhaftigkeit oder

Falschheit, Begründetheit oder Unbegründetheit. Das alles ist noch einem Machtgefälle unterworfen: der Eine scheint es mehr beeinflussen zu können als eine Andere. Dadurch steigt immer der Verdacht, Mächtigere würde sich das bessere Stück nehmen.

Wegen all dieser Umstände brauchen die Gesellschaften Orte der Erinnerung, Stätten der Versammlung und Sinnbilder oder Gebäude, die ihren gemeinsamen Nenner zum Ausdruck bringen, auch dadurch, dass sie nicht von einem alleine gebaut werden können. Und sie brauchen Mitmenschen als Repräsentanten, denen viele gemeinsam vertrauen. Sie erinnern sich vielleicht, dass alle diese Punkte schon am Anfang dieser Überlegungen zur Religion zu sehen waren. Die Götter oder Gott mögen eine Erfindung aus langen Erfahrungen des Menschseins sein, mögen Träume und Wünsche zu Ausdruck bringen, mögen sogar der Realität widersprechen in dem Sinne, dass alles irgendwann besser wird, wenn man fest daran glaubt. Und wenn es in einer anderen Welt sein wird. Wenn Menschen durch ihre Anschauungen und Religionen ihre Identität zum Ausdruck bringen und ihr Kontinuität verleihen, werden sie sich kaum durch die Frage beirren lassen, ob das der Vernunft entspricht. Der Bedarf nach Begründungen fängt da an, wo die so gewonnene und gestützte Identität durch andere Lebensweisen und -begründungen in Frage gestellt wird.

Dadurch bekommt es auch die Religion mit dem Machtgefüge der Gesellschaft zu tun. Es kommt die Frage auf, wer Recht hat. Dann wird es sinnvoll, Nachweise aller Art zu erbringen, warum das eine richtig und das andere falsch sein soll, wer die Autorität oder die Gewalt zu Recht beansprucht und ausübt, was mit denen geschieht, die sich nicht an die Gesetze halten oder sich keiner Autorität beugen. Daher gibt es ein Interesse, über Offenbarungen der jeweiligen Götter hinaus weitere Sicherheit zu gewinnen. Auch die Religionen entwickeln mit der Zeit ein Interesse, Sicherheit über ihre offenbarten Schriften hinaus zu gewinnen. Da war es willkommen, dass die Philosophen mit anderen Methoden als die Theologen über die Götter oder Gott nachdachten und ihre Ergebnisse miteinander diskutierten. Das öffentliche Gespräch über Religion und Gott und die Gottesverehrung im öffentlichen Raum gab Gesellschaften einen gesicherten Rahmen, in dem man wusste, was man vom anderen zu erwarten hat, wem Autorität zukommt und warum. Infolgedessen war es auch die Philosophie, die zur Bestätigung der Verhältnisse beitrug. Es ging und geht nicht nur um das individuelle Seelenheil, sondern auch um die öffentliche und private Ordnung.

Theologien und Philosophien stehen für das öffentliche „Aushandeln" von Gemeinsamkeiten

Viele glauben, diese Gestaltungen, was man zu tun und zu lassen hat, was nützlich und was schädlich ist, könne jeder Mensch für sich entscheiden. Dazu brauchte es keine Religionen oder sonstige Vorgaben von Kirchen, Moscheen oder atheistischen Verbänden, noch vom Staat. Das führt zu Unübersichtlichkeit oder kleinen und größeren Milieus / Parallelgesellschaften, die nur noch durch das Band von eigentlich nicht mehr begründbaren staatlichen Gesetzen (z.B. Grundgesetz) zusammengehalten werden. Der gemeinsame quasi-öffentliche Nenner kommt dann nur noch in gemeinsamer Empörung im weltweiten Netz zum Ausdruck und scheint sehr wandelbar - je nach Anlass. Religionen und Philosophien standen für einen öffentlichen Prozess des Aushandelns von Konsens in Fragen der Weltanschauung und dem daraus hervorgehenden Verhalten der Menschen im Individuellen und in der Gemeinschaft. Die Religion beruft sich dabei immer noch auf die Offenbarung einer göttlichen Ordnung oder auf aktuelle Eingebungen Gottes / der Götter. Beide haben den Nachteil, dass man damit nicht alle Menschen überzeugen kann. Auch der Atheismus kann nicht alle überzeugen. Die Philosophie beruft sich auf die Vernunft und deren Methode(n), mit denen man stets nachvollziehbare Erkenntnisse gewinnt. Sie macht(e) dafür verschiedenste Erkenntnismethoden empirischer oder rationaler Art zur Grundlage. Die verschiedenen Methoden führen dazu, dass die Erkenntnisse der einen von den anderen bestritten oder zumindest der Kritik unterzogen werden. Das garantiert eine Art Dauergespräch über gemeinsam zu verantwortende Sichtweisen und Ziele genauso wie über das Verhalten, das daraus folgt. Dazu kommt das Machtgefüge der Gesellschaften, das in vielen Fällen einmal gewonnene Grundlinien der Erkenntnis und Ethik festhält und mit seinen Gesetzen bestätigt.

Religionsphilosophie ist somit ein Weg, Grunderkenntnisse der Religionen in ihren jeweiligen individuellen und gesellschaftlichen, heute auch globalen, Verhältnissen mit der Vernunft kritisch zu begleiten. Das tut sie methodisch und nachvollziehbar. Die Theologie dagegen entfaltet auch methodisch und nachvollziehbar das in den heiligen Schriften aufbewahrte Wissen im Gespräch mit der Philosophie und den jeweiligen Wissenschaften vom Menschen (Psychologie, Soziologie, Humanwissenschaften). Der Glaube dagegen bekennt sich individuell zu einem „persönlichen" Gott in dem Sinne, den das Individuum jeweils für sich „passend" oder „richtig" oder „trostreich" findet. In den organisierten Religionen steht Glaube auch für das gemeinsame für Richtig - Halten bestimmter in Glaubensbekenntnissen zusammengefasster Inhalte, die ihrerseits auch wieder der Interpretation unterliegen.

18. Das „System" Religion

„Man kann geboren werden, leben und sterben, ohne an Religion teilzunehmen; und auch wenn die Religion sagen wird, dass dies alles in Gottes Welt geschieht, kann der Einzelne dies schadlos ignorieren. Die Möglichkeit religionsfreier Lebensführung ist als empirisches Faktum nicht zu bestreiten, und das Religionssystem findet sich mit dieser Tatsache konfrontiert. Alle anthropologischen Begründungen der Funktion von Religion brechen an diesem Tatbestand zusammen; weder Sinnbedürfnisse noch Trostbedürfnisse halten die Religion am Leben. Man kann höchstens sagen, dass sie sich bereithalten sollte, für den Fall, dass jemand solche Bedürfnisse kommuniziert.

Die Notwendigkeit von Religion kann mithin nicht auf anthropologischer, sondern nur auf soziologischer Grundlage nachgewiesen werden, Religion löst nicht spezifische Probleme des Individuums, sondern erfüllt eine gesellschaftliche Funktion. Wie immer man diese Funktion bestimmen und daraus die Möglichkeit oder auch die Problematik funktionaler Ausdifferenzierung herleiten mag, es gibt keinen anderen wissenschaftlichen Nachweis der Unentbehrlichkeit der Religion. Für individuelle Menschen ist sie entbehrlich, nicht jedoch für das Kommunikationssystem Gesellschaft.

Im Kontext der Tradition der religiösen Semantik (= Wissensvorrat, Bedeutungen) – und ohne diesen Kontext wäre kein Vorschlag sinnvoll – käme für eine Codierung des Religionssystems nach diesem Muster wohl nur ein einziges Schema in Betracht: die Differenz von Immanenz und Transzendenz. Immanent ist danach alles, was die Welt, wie sie ist, für innerweltliche Beobachtung bietet – mehr oder weniger je nachdem, was die Funktionssysteme der Gesellschaft an Auflöse- und Rekombinationsvermögen zur Kommunikation beitragen. Transzendenz ist dasselbe – anders gesehen. Die (immanente) Vorstellung der Transzendenz operiert mit einem Bezugspunkt außerhalb der Welt. Sie behandelt die Welt so, als ob sie von außen gesehen werden könnte. [...] Die spezifische Paradoxie dieses Code liegt mithin darin, dass das Erleben der Transzendenz diese auf Immanenz zurückführt, gerade weil alle Immanenz im Transzendenzbezug erlebt wird.

Psychologisch heißt dies, dass der Glaube an die Wirklichkeit der Transzendenz unversehens immer wieder in den Glauben an die Wirklichkeit des Glaubens übergeht. Für soziale Systeme heißt dies, dass Transzendenz inkommunikabel ist; [...] Die Reflexion der Religion würde ihren Gegenstand (und damit ihre eigene Operation) verfehlen, würde sie es bei der Paradoxie belassen; würde sie bei dem Urteil, Religion sei unmöglich, stehen bleiben. Sie geht denn auch darüber immer hinaus, indem sie die Einheit des Code, die Einheit der Differenz von Immanenz und Transzendenz „benennt". Mit diesem Benennen wird das geleistet, was die Religion erst eigentlich zur Religion macht: die Entparadoxierung ihres eigenen Code. [...]

Es drängt sich auf, die Funktionsstelle, deren Benennung die Entparadoxierung zu leisten hat, mit dem Gottesbegriff zu bezeichnen. Gegenüber der Tradition dieses Begriffs würde damit jedoch eine Verschiebung von weittragender Bedeutung und unabsehbaren Konsequenzen vollzogen werden. Die Gottheit war gerade Platzhalter und Wirklichkeitsgarant der Transzendenz gewesen. [...] Überdenkt man diese Semantik ausgehend von der Frage, wie im System die Einheit des Code, die Einheit der Differenz von Immanenz und Transzendenz, zur Reflexion gebracht werden könne, dann kann eigentlich nur der Gottesbegriff selbst diesen Platz besetzen. [...]

In einer Minimalinterpretation, die intern wie extern akzeptierbar sein könnte, würde der Code immanent/transzendent dann lauten: stelle jeder positiven und jeder negativen Erfah-

rung einen positiven Sinn gegenüber! Wenn und soweit Du das kommunizieren kannst, kommunizierst Du im System der Religion. Die Anweisung lässt die Paradoxie noch schwach erkennen, denn es wird die Positivität des Negativen verlangt."[199]

Ein schwieriges Phänomen - die Religion, die so kompliziert beschrieben werden muss und mit Worten, die sie so abstrakt machen, dass sie kaum ein Mensch verstehen kann. Eine auf diese Weise aufgezeigte Funktion der Religion als unentbehrlich für das Kommunikationssystem der Gesellschaft sagt lediglich aus, dass Gesellschaften eine über sich selbst hinausgehende, also insofern transzendente, Größe brauchen, um kommunizieren zu können. Oder sagen wir es anders: Um zu kommunizieren, braucht jede Gruppe von Menschen ein Zeichensystem, auf das sich alle beziehen. Das geht notwendiger Weise über sich selbst hinaus. Es verlangt eine Abstrahierung von den konkreten, in diesem Moment sichtbaren Gegenständen oder Gefühlslagen. Dass jeder weiß, was gemeint sein könnte, ist für ein Gespräch unabdingbar. Falls das Wort Stuhl auftaucht, können sich alle, die es hören, einen Stuhl vorstellen, auch wenn in diesem Moment keiner im Blickfeld sein sollte. Wenn das Wort Gott auftaucht, verbinden sich damit tausende Bilder. Alle denken vielleicht an ganz verschiedene Zustände, Umstände, Gefühle, Ängste oder Freuden, an das Ende oder den Anfang, Nichts oder Allmacht, die letzte Krankheit, den Tod oder das Leben, einen Schreck oder einen Sieg, an das letzte Attentat oder die Hölle etc. In der Sprache sind mit diesem Wort tausende von Assoziationen verknüpft. Ja, man kann sich sogar damit identifizieren: Wenn ich der liebe Gott wäre, dann ... würde ich in der Schule das Fach Mathematik abschaffen, die Kriege unter den Menschen verhindern, meine Oma oder

---

[199] Niklas Luhmann, Zur Ausdifferenzierung der Religion, In: Gesellschaftsstruktur und Semantik, Band 3, Frankfurt a.M. 1989, 349f., 313f., 351.

mein Kind wiederbeleben, dafür sorgen, dass niemand traurig sein muss, die Atombombe ohne Reststrahlung beseitigen, dafür sorgen, dass sich die Menschen über ihre Religion verständigen, Krebs in die Hölle schicken, kein Kind Hungers sterben lassen, machen, dass Wladimir Putin zur Besinnung kommt, das Klima regulieren, statt Autos fliegende Teppiche zu Transport erfinden, schließlich die Welt retten …. Soviel Transzendenz der unerfüllbaren Wünsche können alle Menschen miteinander teilen, ohne dass Missverständnisse auftauchen. Daraus ergibt sich die Transzendenz all dessen, was gut sein könnte, aber doch in der Immanenz nicht gut ist. Menschen können sich bisweilen das Ende der von Menschen überfüllten Welt vorstellen und sogar die Frage beantworten, wer dann wohl überleben wird. Das alles geht, ohne dass man etwas beweisen oder einen metaphysischen Hintergrund konstruieren müsste. Anders gesagt: Alle Denkmöglichkeiten stehen offen, jede Utopie kann Leitungsfunktion übernehmen, jeder katastrophale Gedanke kann umgesetzt werden und wurde wohl schon irgendwann umgesetzt. Unerklärliches kann bezeichnet und begrifflich geklärt werden – zumindest hat es dann einen Begriff oder eine Bezeichnung wie z.B. der Glaube.

Nie hat jemand einen Glauben gesehen, seine Auswirkungen aber schon. Es hat auch niemand eine Wissenschaft gesehen. Alle sprechen darüber und leben damit oder dagegen. Manche trauen ihr nicht, obwohl man damit zum Mond fliegen oder sich gegen unsichtbare Viren impfen lassen oder die Ursache von Krankheiten herausfinden kann. Gerade, als ich das schreibe, herrscht kein Sturm. Wenn aber so ein Sturm losbricht, dann können sich alle Menschen vorstellen, wie ein zwanzig Meter hoher Baum umgeknickt oder ein 40-Tonner von der Autobahn gefegt wird, was bei Windstille völlig irreal erscheint. Es ist sogar möglich, das Umreißen des Baumes durch Fällung unschädlich vorwegzunehmen oder den 40-Tonner so abzustellen, dass der Wind keine Chance hat — jedenfalls nach „menschlichem Ermessen". Falls er dann doch den Laster umreißt, ist es „unvorstellbar" gewesen. Die Flut im Ahrtal im Jahre 2021 überstieg jede menschliche Vorstellungskraft, ging also angeblich über die bisherige Erfahrung hinaus. Aufzeichnungen zeigten jedoch ähnliche oder höhere Fluten in den Jahren 1601, 1804 und 1910. Die Flut ging also nur über der Erinnerung zugängliche Erfahrungen hinaus.

Was nicht im Erfahrungsbereich liegt, gilt als unwahrscheinlich, obwohl es vorstellbar ist. Auf einer schnurgeraden Straße fährt ein großer Viehtransporter in den Gegenverkehr. Es war schon vorher zu sehen, dass irgendetwas mit dem Hänger nicht stimmte, der hinten zu Seite zu rutschen schien. Nachdem der Fahrer ihn für einen Moment wieder in seiner Gewalt zu haben schien, rutschte er doch in den Graben neben der Fahrbahn. Der Fahrer lenkte sichtbar heftig dagegen, um ihn wieder „gerade zu ziehen". Statt das zu erreichen, gab sein Laster der Lenkung nach und scherte in voller Fahrt nach links aus. Dort traf er einen PKW genau auf der Höhe der Fahrertür. Vorstellbar ist das alles, wenn man über den entsprechenden Ablauf nachdenkt. Es scheint jedoch so unwahrscheinlich, dass man sich darauf nicht vorbereiten kann. Würde man diese Erfahrung zum Maßstab seines Handelns machen — man würde den Straßenverkehr meiden, um am Leben zu bleiben. Stattdessen hilft die allgemeine Lebenserfahrung weiter, die besagt, das sei so unwahrscheinlich, dass es nicht nochmal im eigenen Leben vorkommen werde. Dem Fahrer des getroffenen Fahrzeugs half das nicht. Er war tot. Jederzeit kann ein Lastwagen allein schon wegen seiner Masse in eine Situation geraten, in der Menschen in kleineren Fahrzeugen sterben. An den allermeisten Tagen und bei den allermeisten Fahrten geschieht es nicht.

Felsige Berge gelten als totsicher. Wie kann es sein, dass trotzdem Autos von einem abbrechenden Felsstück von mehreren Tonnen Gewicht getroffen werden, wo vorher

Jahrtausende lang nichts dergleichen zu erahnen war?[200] Nachträgliche Betrachtungen lösen das Rätsel, ohne sagen zu können, warum gerade zu dieser Zeit genau das geschehen ist. Hätten die Erschlagenen im Auto irgendwo einen Kaffee getrunken - eine Minute später zu fahren, hätte sie gerettet.

Wäre dann Transzendenz einfach nur die Fähigkeit, Begriffe zu bilden und sich darüber zu unterhalten? Auf diese Weise gelangt man in die Transzendenz des menschlichen Vorstellungsvermögens, das Ereignisse, Kräfte oder Wirkungen vorwegnehmen oder vorausberechnen kann. In vielen Fällen klappt die Vorwegannahme, z.B. beim Bau einer Brücke, über die noch niemand gehen oder fahren konnte, weil sie nur in Gedanken und als Zeichnung oder Computersimulationen existierte. Ist sie fertiggestellt, kann sie mit einer vorausberechneten Last genutzt werden, bis ihre Tragfähigkeit nachlässt. Auch dieser Punkt kann vorausberechnet werden, obwohl dann der, der den Bau berechnet hat, vielleicht gar nicht mehr lebt. Ständig leben wir mit dem und vom Überschreiten oder Transzendieren des im Moment Gegebenen. Manchmal geht es aber nicht um transzendieren, sondern nur ums Vergessen, wie bei der Flut.

Die Beispiele zeigen: Eine richtige Transzendenz liegt nicht vor, sondern der Rückgriff auf eigene Erfahrungen oder die Abstraktion und die Nutzung von Methoden, die nur für diese Anwendung gebraucht werden, in diesem Falle die Mathematik, Kenntnisse der Statik, Materialkunde etc. Diese haben das Merkmal, dass sie überall gelten, unabhängig von Sprachen oder Kulturen. Anders als ein Glaube bringen sie bei jeder Anwendung dasselbe Ergebnis und gelten daher als Gesetze z.B. der Physik, die unabhängig von menschlichem Denken gegeben sind. Wenn solche „Natur"-Gesetze gegeben sind, die die Menschheit nur entdecken musste, müssen sie eingerichtet worden sein. Diese Voraussetzung weiter-

[200] Unglück: Deutsches Ehepaar von herabstürzendem Fels erschlagen - Unglücke - FAZ

denkend gelangt das menschliche Gehirn zu einer Ursache oder Schöpfung, einem Anfang, einer Größe, die alles eingerichtet hat. Die menschliche Forschung vermutet hinter der transzendenten Vorstellung einer Schöpfung ein physikalisches notwendiges Ereignis: den Urknall. Die philosophischen Fragen lauten aber: Warum hat sich die Materie so konzentriert, dass sie explodieren musste? Was war vorher? Gab es vielleicht doch eine strukturierende Macht dahinter? Ist dieser Macht etwas entgleist, was zum Urknall führte oder hat sie es so geplant? Hat eine Größe wie sie Xenophanes beschrieben hat, sich gedacht, so ein Knall könne den Anfang von allem bilden? „... ohne Mühe bewegt er alles mit seines Verstandes Denken. Immer verbleibt er im selben, nicht im geringsten bewegt. Und nicht steht ihm an, mal hierhin, mal dorthin zu gehen."[201] Er erschrickt auch nicht bei einem großen Knall, sondern zu knallen macht ihm Spaß. Die Ordnung im so zerknallten All wird durch die verschiedenen Zustände der Materie hergestellt. So kommt schließlich alles ins Gleichgewicht in großen Galaxien. Sie kreisen um sich, innerhalb kreist alles. Die Kräfte sind durch Anziehung miteinander verbunden. Galaxien sterben und werden geboren, ohne dass das Gleichgewicht verloren geht. Wie seltsam, dass da eine Kugel mit Atmosphäre dabei ist, die genau die Bedingungen für Leben erfüllt, wie wir es darstellen und kennen.

Braucht man für diese Sicht der Dinge einen Schöpfer mit Plan? Braucht man dafür eine(n) mit Spaß am großen Knall, der/die alles dem Zufall überlässt? Sind Menschen mit Denkvermögen ein Produkt der zufälligen Bedingungen auf der Erde, das auch wieder verschwinden kann? Warum wurde ein Platz am Rand der Milchstraßen – Galaxie dafür gerade richtig? Warum machen wir uns darüber Gedanken? Können

---

[201] http://www.gottwein.de/Grie/vorsokr/VSXenoph01.php.

wir das nicht einfach so nehmen wie es ist? Brauchen wir dazu eine Beziehung? Muss dieses Etwas mit Plan von uns verehrt werden, damit es seine ungeplante oder geplante Schöpfung erhält? Wenn es sich um einen Mechanismus handelt, der auch ohne uns Menschen funktioniert, dann brauchen wir Menschen diesen Mechanismus auch nicht zu verehren oder uns gegenseitig versichern, dass es schon alles gut gehen werde, ja dass sogar dann, wenn es schief geht, etwas Gutes drinsteckt. Wer nichts verehren möchte, wird nicht ausgeschlossen oder fällt tot um. Das Individuum kann ohne die Verehrung von Gott oder Göttern leben. Zur Kommunikation mit anderen aber braucht das Individuum eine Transzendenz seiner selbst und ein gemeinsames Zeichensystem auf abstrakter Ebene, auf das beide zugreifen können. Das wäre aber nur eine schwache Transzendenz, etwas außerhalb von sich selbst, das man gemeinsam braucht, um sich mitzuteilen. Diese Form von Transzendenz hängt von der Immanenz ab. Sie ist ein Produkt des immanenten menschlichen Lebens.

Die platonische Idee, dass alles im überhimmlischen Bereich vorgebildet sei und wir nur die Abbilder als Materie sehen, spielt im selben Bereich. Sie setzt gewissermaßen ein Zeichensystem voraus, auf das alle zurückgreifen können. Das Zeichensystem ist dort unveränderlich und durch Erinnerung (Anamnesis) allen Menschen zugänglich. Ihre Seele stammt von dort. Diese Welt der Seele wird aber nur im geringen Umfang von der Masse der Menschen genutzt. Ihre übrige Kommunikation folgt niedereren Ebenen von Zeichen. Darin sind alle notwendigen Elemente zum Leben vorhanden, aber nicht die unvergänglichen Ideen, sondern nur ein unvollkommenes Abbild. In den Seelen der Nichtphilosophen kommt zum Tragen, dass sie beim Umschwung des Himmels nicht in den überhimmlischen Bereich hineinschauen konnten und so den Blick auf Wahrheit, Schönheit und ewige Ideen leider nicht erhaschen konnten. Hier wird Transzen-

denz auch in der Seele angesiedelt als transzendente Seins-
weise in der Immanenz.

Es zeigt sich also: Die Zeichensysteme der Systemtheoretiker
können lediglich eine schwache Ähnlichkeit z.b. mit der platonischen Metaphysik aufweisen. Die Transzendenz der
Kommunikation bleibt einfach nur eine Abstraktion, eine
Fähigkeit der Menschen, sich über Abstraktionen und Bedeutungen auf eine Metaebene zu begeben. Insofern findet
menschliche Kommunikation auf Metaebenen statt, die jedenfalls nicht immer der Konkretion bedürfen. Wenn man
das als Beweis für die Unentbehrlichkeit der Religion begreifen wollte, könnte man auch auf das Jenseits von Gesellschaften zurückgreifen. Gesellschaften werden als solche
durch Dauerkommunikation stets neu konstruiert. Jedes
Nachdenken oder Reden geschieht im Gegenüber der Individuen. Nichts geschieht im Leerraum eines Vakuums, sondern
schafft unweigerlich Beziehung zu allen vorherigen und
gleichzeitigen Konstruktionen, einschließlich deren Umge-
bungs- und Rahmenbedingungen. Niemand kommt auf die
Idee, diese Metaebene Gott zu nennen oder gar zu verehren.

Das Individuum transzendiert sich in der Kommunikation
durch Rückgriff auf das oder Teilnahme am überindividuellen
Zeichensystem. Das Zeichensystem liegt im Jenseits der Individuen bereit, ähnlich wie neuerdings Computereinheiten
auf eine jenseits bereitgestellte „Cloud" zugreifen können.
Dieses Jenseits wird aber niemand als echte Transzendenz
verstehen. Dazu fungiert es zu eindeutig als menschentypi-
sche Fähigkeit.

Die Fähigkeit, sich eine jenseitige Größe vorzustellen, die das
Diesseits von außen begleitet und damit kommuniziert, also
das Immanente in einen transzendenten Bezug - einen Plan,
eine Absicht, einen Verlauf, eine Ausformung – stellt, scheint
ebenso menschentypisch zu sein. Religion kommuniziert
diesen Bezug in der Immanenz, indem sie Pläne, Absichten,
Verläufe oder Ausformungen des Transzendenten zu kennen

behauptet oder sie zumindest beschreiben kann. *„Denn meine Gedanken sind nicht eure Gedanken, und eure Wege sind nicht meine Wege, spricht der Herr, sondern so viel der Himmel höher ist als die Erde, so sind auch meine Wege höher als eure Wege und meine Gedanken als eure Gedanken." (Jesaja 55, 8f.)* Der beschriebene Hiatus aber wird sofort in die Immanenz gebracht: *„Denn ihr sollt in Freuden ausziehen und im Frieden geleitet werden. Berge und Hügel sollen vor euch her frohlocken mit Jauchzen und alle Bäume auf dem Felde in die Hände klatschen. 13 Es sollen Zypressen statt Dornen wachsen und Myrten statt Nesseln." (Jesaja 55, 12-13a)* Das Transzendente bewirkt in der Immanenz, was sie selber nicht hervorbringen kann: Berge, die frohlocken und Bäume, die in die Hände klatschen. Der Transzendenzbezug der Immanenz geht aber viel weiter und wird zur Begründung der Immanenz: *„O Gott! Herrscher über alles! Du gibst die Herrschaft, wem du willst, und nimmst die Herrschaft, wem du willst, du erhebst, wen du willst, und erniedrigst, wen du willst, in deiner Hand das Gute liegt. Du bist aller Dinge mächtig. Du lässt die Nacht übergehen in den Tag und lässt den Tag übergehen in die Nacht. Du lässt das Lebendige erstehen aus dem Toten und lässt das Tote erstehen aus dem, was lebt, ohne Maß beschenkst du, wen du willst." (Sure 3,26)*[202] Alles liegt im Belieben des Transzendenten. Das hat nichts mit einem Zeichensystem zu tun. Dort liegt die Ursache für hier. Damit wird im Grunde jegliche menschliche Herrschaft gerechtfertigt, aber auch jeder Sturz einer Herrschaft. Das bedeutet, die Glaubenden können erkennen, wessen Herrschaft „aufgebraucht" ist und entsprechend handeln. Es gibt keine verträgliche Regulierung des Politischen.

Die Religionen versuchen, diese Transzendenz in der Immanenz aufzuspüren und so zu formulieren, dass die Transzendenz als bedingende Ursache für die Immanenz sichtbar wird. Die Religion kann das aber nicht verifizieren. Es bleibt paradox, außerweltliche Ursachen für das innerweltliche

---

[202] Nach der Übersetzung von Navid Kermani, in: Jeder soll von da wo er ist, einen Schritt näher kommen. Fragen nach Gott, München: Carl Hanser Verlag 2022.

Geschehen anzunehmen. Die Philosophie kann dagegen nur Fragen stellen, die sie selbst nach den Gesetzen der Erkennbarkeit nicht beantworten kann. Sie unternimmt den immanenten Versuch, das Transzendente mit immanenten Methoden z.B. der Logik zu fassen. Sie kann einerseits formulieren, was mit der transzendenten Größe Gott oder Ursache der Wirklichkeit gemeint sein könnte. Andererseits geben ihr die selbstdefinierten Denkmöglichkeiten unüberschreitbare Grenzen auf. Der Begriff Transzendenz ist wohl gegeben, hat aber keine reale, dingliche Gestalt. So kann man ihn weder verifizieren noch falsifizieren.

Die Religion kann auf Begriffsverifizierungen verzichten. Ihr Gegenstand muss nicht der gewöhnlichen Wahrnehmung genügen. Es reicht, dass Gläubige sich daran halten und aufrichten. Glaubende haben eine Antwort, die den nicht Glaubenden verborgen bleibt. Nichtglaubende denken, diese Antwort sei keine, denn sie sei bloße Einbildung. Die Diagnose Einbildung und Phantansietätigkeit gilt aber auch für philosophische Gedankengebilde wie etwa die platonischen Herleitungen durch Mythen oder die eingeborenen Ideen von Descartes. Selbst der Empirist Hume schloss die Lücke zur Transzendenz durch eine schlichte Folgerung, die ich hier nochmal zitiere: *„Die gesamte Struktur der Welt verrät einen intelligenten Urheber und kein vernünftiger Forscher kann nach ernsthaftem Nachdenken hinsichtlich der grundlegenden Prinzipien des echten Theismus und der Religion auch nur einen Augenblick lang im Zweifel sein."*[203] Es sei nur falsch, diesem Gott eifernde oder verklärende Eigenschaften beizulegen.

Merkwürdig mutet da eine Erfahrung an, die Navid Kermani schildert: *„Da ringen selbst die Physiker, die exaktesten Naturforscher überhaupt, immer wieder mit der Fassung, wenn sie in jeder einzelnen, außen chaotisch anmutenden Erscheinung eine un-*

---

[203] Naturgeschichte, 1.

glaubliche übermenschliche Ordnung feststellen. ,Es ist ein unbe-
zweifelbares Ergebnis der physikalischen Forschung, dass diese
elementaren Bausteine des Weltgebäudes nicht in einzelnen Grup-
pen ohne Zusammenhang nebeneinanderliegen, sondern dass sie
sämtlich nach einem einzigen Plan aneinandergefügt sind', be-
merkte Max Planck, ... ,oder, mit anderen Worten, dass in allen
Vorgängen der Natur eine universale, uns bis zu einem gewissen
Grad erkennbare Gesetzlichkeit herrscht.'"[204]

Das ist natürlich auch nur ein Hinweis auf die immanente
Begegnung mit der Transzendenz, die diesen Schluss hervorruft und der Versuch, diesen Eindruck immanent zu beschreiben. Dass alles fast immer in gleichen Abläufen zu-
sammenhängt, ist ein gerne in Anspruch genommener Gedanke. Theologen können wie Philosophen daraus den alt-
bekannten Schluss ziehen, das müsse so von jemand eingerichtet sein. Sonst könnte es die Ordnung der Abläufe nicht
geben. Ebenso geläufig ist die andere Position, alles habe
sich in einem zufälligen Prozess herausgebildet. Der Gegensatz Zufall, wundersame Selbstentfaltung, auf der einen und
planvolle Schöpfung auf der anderen Seite kann offenbar von
menschlicher Geistesakrobatik nicht aufgelöst werden. Es sei
denn, man argumentiert wie Navid Kermani:

„Seit Anbeginn hatten die Menschen das Gespür, dass nicht nur
Gott ein Dichter ist, sondern umgekehrt auch sie selbst von den
höchsten Wahrheiten nur in poetischer Sprache reden können, also
in Gleichnissen, durch Klänge und eben auch und vor allem in Pa-
radoxen; also in Sätzen, die eigentlich unlogisch sind. Weshalb?
Eben weil die höchsten Wahrheiten unseren Verstand übersteigen.
Sie sind größer als wir. Und unter allen Mitteln der Poesie ist das
Paradox oft am besten geeignet, etwas zu sagen, was sich in ei-
nem gewöhnlichen, richtigen Satz nicht sagen lässt."[205]

Ein „Beweis" ist das lediglich für Menschen, die an Gott
glauben und gleichzeitig Worten eine größere Realität zu-

---

[204] A.a.O.,59f.
[205] A.a.O., 63.

schreiben als dass sie bloße Worte wären. Worte, so eindeutig immanent sie auch sind, rufen aber Realitäten hervor, die sich wieder nur in Worten beschreiben lassen: himmlische Gefühle, abgrundtiefen Hass, beherztes Handeln, hoffnungs- und erwartungsbereites Weiterleben, irrsinniges Wüten, weltumspannende Liebe, höllisches Dasein.

Das Heraufbeschwören von Realitäten versucht, während ich mir diese Gedanken mache, die Kremlverschwörungsgruppe Putin. Alle auf der Welt wissen und glauben es auch, dass hier ein bösartiger verbrecherischer Überfall auf das Nachbarland Ukraine mit verheerenden Folgen für diesen Nachbarn aus Gründen der Machtausdehnung verübt wurde. Die Verschwörungsgruppe aber rechtfertigt Tod und Zerstörung mit angeblicher Bedrohung und dem absolut Bösen in der Ukraine. Nach dem obigen Zitat der Sure 3,26 wäre Putin derjenige, dem Allah die Herrschaft schenkt, der erhöht und erniedrigt, wen er will. Der pure Gedanke der Allmacht erzeugt böse Verwerfungen in der Immanenz. Die Menschen fragen dann nach Gerechtigkeit und Angemessenheit der göttlichen Allmacht. Aber die Gruppe Putin, zu der auch der Patriarch von Moskau[206] gehört, denkt in der Art der Allmacht und versucht Wahrnehmungen und Realitäten durch massive Propaganda zu ersetzen, also eine transzendente Wahrheit zu erzwingen.

Bei der Auseinandersetzung um Schöpfung, Gott, Plan oder Zufall geht es wie immer bei Worten nicht (nur) um die Sache selbst, sondern um die Deutungshoheit in der gegenwärtigen Realität. Deutungshoheit liegt in den Worten, die Geschichte und Macht gewissermaßen enthalten. Worte definieren nicht nur die Sache. Sie ziehen einen ganzen „Rattenschwanz" hinter sich her. Zur Definition der Sache gehört eine Weltanschauung, ein Verhaltenskodex, eine Selbstein-

---

[206] Wie bereits zitiert: Orthodoxer Patriarch bezeichnet ukrainische Soldaten als "Kräfte des Bösen" (deutschlandfunkkultur.de), 27.02.2022.

schätzung, die Verortung von Individuen in der Gesellschaft, in der Umwelt, also eine Weltkonstruktion. Aussagen über Transzendentes schaffen eine Position in der immanenten Lebenswelt. Es geht beim Philosophieren über die Wirklichkeit Gottes oder den Zufall der Entstehung des Lebens immer um die Konstruktion der Gegenwart: Welchen Platz hat das Individuum in der Gesellschaft? Wer darf welche Macht ausüben? Was ist richtig, was ist falsch? Was muss das Individuum ertragen, was kann es gestalten? Wie ist die Umwelt zu behandeln? Welche Haltung gegenüber dem Kontingenten ist angebracht? Gibt es überhaupt Kontingenz?

Transzendenz bleibt eine Vorstellung und doch leitet die Vorstellung die Immanenz. Ohne denkende und sprechende Menschen gäbe es keine Auseinandersetzung über die Transzendenz. Wäre jedoch mit den Menschen auch die Transzendenz verschwunden? In der von Metaphysik geprägten Philosophie liegt die Idee, dass der „überhimmlische Ort", „der höchste Gott", das unbewegliche und unbewegte Sein von der Vergänglichkeit ausgenommen sei und unabhängig von denkenden Menschen existiere. Die Religionen reden davon konkreter als von „Gottes Sphäre", deren Gedanken die Welt geschaffen haben, lenken und erhalten. Nur die Religionen haben darüber einen definierten Wissensvorrat zu bieten, der ihrer Aussage nach als jeweilige Offenbarung in die Welt eingetreten ist. Darin wird auch die richtige Umgangsweise in der Immanenz geregelt. Wer das nicht glaubt, muss die Immanenz selbst regeln. Dabei sieht man, dass völlig konträre Konzepte von Welt aufeinandertreffen. Selbst wenn sich fast alle über Umgangsformen einig sind, kann dann ein einziger Potentat alles durcheinanderbringen. Seine Realität wird nicht mehr durch gemeinsame Fundamente eingebunden. Er versucht, die anderen auf seine Realität festzulegen oder bringt einige um, um die anderen zu zwingen, da sie weiterleben wollen.

Daraus könnte ich folgern, dass das Transzendente die Einheit des Immanenten begründen kann. Das aber wäre nichts anderes, als eine gemeinsame menschliche Denkweise oder einfach nur eine Denkmöglichkeit. Dass aber nach der System-Theorie das Individuum diese nicht braucht, scheint mir widersinnig. Auch das Individuum kommuniziert in seinem individuellen Dasein mit der Gesellschaft und sucht einen Platz. Es kann doch nicht aus der Dauerkommunikation der Menschen untereinander ausgeschlossen verstanden werden. Schon dass es nicht von alleine auf die Welt gekommen ist, sondern die zumindest äußerliche Gemeinschaft zweier Menschen als Entstehungsbedingung braucht, bedeutet Kommunikation im Sinne eines Überschreitens – also Transzendierens – des Gegebenen – mit gegebenen Mitteln. Menschen nehmen als Individuen an allen Prozessen der Kommunikation in menschlichen Gesellschaften teil, in denen sie sozialisiert werden. Wenn das Individuum der Anthropologie, die gesellschaftliche Funktion der Soziologie zugeordnet wird, sind die Verschränkungen beider Sphären nicht bedacht. Allein schon die Sprache verbindet das Individuum mit der Gesellschaft. Individuen bilden gemeinsam Gesellschaft. Die Wechselwirkungen zwischen den verschiedenen Ebenen der Gesellschaft, die etwa mit Mikro-, Meso- und Makroebene beschrieben werden können, sind in beide Richtungen aktiv. Was das Individuum betrifft, betrifft auch die Makroebene. Wahrnehmungen haben Individuen und tauschen sie mit anderen Individuen in der Gesellschaft. Das digitale Zeitalter nennt das vielleicht treffender: Sie teilen ihre Wahrnehmungen gegenseitig. Nicht nur die jeweilige (nationale) Gesellschaft teilt, sondern zunehmend die Menschheit. Da transzendiert sich der Mensch vielfach und muss die Zusammenhänge in einer „Metamorphose der Welt" neu sehen und begreifen lernen.[207] Die Makroebene ist jetzt die

---

[207] Siehe Ulrich Beck, Die Metamorphose der Welt, Reinbek: Suhrkamp Verlag, 2. Aufl. 2016.

Weltgesellschaft, in der Individuen, Soziale Netze, Staatsver-
waltungen, unterdrückte Gruppen, Kriegsgegner, Diktatoren
und Geschäftemacher ihre Sichtweisen in die Welt schicken.
Dann (ver)teilen die Medienagenturen, Propagandsender,
Bots und reale Einzelpersonen in je ihrer speziellen Auswahl
die geteilten Stücke weiter. Der Kern der Wahrnehmung aber
bleibt das Individuum. Die Gesellschaft und erst recht die
Menschheit kann nicht wahrnehmen. Sie ist eine transzen-
dentale Größe, die inzwischen jedes Maß überschreitet, in
dem ihre „Erkenntnisse" einst gewonnen oder erarbeitet
wurden. Das Individuum befindet sich in einer neuen Kons-
tellation: im „Paradox der Säkularisierung"[208]: *„Nun muß die
Wissenschaft ihre irdischen Entdeckungen als transzendente
Wahrheit verkünden und inszenieren; und die Politik in Gestalt von ‚Nation' und ‚Staat' die irdische Transzendenz der
Souveränität des politischen Gemeinwesens heiligen."*[209] Und
es lohnt sich, dem Autor noch ein wenig zuzuhören, um einen neuen Blick auf die Transzendenzialität zu erahnen: *„Die
Religion, die durch die Feuertaufe der Säkularisierung gegangen
ist, weiß um die Grenzen der Religion, also um die Notwendigkeit
der Selbstbegrenzung. ... Umgekehrt ist die Vorstellungswelt eines
‚irdischen Heils', das heißt eine Gesellschaft könnte sich so organi-
sieren, daß sie mit sich selbst zufrieden ist, die Überhebung des
Säkularismus, die zum Scheitern verurteilt ist. Die Kirche ist nun
nicht mehr für alles zuständig, nur noch für Spiritualität und Religiosität. In der Falle der Allzuständigkeit hingegen zappeln Wissenschaft und Staat."*[210]

In dieser Umgestaltung der Transzendenz ist zu begreifen,
wie Immanenz und Transzendenz funktionieren. Alles, was
das irdische Leben des Individuums leitet, lenkt und garantiert, ist ihm gegenüber transzendent. Daher versuchen Individuen, diese Transzendenz durch viele Formen der Verlaut-

---

[208] Ulrich Beck, Der eigene Gott. Friedensfähigkeit und Gewaltpotential der Religionen,
Frankfurt a.M., Leipzig: Verlag der Weltreligionen 2008, 40ff.
[209] A.a.O., 41.
[210] A.a.O., 42.

barung wie etwa Demonstrationen, „Shitstorms" oder „offene Briefe" zur Berücksichtigung ihrer Vorstellungen zu bewegen. Die Agenten der Transzendenz antworten meist nur indirekt, manchmal abweisend. In manchen Fällen erscheinen sie unbeeinflussbar, dann muss man auf sie schimpfen. Wer sich abgewiesen fühlt, greift vielleicht gar zum Terror, um auf sich aufmerksam zu machen. Oder sie suchen sich andere Repräsentanten der Transzendenz – durch Neuwahlen oder Umsturz. Die Agenten gebärden sich bisweilen wie wütende Götter und verbreiten Angst, Schrecken und Tod. Andere Menschen versuchen, das jenseitig Erscheinende selbst in die Hand zu nehmen.

Lassen sich nicht in diesen Formen von Umgang oder Widerstand noch die religiösen Figuren von Gottesdienst, Gebet und Verehrung und Fluch, manchmal sogar eine Konfiguration des zürnenden Gottes finden? Selbst die Klimadebatte und ihre diversen Druckkulissen geraten ganz unversehens zum religiösen Abbild. Ihre Transzendenzen liegen in einer für die meisten Individuen kaum begreifbaren oder auch bizarren Computerlogik, die am jeweiligen Standort der Individuen oft nicht nachvollziehbar sein mag: So würde sich Schleswig-Holstein über ein paar Grad mehr Sommertemperatur und ein paar mehr Sonnenstunden freuen und muss doch (abstrakt) realisieren, dass nicht nur einige andere darunter tödlich leiden könnten. Am Ende könnte Schleswig-Holstein für ein paar Sommer in angenehmer Temperatur zumindest teilweise von der Landkarte verschwinden, weil die angenehmere Temperatur den Meeresspiegel drastisch heben würde. Das tatsächlich als ewige Natur (in Wirklichkeit aber etwa 7.500 Jahre alte) verehrte und zum Nationalpark erhobene Wattenmeer gäbe es dann auch nicht mehr. Es wird also abstraktes (transzendentes) Wissen gegen eigene Wahrnehmung verlangt. Das entspricht in seiner Konfiguration dem Glauben gegen den Augenschein. So genannte Aktivisten tragen ihren Glauben an das Ende der Welt offen zu

Tage und geben als Ziel an, dafür zu sorgen, dass die Welt nicht untergehen muss. Nur ihre Maßnahmen führen zur Rettung. Sie greifen damit weit über ihre eigene Lebenszeit hinaus. Die Rettung der Welt wäre eine für ihre Enkelkinder, die sie dann aus Angst vor dem Untergang nicht haben werden. Nicht Gott, sondern Aktivisten retten die Welt im Gehorsam zur Wissenschaft. Der von Politik und Gesellschaft geübte Kompromiss wird in dieser ‚Endzeit' zur tödlichen Waffe. Er setzt die erkannte Wahrheit nur unvollständig um. Zur Rettung muss sie aber der Meinung ihrer Aktivisten nach sofort vollständig umgesetzt werden – ohne jeden Kompromiss.

„Die Notwendigkeit von Religion kann mithin nicht auf anthropologischer, sondern nur auf soziologischer Grundlage nachgewiesen werden, Religion löst nicht spezifische Probleme des Individuums, sondern erfüllt eine gesellschaftliche Funktion." Die systemtheoretische Zuordnung kann die Einheit von Erfahrung und Deutung nicht befriedigend erklären. Menschen existieren nicht als Individuen. Sie leben als Individuen in Gruppen oder in Gesellschaften, als Menschheit. Die Notwendigkeit ihrer Religionen braucht keinen Nachweis, nur eine Beschreibung. Wem wäre mit einem Notwendigkeitsnachweis geholfen? Der Nachweis von ohnehin Vorhandenem kann kaum als wissenschaftliche Leistung gelten. Bei den Nachweisen geht es um den zentralen Inhalt von Religionen, die eine Welt hinter der Welt, größere Zusammenhänge , einen Plan, einen Willen, ein intelligentes Wesen, eine Allmacht und eine Beziehung dieser Allmacht zu Menschen und Menschheit formulieren. Könnten diese Inhalte nachgewiesen werden, wäre Religion überflüssig, weil dann das Wissen an die Stelle des Glaubens träte. Die Religionsphilosophie versuchte stets, Wissen an die Stelle des Glaubens zu setzen, Glaubensinhalte mit ihren Gesetzen der Logik zu beweisen, damit niemand mehr zweifeln müsse.

Bei der Weltkonstruktion durch die gegenwärtig Lebenden handelt es sich dabei immer um die Unterstützung der jeweiligen Wahrheitsbehauptung und damit um die zumindest geistige, aber oft auch materielle Vorherrschaft in der Menschenwelt. Wenn mein Glaubenskonzept zweifelsfrei mit allgemein geltenden Gesetzen der Logik nachgewiesen ist, lebe ich zweifelsfrei richtig. Dann kann ich auch behaupten, dass andere Lebensentwürfe zweifelsfrei falsch sind.

In der Neuzeit tat die Philosophie eher das Gegenteil: Sie versuchte Glaubensinhalte zu widerlegen. Menschen sollte nachgewiesen werden, dass ihre Glaubensvorstellungen falsch waren und z.B. dem Zweck der Unterdrückung dienten. Also dient auch die (Religions-)Philosophie Interessen, z. B. um eine Position unangreifbar zu machen, wenn man sagen kann, sie sei logisch nachvollziehbar oder gar zwingend.

Was nun die anthropologische Dimension des Glaubens betrifft: Menschen können ohne Gruppe bzw. Gesellschaft nur unvollkommen existieren. Und so entwickeln sie auch das Bedürfnis nach Gemeinsamem im Denken, Fühlen und Handeln, im Gegenüber zu anderen Lebewesen und der Welt hinter der Welt. Das zeigen schon die uns bekannten ältesten Hinterlassenschaften der Menschengruppen. Daher wäre es einfach unsinnig, anthropologische und soziologische Notwendigkeit ausgerechnet der Religionen auseinanderzudividieren. Den Nachweis für Religion braucht niemand zu führen. Vorhandenes muss nicht nachgewiesen werden, selbst wenn es bisweilen aus der Mode kommt, weil andere Inhalte sich durchsetzen. Aber diese sind genauso ohne Nachweis vorhanden. Individuen führen mit allen Formen von Religionen bis zu Verschwörungsideen ein zumindest inneres Gespräch, auch wenn sie praktizierende Christen, Muslime, Juden, Hindus, Buddhisten, Atheisten, Agnostiker oder etwas anderes sind. Darum gehört mindestens die Fähigkeit, all diese Gedanken und Welten wahrzunehmen, ebenso zum anthropologischen wie auch zum soziologisch erfassbaren

Bereich des Daseins. Also muss die Systemtheorie weiterentwickelt werden: *„Jeder einzelne hält in seiner Konstitution als Mensch in sich unvermeidlich und unwillkürlich einen autopoietischen Prozess der Beobachtung von Kommunikation als sozialem System und der denkenden Verarbeitung im Gange, reagiert mit seiner eigenen Binnenkommunikation als psychisches System auf seine Beobachtungen und trägt über strukturelle Kopplungen zum sozialen System Kommunikation und dessen Erhaltung bei (durch Teilnahme an Alltagskommunikation, Rezeption von Massenmedien, Beteiligung am Wirtschaftsleben uvam.)."*[211] Insoweit ist das Individuum als eigenes System zu betrachten, das in Dauerkommunikation mit den umgebenden Systemen und mit dem System der Gesellschaft steht. Die Gesellschaft ist nichts anders als ein Kommunikationssystem, das von den teilnehmenden Individuen durch die und in der Kommunikation konstruiert wird.

Davon zu trennen sind die Fragen nach der Erkennbarkeit der Inhalte der Religionen. Um diese hat sich die Religionsphilosophie vor allem gekümmert. Allerdings hat sie schon bei Platon selbst Inhalte beigesteuert, die keinen Unterschied zu Mythen oder Geschichten der Heiligen Bücher aufweisen. Das heißt, bei den frühen Philosophen war trotz der zunehmend definierten Grenzen der Erkennbarkeit von Inhalten ‚der Mythos', ‚die Überlieferung' eine wichtige Erkenntnisgrundlage über das menschlichen Dasein. Die Mythen führen aber über die Erkennbarkeit hinaus, ohne deshalb ihren Wert in der Kommunikation zu verlieren. Sie formulieren Ordnungen, Absichten, gefühlte Umstände, Wahrnehmungen, Fantasien, Ziele oder Zusammenhänge, denen die rationale Erkennbarkeit gleichgültig ist.

Beispielsweise formuliert auch der alttestamentliche Schöpfungsmythos eine genaue Vorstellung vom Menschen: Gott schuf laut Genesis 1 den Menschen als Gottes Abbild, als

---

[211] Reinhardt Schmidt-Rost, Massenmedium Evangelium. Das „andere" Programm, Hannover: Amt der VELKD,. 2011, 53.

Mann und als Frau. Beide zusammen sind „der Mensch". Mann und Frau sollen sich mehren und sich die Erde untertan machen und die Tierwelt beherrschen. Es geht im Mythos um die Stellung der Menschen in der Schöpfung, also in Ihrer Umwelt. Sogar die Ernährung wird geregelt: Früchte für die Menschen, Gras für die Tiere. Es gibt keinen Unterschied zwischen Mann und Frau in dieser Rollenbeschreibung. Dass Gott die Schöpfung zugeschrieben wird, bedeutet, dass die Schöpfung eine Einheit ist: Alles, das All, das Materielle und das Lebendige – alles kommt aus der Schöpfung.

Das Innere dieses Mythos bildet bis heute das Ensemble der Weltexistenzerklärung. Ob man nun den Urknall oder eine schöpferische Gottesgestalt als Startbedingung glaubt, spielt beim Inhalt keine Rolle. Ob man sich die Schöpfung in sieben Schöpfungstagen oder in einer Jahrmillionen dauernden Entwicklung (Evolutionstheorie) vorstellt – die Abfolge gleicht sich in beiden Modellen. Selbst in dem Ziel des Menschen, die Erde und alles, was drin ist, zu beherrschen, sind sich die Modelle einig. Nur bei der Ausstattung der Menschen hat der Mythos einen Vorsprung. Dass die Menschen eines Tages allein durch ihre große Zahl sich selbst und das Ganze bedrohen, haben beide Modelle nicht vorausgesehen. Hier zeigt die Evolutionstheorie eine andere Einsicht: Im Gegensatz zum Schöpfungsmythos muss die Evolutionstheorie kein Ende der Entwicklung bei der Menschheitsentstehung annehmen. Sie könnte sich eine Weiterentwicklung theoretisch vorstellen. Dann könnte sich allerdings die Theorie nicht mehr weiterentwickeln, da der spezifisch menschliche Verstand in Zukunft fehlen würde. Die Weiterentwicklung ginge auch ohne Menschen. Sich das vorzustellen, lag nicht im Interesse des Schöpfungsmythos. Dem ging es alleine um die herausgehobene Position der Menschen in der natürlichen Umgebung und deren Beziehung zu ihrem Schöpfer.

Auch bei der zweiten biblischen Schöpfungsgeschichte geht es zuerst um die Beziehung der Menschen zur Natur. Die wird zunächst aufbereitet, damit sie Menschen überhaupt als Lebewesen aufnehmen kann. Dieser Vorgang gleicht ebenfalls heutigen Evolutionsmodellen. Das Geheimnis der Lebendigkeit wird geklärt: Es ist Gottes Atem, Gottes Hauch, der Leben als menschliche Seele begründet. Dann aber kommt die Frage auf: Was soll so ein Mensch als männliches Modell? Er kann nicht alleine leben. Auf der Suche nach einem Gefährten wird die Tierwelt durchsucht. So bekommen die Tiere vom Menschen einen Namen verpasst. Damit wird zugleich ein Herrschaftsverhältnis ausgesprochen. Keines der dem Menschen so untergeordneten Tiere kann dessen Gefährte werden, der ihm gleich ist. Daher schafft Gott nun aus der sprichwörtlichen Rippe des Mannes eine Frau, die der Mann, nach der großen Operation noch benommen, als seinesgleichen erkennt. Wer da von den Nachfolgenden eine Rangordnung erkennen konnte, die man heute als patriarchal bezeichnet, muss in einem falschen Kosmos gelebt haben. Wenn der Mann in nachoperativer Benommenheit seinesgleichen erkennt, ist sie gleich. Wie die patriarchale Ordnung entsteht, wird später erklärt - typischerweise nach dem Sündenfall zusammen mit einigen anderen realistischen Einschätzungen der Menschen in ihrer Umwelt. Wie der Mensch mit seinem Menschenbruder umgeht, geht aus der Geschichte um Kain und Abel hervor. Auch dieser Mythos zeichnet eine heute noch geltende gesellschaftliche Realität. Wenn man so will, stand der Mythos am Anfang der Philosophie, in welchem Menschen sich ihre Herkunft, ihren Platz in der Welt und in der Gesellschaft beschrieben und schmerzende Verhältnisse wie harte Arbeit oder den Tod herleiteten. Die Unterordnung der Frau, das Patriarchat, versteht der Mythos als Strafe und nicht als intendierte Ordnung. Damit setzt er sie zugleich unter Kritik. Bei diesen Erzählungen mussten sie sich in eine Perspektive von außen begeben, sich also transzendieren.

Die Transzendenz wurde nicht beschrieben oder benannt, vielmehr wurde sie als immanent begriffen, so als könnte man den Blick von außen als immanent betrachten und Gott als Person im Ursprungszusammenhang und im Fortbestehen der Welt darstellen. Schaut man sich die Paradiesgeschichte in Genesis 3 an, dann geht dort Gott im Garten Eden spazieren, spricht ein Verbot aus und spaziert nach dem Apfelgenuss von Eva und Adam herum, nur irritiert darüber, dass die beiden sich verstecken. Dann aber folgt die ‚Strafe' auf dem Fuß: Gott versetzt die Menschen in die auch heute noch wahrgenommene Realität. Der Weg zurück ins Paradies bleibt versperrt. So erklärt sich das Menschenleben als Erinnerung an die „gute Schöpfung" in der „unguten Realität": Sie sind selber schuld. Hätten sie gehorcht und den Baum der Erkenntnis gemieden, lebten sie noch im Paradies – hätten aber die Erkenntnis des Guten und des Bösen nicht. Sie hätten keine Feindschaft mit der Tierwelt, müssten nicht sterben, verspürten keine (erotische) Leidenschaft, müssten sich nicht mühsam fortpflanzen. Das Leben im Garten, in dem alles geregelt ist, benötigt keine Mühe, keine Entscheidung, keine Erfahrung, kein Ende und keine Entwicklung. Dort fehlen alle Merkmale eines erwachsenen Lebens.

Doch hier schwingt eine Bewertung mit: Wenn die „Strafe" das ‚normale' Leben ist, warum sehnen sich Menschen nach der Vorstufe aus grauer Vorzeit oder nach der Realisierung eines Mythos? Hier zeigt sich die Tendenz, wahrnehmbare Umstände auf Ursachen zurückzuführen. Wenn die Ursachen nicht wahrnehmbar sind, erstellen sich Menschen eine Herleitung aufgrund von Fantasien, Ideen und zunehmend auf der Basis methodischer Erkenntnisgewinnung. Weder bei der Schöpfung noch beim Urknall waren Menschen dabei und könnten es deshalb bestätigen. Das menschliche Erkenntnis- und Begriffsvermögen erschafft daher Bilder, wie es gewesen sein könnte. Diese entstammen jeweils dem Methodenhorizont der Zeit. Alle greifen dabei über das jeweils Vorfindliche hinaus.

Die Metaphysik versuchte, daraus ein Weltsystem zu schaffen, in dem sie behauptete, die Welt hinter der Welt sei der Vernunft zugänglich und die Vernunft komme gar aus jenem übergeordneten transzendenten Raum. Daher habe der Mensch eine Beziehung zu jenem den Sinnen nicht zugänglichen Raum und könne so die wahre Welt der Ideen betreten. Wem dieses durch philosophische Übung gelinge, habe Teil am Guten, Wahren, Schönen. Die Vernunft kann das Metaphysische nur konstruieren und nicht etwa durch „Beweise" unterfüttern. Die Herkunft der Vernunft ist nach wie vor nicht aufklärbar, obwohl prinzipiell alle Menschen über sie verfügen. Ebenso wenig scheint der Ursprung der Seele oder der Psyche definierbar. Dass beide als Zweiheit oder als Einheit Menschen bis zum Tod beleben, stellt niemand in Frage. Ob es eine lebende Substanz sein soll, die für uns nicht wahrnehmbar außerhalb lebender Organismen existiert, ob individuell oder als allgemeine Kraft von Leben – darüber gibt es viele Theorien und Mythen. Die Metaphysik bleibt eine menschliche Denkkonstruktion, geschehe sie nun nach Gesetzen der Logik, nach anderen Gesetzen der Vernunft oder per Mythos, der das „Meta" eindimensional in der wahrnehmbaren Sphäre ansiedelt.

Metaphysik kann die Religion nicht ersetzen. Viel eher ist sie dasselbe wie die Religion: Ein Versuch, Zusammenhänge zu erkunden oder zu deuten, die der allgemeinen Erfahrung der Sinne nicht zugänglich sind. Der entscheidende Unterschied zwischen beiden Zugängen liegt in der Zugangsform. Religionen bilden abgeschlossene Zugänge mit Formen der Offenbarung, deren Verehrung im Kult sowie im realen Zusammentreffen der Glaubenden, die sich der Ethik des Glaubens verbunden fühlen. Philosophien und andere Wissenschaften versuchen dagegen, überzeugende Argumente für ihre Erkenntnisse vorzutragen und brauchen weder Verehrung im

Kult noch ethische Konsequenzen. Beide Formen können nebeneinander bestehen, sich gegenseitig stützen oder bekämpfen. Die Religionen nehmen Argumente der Philosophien oder anderer Wissenschaften gerne auf, um ihre Glaubenswahrheiten zu stützen und lehnen sie ab, wenn sie gegenteilige Ergebnisse hervorbringen. Eine besondere Verbindung zwischen Philosophie und Religion bestand in der Sentenz, die David Hume aufgriff: Gott erkennen, heißt ihn verehren. Das sagt von der Seite der Philosophie gedacht, die Erkenntnis Gottes bedeutet gleichzeitig seine Verehrung. Im Mittelalter war es dagegen offenbar nötig, von der Religion aus Gott als vernünftig zu erweisen, wie die zahlreichen „Gottesbeweise" anzeigen.

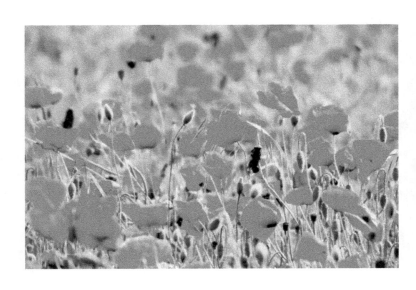

19. Narrative in der Postmoderne

In neuerer Zeit kommt es zu einer anderen Annäherung: Um Menschen innerlich anzusprechen, braucht es Geschichten von anderen Menschen. Man spricht von „Narrativen", die menschliches Denken und Entscheiden lenken. Das „Geschichten erzählen" hatte auf Deutsch einen negativen Beigeschmack: Jemand erzählt Geschichten statt auf die Sache zu kommen oder um abzulenken. Das englische „story telling", was genau genommen dasselbe wie Geschichten erzählen ist, nimmt in den Sozialwissenschaften und in unternehmerischen Marketing-Strategien inzwischen einen herausragenden Platz ein. Da wird es mal geschickt, mal ganz plump und dümmlich eingesetzt, wie man an der Fernseh- und Internetwerbung sehen kann: Welch toller Mensch ist, wer ein bestimmtes Auto fährt. Oder: Wie peinlich ist die Frau, die der ganz unmännlichen Begeisterung für eine Zahncreme mit dem Satz beipflichtet: „Die nehmen wir jetzt immer." Im Wissenschaftsbereich steht Narrativ für kulturelle Leitbilderzählungen. Leitende Narrative bilden Legitimität ganzer Kulturen ab. Corona- oder Klimaleugner bilden Gegennarrative zu staatlichen Maßnahmen als Verschwörungstheorien aus. „Fridays for future" fußt auf dem Narrativ vom Weltuntergang.

Wladimir Putin versucht mit Gewalt das ausgedachte Narrativ durchzudrücken, er müsse in der Ukraine das Böse in Gestalt von Nazis, die die russischsprachigen Teile der Bevölkerung vernichten wollen, eliminieren. Ja, er trete gegen die ganze Welt an, die Russland auslöschen wolle. Das verzerrende Narrativ trifft leider auch die russische Bevölkerung dadurch, dass die, welche diesem Narrativ nicht folgen, weggesperrt oder in die Flucht getrieben werden. In diesem Fall ist das Narrativ eher eine breit ausgearbeitete und durchgesetzte Lüge zur Legitimierung eines militärischen Überfalls. Das Narrativ entsteht nicht aus der Wirklichkeit, sondern die

Wirklichkeit aus dem Narrativ – und das mit der Absicht, eine andere Wahrheit als die erkennbare durchzusetzen.

Das leitende Narrativ der chinesischen Führung spricht von der Nation, die erfolgreicher als die abgehalfterten Demokratien mit Krisen aller Art umgehen kann und alles in allem zur Vormacht bestimmt ist. Dafür kontrolliert es die eigene Bevölkerung bis ins Private, unterdrückt Proteste wie in Honkong oder hält Taiwan für eine abtrünnige Provinz. Der Westen unterhält das Narrativ, nur der freie Mensch könne erfolgreich sein. Daher geht er kriegerisch gegen „Terroristen" und ganze Staaten vor. Das schließt den Versuch ein, die Regierungsform Demokratie zu implantieren. Ein weiteres Narrativ: Handel schafft Beziehungen, die Kriege verhindern. Dann kann man über Rüstungskontrollverträge zum friedlichen Miteinander kommen und braucht Militär nur noch zu weltpolizeilichen Maßnahmen. Im Ukrainekrieg hieß das Narrativ plötzlich, Militär muss (besser) ausgerüstet werden, um die freie Welt zu schützen. Vorher tauchte die Bundeswehr z.B. vor allem in den Sarkasmen von Satire auf.

Es scheint klar: Menschen leben von und mit Geschichten oder sie benutzen Geschichten, um ihre Sache zu erklären oder auch durchzusetzen. Dass das „Narrativ" allmählich zum bloßen Modewort verkommen scheint, also im Grunde nichts und alles bezeichnet, beschreibt Tobias Kniebe: Das Wort Narrativ sagt nicht mehr, „als dass wir in einem unendlichen Strom von Geschichten leben, immer schon, und ein paar davon auch noch mal anders erzählen könnten."[212] Diese Kritik unterschätzt die Wirksamkeit von Narrativen ganz erheblich. Narrative stützen, leiten, fassen zusammen, orientieren, verschleiern, lösen Kriege aus und beenden sie. Die Leitbildfunktion der Geschichten von der Schöpfung; von Adam und Eva; vom Paradies; von Kain und Abel; von der

---

[212] Modewort "Narrativ" - Erzähl! - Kultur - SZ.de (sueddeutsche.de), aufgerufen am 27.03.2022, Artikel: Erzähl! Vom 25.8.2017.

Sintflut; von klein gegen groß (David und Goliath); von Kreuzigung und Auferstehung; von der unsterblichen Seele; vom Zu-sich-selbst-kommen des Geistes als Ende der Geschichte; vom Herausgang des Menschen aus der selbstverschuldeten Unmündigkeit; von Freiheit, Gleichheit und Brüderlichkeit; vom amerikanischen Traum; von nie-wieder-Krieg wird wohl nicht bestritten werden können.

Religionen sind Meisterinnen im Geschichten erzählen. Die Wiederholung der Geschichten im kultischen Kleid ist ihre zentrale Lebensform. Allerdings verhilft ihr zur Lebendigkeit die immer neue Deutung der Geschichten. Menschen hören nicht nur die Geschichten, sondern übersetzen sie in ihren Alltag. Das macht die Geschichten nicht wahr oder falsch, sondern lebendig. Auch Philosophen erzählen Geschichten wie Platon die von der Herkunft oder der Wanderung der Seelen, die Stoa vom göttlichen Seelenfunken, Friedrich Nietzsche vom Tod Gottes. Nicht zu vergessen die Dichter: Friedrich Schiller, „Freude schöner Götterfunken, …" oder auch Jean Paul: „Die Rede des toten Christus vom Weltgebäude herab". So wird es ganz deutlich: Narrative leiten nicht wegen ihrer Wahrheit, sondern wegen ihrer „Gültigkeit". Sie fassen menschliche Erfahrungen, Ängste oder Wünsche zusammen und geben ihnen einen Namen. Sie binden Angst oder befreien vom quälenden Weitersuchen, sie schaffen Legitimation und vereinen Stämme, Gruppen, Verbände, Staaten oder die ganze Welt. Sie tun also das, was eben auch den Religionen von Anfang an eigen ist. Sie schaffen Identifikation und Sicherheit für das Dasein in der chaotischen Welt. Wenn große Erzählungen in einem langsamen Prozess ihre Gültigkeit verlieren, tritt zunächst große Unsicherheit ein. Was gilt noch? scheint die Frage. Wirft eine „Zeitenwende" alles durcheinander?

Nach Russlands Angriff auf die Ukraine am 24.02.2022 konnte man den Austausch von Erzählungen beobachten, jedenfalls dann, wenn man nicht unter dem Bombenhagel leiden musste. Die Narrative ,Wandel durch Annäherung' und ,keine Waffen in Krisengebiete' wichen über Nacht der alten Erzählung: „Je mehr Waffen an die Bedrohten, umso besser', „je weniger Abhängigkeit vom Ausland, desto mehr Sicherheit.' ,Wandel durch Annäherung ist von gestern', Globalisierung ist kein Erfolgsmodell zur Verhinderung von bewaffneten Auseinandersetzungen, Pazifismus ist ein Übel. Das passierte fast über Nacht in einmütiger Übereinstimmung nahezu aller Abgeordneten im Bundestag, zusammengefasst durch eine Rede von Bundeskanzler Olaf Scholz. Die Medien schwenkten sofort auf die neuen Erzählungen um, ohne dass dadurch eine russische Bombe auf ukrainisches Gebiet verhindert worden wäre. Das Neue ist den Verantwortlichen einen 100 - Millarden − Kredit für die Bundeswehr wert, der zunächst überhaupt nichts Reales ändert. War vorher das Militär eher als bedrohlich und evtl. unnötig oder ziemlich gut geeignet für Satire befunden, so nimmt es nun jedenfalls in der Finanzplanung eine Mittelstellung ein. Um die − so gesehen − paar Milliarden für die Bewältigung der Fluchtbewegung aus der Ukraine wird dagegen wie immer gestritten. Nur wenige Stimmen warnen vor der beginnenden militärischen Aufrüstung und allzu viel Vertrauen in Militärisches. Einige Wochen später hieß das Narrativ dann, man müsse auch schwere Waffen (was immer das ist) liefern, um Russland zu stoppen.

Der Wechsel im Narrativ ist perfekt. Er geschah, nachdem das bisherige Narrativ erfolglos gegen den Überfall auf die Ukraine im Einsatz war. Es verlor einfach seine Gültigkeit. Trotz der Übermacht der 150.000 aufgereihten Soldaten an der ukrainischen Grenze wollte vorher niemand die Pläne Russlands wirklich wahrhaben. Gespräche dienten der Zurschaustellung und Veralberung der „westlichen" Politikerinnen. Russland folgte anderen Erzählungen von alter Größe und westlicher Bedrohung − weit entfernt von jeder Realität, aber brutal wirksam. Fraglich bleibt nur, welche Wirkung die neuen (alten) Narrative erzielen und ob sie Raum lassen für die Beendigung des militärischen Überfalls auf die Ukraine. Nach vielen Kriegswochen hält das russische Narrativ offenbar bei einer Mehrheit in Russland stand und wird darüber hinaus gewaltsam am Leben gehalten. Aber ein weiteres, sehr altes, Narrativ nährt sich aus dem Kriegsverlauf: David gegen Goliath. „Wie 30 Ukrainer den russischen Konvoi vor Kiew stoppten", lautet eine entsprechende Überschrift.[213] Was daraus wird, kann im Moment (August 2022) niemand wissen. Der Überfall kann verschiedenste Ergebnisse haben – außerhalb des einen unbezweifelbaren, dass Menschen sinnlos gequält ums Leben kommen. Prognosen bleiben schwierig.

Die Postmoderne kann den neuzeitlichen legitimierenden Erzählungen von der Emanzipation der Menschheit einerseits und der Selbstentfaltung des Geistes andererseits nicht mehr folgen mit ihren vorgeprägten Regelkreisen, die es nur aufzudecken gilt. Sie denkt im Anschluss an die Quantenphysik in den Formen einer Chaos- oder Katastrophentheorie, in der angebliche Kausalitäten – also determinierte Abläufe – eher nach dem Modell des Konflikts gedeutet werden.

„Man gewinnt aus diesen ... Forschungen die Idee, dass die Überlegenheit der stetigen ableitbaren Funktion als Paradigma der Erkenntnis und Prognose im Verschwinden begriffen ist. In ihrem Interesse für die Unentscheidbaren, für die Grenzen der Präzision der Kontrolle, die Quanten, die Konflikte unvollständiger Information, die *„Frakta"*, die Katastrophen und pragmatischen Paradoxa entwirft die postmoderne Wissenschaft die Theorie ihrer eigenen Evolution als diskontinuierlich, katastrophisch, nicht zu berichtigen, paradox. Sie verändert den Sinn des Wortes Wissen, und sie sagt, wie diese Veränderung stattfinden kann. Sie bringt nicht Bekanntes, sondern Unbekanntes hervor. Und sie legt ein Legitimationsmodell nahe, das keineswegs das der besten Performanz ist, sondern der als Paralogie verstandenen Differenz.

---

[213] Wie 30 Ukrainer den russischen Konvoi vor Kiew stoppten (t-online.de), 28.03.2022.

Wie es ein Spezialist der Spieltheorie, dessen Arbeiten in dieselbe Richtung gehen, sehr gut ausdrückt: „Wo ist also die Nützlichkeit dieser Theorie? Wir denken, dass die Spieltheorie, wie jede ausgearbeitete Theorie, in dem Sinn nützlich ist, als sie Ideen hervorruft. P. B. Medawar sagte seinerseits, „Ideen zu haben ist der höchste Erfolg für einen Forscher", es gebe keine „wissenschaftliche Methode" und ein Forscher sei zunächst jemand, der „Geschichten erzählt" und bloß angehalten ist, sie zu verifizieren."[214]

Logische Denkfolgen wie eine erste Ursache oder überhaupt Kausalität, eine Einrichtung der Ordnung der Welt durch eine intelligente Macht weichen dann der konfliktorientierten Sichtweise. Was als Fortschritt der Geschichte erscheint, ist bloß ihre widersprüchliche Konfliktlage, in der verschiedene Ideen erzählt werden. Das Ergebnis des Konflikts verschiedener Erzählungen ist Unbekanntes. Die Denkweise legitimiert sich dadurch, dass ihre Bedeutungen metaphorisch und bezeichnend zugleich sein können. Paralogie bedeutet eigentlich ‚Nebenrede' oder ‚Nebensinn'. Wenn Wortbedeutungen gleichzeitig Metapher und Bezeichnung sein können, was ja in der Kommunikation durchaus auftreten kann, ergibt sich die Konsequenz, dass die ‚Wahrheit' unter Umständen nicht darstellbar ist. „Ist es nun oder nicht?" Antwort: „Beides oder sowohl, als auch". Das Subjekt, das Gewissheit verleiht, wie bei Descartes oder Augustin, Gott, der die Ordnung hergestellt hat und ihre Erhaltung garantiert – (nur) legitimierende Erzählungen in philosophischer oder religiöser Gestalt.

Die verschiedenen Leitideen der Gesellschaften wie z. B. die Gerechtigkeit oder die Freiheit können nicht in eins gebracht werden. Sie sind jeweils ein eigenes Feld mit eigener Sprache und werden von verschiedenen Gruppen der Gesellschaft verschieden interpretiert. Gesellschaften zerfallen in Gruppen oder Milieus, die unterschiedlichen Interessen folgen. Sie entwickeln kein Gemeinschaftsgefühl. Vernunft ist je

---

[214] Jean-Francois Lyotard, Das postmoderne Wissen. Ein Bericht, Wien: Passagen-Verlag, 9. Aufl. 2019, 141f.

nach Zugehörigkeit jeweils etwas anderes als die Idee der zentralen Vernunftsteuerung der Aufklärung. Wahrheitsansprüche werden abgelehnt. Gesellschaft lebt konfliktreich und vielgestaltig nach diversen je eigenen Maßstäben. Die Weltgesellschaft ohnehin. Die radikale Pluralität der Lebensentwürfe nimmt Platz. Das Individuum setzt seine Überzeugungen aus allen vorgefundenen Ansätzen selbst zusammen. Richtig und falsch sind eigentlich auslaufende Begriffe. Alle unternehmen als Einzelne, was sie können.

Durch die Digitalisierung wird das Leben zur Selbstdarbietung auf asozialen Netzwerken. Der Verlierer verliert alles, der Gewinner nimmt sich alles. Durch diesen brutalen (Neo-) Liberalismus entsteht eine Diktatur der Gewinner. Darin muss selbst das Scheitern und Verlieren noch mit Gewinn gestaltet werden: Wenn schon falsch, dann aber richtig! „Das ist bezeichnend für die Diktatur der Gewinner: dass sie uns nicht nur zum Gewinnen verdammt, sondern uns, wenn wir verlieren, auch noch die Sprache des Verlierens nimmt, um uns mit ihr nach der Schönfärbung erneut zu diskriminieren: Denn wer nicht richtig scheitern kann, ist erneut ein Verlierer."[215] Verlieren kann man aber nicht nur etwas, sondern auch sich selbst. Dann aber erfolgt ein Umschlag in eine andere Dimension, die eigentlich gar nicht „da" ist: „Wenn wir uns selbst verlieren, überschreiten wir das eigene Selbst zugunsten einer dritten oder vermeintlich höheren Entität. Dies können andere Körper sein, höhere Bewusstseinszustände, Kulte, Religionen oder transzendente Konzepte anderer Natur – sie alle eint das Gefühl, Teil von etwas zu sein, das größer ist als wir selbst. Und sie alle führen uns letztlich auf uns selbst zurück. Der Verlierer, das bin ich."[216] Das platt Eindimensionale transzendiert sich zu etwas, was „größer ist als wir selbst". Größer als wir selbst ist alles, was über uns hinausgeht. Das schien einst, durch die Religionen und Philosophien formuliert, mehr zu sein als eine Ahnung oder ein

[215] Tim Leberecht, Gegen die Diktatur der Gewinner. Wie wir verlieren können, ohne Verlierer zu sein. München: Droemer Verlag, 2020, 22.
[216] Leberecht, a.a.O., 187.

Gefühl. Da ist ein Punkt erreicht, den auch Schleiermacher schon zu fassen hatte: Der „Moment", die plötzliche Wahrnehmung einer Beziehung zum Universum ist die individuelle Erfahrung des Transzendierens, also Religion. Das ist etwas ganz Anderes als ihre nachträgliche Beschreibung und metaphysische Einordnung, die genau genommen Religion sogar zerstört, da sie ihr das Unmittelbare nimmt. Da muss ich Schleiermacher wiederholt zitieren: „Das ist eine von den kindischen Operationen der Metaphysiker und Moralisten in der Religion; sie werfen alle Gesichtspunkte untereinander und bringen die Religion in das Geschrei, der Totalität wissenschaftlicher und physischer Urteile nahe zu treten."[217] Was ihm schon damals als „kindische Operation" erschien, kann heute nicht mehr wiederholt werden. Das eigentlich Unsagbare hat auch in den Buchreligionen einen Ausdruck gefunden, der ähnliche erschütternde Wahrnehmungen heutiger Menschen von der Beziehung zum Kosmos präfigurieren und ihre Deutung anregen kann. Dadurch bleiben die Erzählungen der Religionen für ihre Anhänger lebendig und gewinnen Autorität. Sie müssen keiner historischen oder philosophischen Prüfung unterzogen werden. Dadurch erwächst aber der jeweiligen Religion eine ganz eigene Gefährdung und Verantwortung hinsichtlich des Inhalts der einzelnen „Aktualisierungen".

Die Aktualisierungsmomente sind sozusagen ethisch undefiniert. Die Theolog:innen sind gezwungen, auf die Bandbreite der Folgerungen einzuwirken, damit die Folgerungen nicht in ethisch nicht mehr verantwortbare Ziele abgleiten. Beispiele dafür wären der Umgang mit dem Wahrheitsanspruch, der weltweite islamistische Terrorismus, der US-amerikanische christliche Fundamentalismus, der Missbrauch des „christlichen Abendlandes" für rechtsextreme politische Meinungen und die „heilige (bedrohte) Nation". Das sind die Fälle, in

---

[217] Schleiermacher, a.a.O., 78.

denen die Religionen statt des Bezugs auf die „ganze Menschheit" die Abgrenzung gegen die „Ungläubigen", also das „Ich oder Du" und nicht das „Wir" ansteuern. Eine Ahnung zu der Überwindung der Ich-oder-Du-Haltung wird immer wieder formuliert. Heute kann das die folgende Form annehmen:

„Unsere Menschlichkeit kann nicht gewonnen, sondern nur verloren werden. Es ist diese Demut, die uns helfen, die uns heilen könnte. Wenn ein Sieg nicht mehr möglich und ein Verlust unvermeidlich ist, bedeutet verlieren, sich auf einen hartnäckigen Akt des Glaubens einzulassen: die Hoffnung ist alles, was uns bleibt, wenn die Niederlage näher rückt. In diesem Sinne sind wir, hoffentlich, alle Verlierer. Wenn wir uns wandeln, verlieren wir. Mit jedem Jahr, das wir auf der Erde verbringen, verlieren wir. Wir verlieren: unsere Lieben, unsere Jugend, unsere Unschuld, unsere Träume, unsere Kräfte und schließlich, wenn wir ganz am Ende sind, unser Leben."[218]

Wenn das so beschrieben wird, können wir uns nach der Postmoderne nicht mehr auf eine bestimmte Hoffnung zurückziehen, sondern nur jede auf ihre oder jeder auf seine. Die Hoffnung für alle mit metaphysischer Garantie ist vergangen. Worin wir jedoch alle übereinstimmen, wäre die Menschlichkeit, die allerdings verloren gehen kann. Die transzendiert das Individuum. Sie ist gegeben. Sie muss im Bezug auf das Individuum nicht gewonnen werden, sondern ist einfach vorhanden. Philosophische Argumente braucht sie nicht zur Begründung. Sie ist der einfachen Wahrnehmung zugänglich. Dass wir Menschen sind und in Demut und Hoffnung lebenslanges Verlieren – auch dann, wenn wir zu den Gewinnern gehören - zu erwarten und zu verarbeiten haben, das ist unsere Transzendenz. So kann aber die Frage nach der Religion bzw. der Philosophie und ihren „Wahrheiten" auch nicht gelöst werden, wiewohl es als Sichtweise durchaus angemessen, wenn auch sehr melancholisch, klingt.

---

[218] Leberecht, a.a.O., 219.

Ein eigentlich ungeeignetes Beispiel

Wenn die Menschlichkeit nicht mehr formuliert, sondern nur noch wahrgenommen werden kann: Mit welchem Argument treten wir dann denen entgegen, die sie mit Füßen treten und die Unmenschlichkeit zum Programm oder Prinzip erheben? Wie können wir einem Volk, das ein anderes ausrotten will - siehe Russland in der Ukraine 2022 – entgegentreten? Die bloße Behauptung, das sei unmenschlich, hält die russischen Soldaten nicht auf, da sie nicht an Menschlichkeit, sondern an Russland und seinen Präsidenten glauben. Diese Haltung zwingt alle anderen, ebenfalls nicht an Menschlichkeit, sondern an Waffen zu glauben. Allein Deutschland wirft fast alle bisherigen Glaubenssätze über Bord und gibt das Prinzip des Wandels durch Annäherung auf, um stattdessen auf viele Milliarden für Waffen und Soldaten zu setzen: Annäherung setze Wehrhaftigkeit voraus. Es gibt keine überall geteilten Argumente für die grundsätzliche Achtung von Mitmenschen mehr. Die Handlungsweise der russischen Militärmaschine stellt alle Grundsätze in Frage. Es geht nur noch um diese Probleme: Sind die russischen Panzer und Raketen in der Lage, sich durchzusetzen, damit das Recht des Stärkeren triumphiere? Ist Europa in der Lage, alle Ukraineflüchtlinge verträglich aufzunehmen? Oder ist die Flüchtlingsbewegung aus der Ukraine einkalkuliert als Teil des Vernichtungskrieges?

Europa ist gezwungen, sich zum Ukrainekrieg zu verhalten, um sich nicht selber ad absurdum zu führen. Russland zwingt Europa dazu, zuzugeben, dass die Mittel der Verhandlung scheitern, wo einer nicht verhandeln will oder wo es gar nichts zu verhandeln gibt. Wenn der Präsident hofft, die Ukraine zum Aufgeben zu zwingen, dann will er Krieg führen und nicht verhandeln. Was für eine Verhandlung wäre das, die andere Seite mit Verleumdungen, Beschimpfungen, Drohungen, Raketen, Bomben, Mord und Totschlag zu bearbeiten? Die Doktrin aus Russland lautet: Die Ukraine ist gar nicht vorhanden, hat kein Recht zu existieren. Der Verzicht auf alle Argumente für die Anerkennung der Menschen als Menschen bringt dieses Vakuum an Menschlichkeit hervor. Er instrumentalisiert sogar die dort heimische orthodoxe Kirche dafür, in bestimmten Menschen „das Böse" zu sehen, weil sie die von Russland behauptete Einheit der russischen Erde nicht anstreben oder dabei mitmachen.[219]

Wo aber bleibt eine gemeinsame Basis für die Aushandlung dessen, was erlaubt und verboten ist? Die russischen Regierung behauptet sogar, die Aufdeckung von vielen hundert Morden an ukrainischen Zivilpersonen durch ihre Soldaten in der Kleinstadt Butscha sei eine Provokation ukrainischer Kräfte. Die gesamte Welt erkennt darin eine dreiste Lüge, aber sie kann sich Russland gegenüber damit nicht durchsetzen.[220] Russlands Regierung setzt sogar noch nach: Die Aufnahmen aus Butscha seien von den USA bestellt worden.[221] Wie das ganze russische Lügengespinst in zwanzig Jahren nachhaltig errichtet wurde, beschreibt in Kurzform eine Spiegel-Kolumne von Christian Stöcker.[222] Darin wird ausgeführt, dass es sich um brutale, vor nichts zurückschreckende Machtpolitik nach innen und außen handelt, was in Russland passiert. „Es bleibt rätselhaft, wie westliche Regierungen, allen voran die Deutschlands, all die Jahre glauben konnten, Putin sei ein am Ende doch verlässlicher, vertrauenswürdiger Partner. Wo all das doch noch vor den Augen der Weltöffentlichkeit stattfand, konstant begleitet von westlicher Berichterstattung."[223] Wo so viele Tat-Beweise erbracht wurden, dass Macht und Gewalt dem „Menschlichen" übergeordnet sind, brauchte es den-

---

[219] Patriarch Kirill wird in den Tagesthemen vom 03.04.2022 erneut mit der Aussage gezeigt, es gehe um Vaterlandsverteidigung. Russland habe keinerlei Drang nach Krieg.
[220] Stellvertretend dazu: Ukraine-Krieg – Presse zu Butscha: "Westen darf sich keine Illusionen machen" (t-online.de)
[221] Butscha: Russland bezichtigt USA, Aufnahmen von Gräueltaten gestellt zu haben - DER SPIEGEL
[222] Christian Stöcker, Morden für Putin, Lügen für Putin, spiegel.de, 03.04.2022. Mediale Gleichschaltung in Russland: Morden für Putin, lügen für Putin - DER SPIEGEL.
[223] Christian Stöcker, ebd.

noch einen erneuten irrsinnigen Angriff auf ein ganzes Volk, um die „westlichen" Staaten zu überzeugen, dass in Russland die aufklärerischen Kriterien für Menschlichkeit nicht (mehr) gelten. Sie wirken aber bis heute so, als seien sie über diese Erkenntnis erschrocken, statt sie offensiv zu vertreten. Darüber hinaus gibt es doch noch einige moralische Pflöcke, an denen man sich orientieren könnte:

„Es ist sicher wahr, dass Russland der Aggressor ist und der von Russland begonnene Krieg völkerrechtswidrig. Daraus ergibt sich aber natürlich nicht, dass die Bundesrepublik verpflichtet sei, für die angegriffene Kriegspartei in den gerechten Krieg zu ziehen. Weder völkerrechtlich noch militärisch noch – worum es ja eigentlich geht – energiestrategisch gibt es eine solche von der olivgrün kostümierten ukrainischen Regierung behauptete Pflicht. Wenn Argentinien gegen Chile oder Georgien gegen Kasachstan in den Krieg zöge, wäre Deutschland nicht zur Unterstützung einer Seite verpflichtet. Im rechtswidrigen Krieg Russlands gegen die Ukraine ist das nicht anders.

Was besteht, eine moralische, menschenrechtliche Verpflichtung zur Hilfe für Menschen in Not. Wer erklärt, man müsse, um den Krieg möglichst schnell zu beenden, möglichst viele Waffen liefern, lügt. Die Bundesregierung hätte auch erklären können, Deutschland sei bereit, willens und in der Lage, sofort eine Million Menschen aus Kiew zu evakuieren, 500.000 Kinder aus der Ukraine zu holen, den Gürtel enger zu schnallen und fünf Millionen Flüchtlingen eine neue Heimat zu schaffen. Das würde 100 Milliarden Euro kosten."[224]

Die darüber weit hinausgehende Entscheidung, Deutschland jetzt zum Spielfeld einer lange nicht gekannten Militarisierung zu machen, sei jedoch nicht so moralisch wie es aussieht. Mit anderen Worten: Die Kriterien für Menschlichkeit bestehen weiter, auch wenn ein russischer Präsident sie nachhaltig aussetzt. Man muss ihm da nicht nacheifern. Somit hätten wir es mit der uralten Frage zu tun: Was gilt und

---

[224] Thomas Fischer, Unser Krieg: Nur die Wahrheit!, Spiegel.de, 01.04.2022, Deutschland und der Ukraine-Krieg: Nur die Wahrheit! - Gastbeitrag von Thomas Fischer - DER SPIEGEL.

wie kann „Böses", „Menschenverachtendes" wirksam bekämpft werden? Das Eingehen auf die militärischen Zerstörungsübungen eines Aggressors ist nicht notwendig. Vielmehr sind bereits länger geübte Lösungen eher erfolgversprechend wie Deeskalationsversuche, verbale Abrüstung, Annäherung durch die Betonung der menschlichen Gemeinsamkeiten. Das ist durch den Schock des Angriffs im Wind der Überraschung und in der Hoffnung, dass wirtschaftliche Szenarien das ersetzen könnten, zerstoben. Russland hat nur die eine Option: Es muss siegen oder etwas zeigen, was wie ein Sieg aussieht. Die allein sinnvolle Option, den Krieg zu beenden, wurde dem Präsidenten durch die ausschließlich empörte Reaktion aller anderen genommen. Jetzt muss er sich vor sich selbst beweisen und sieht dafür offenbar keine andere Möglichkeit als die Steigerung seines Aggressionshandelns. Eine kleine Chance ergibt sich noch durch Umformierung seines Kriegszieles: Er wolle ja „nur" den Donbass erobern.[225] Diese Beschränkung kann aber den bösartigen Überfall nicht aus der Welt schaffen. Und sie setzt eine rationale Herangehensweise voraus, die allerdings nach bisheriger Beobachtung nicht gegeben scheint.

Unter den gegebenen Möglichkeiten kann also neben der erstaunlichen Gegenwehr der Ukraine nur die Rückbesinnung auf die abendländische Herangehensweise eine Lösung der verbrecherischen Kriegsführung mit sich bringen. Dem Chaos nach postmodernem Hintergrund mit der Formel: ‚Der Krieg (bzw. der Konflikt) ist der Vater aller Dinge' interessiert zuzuschauen oder dem Aggressor mit dem Jüngsten Gericht oder wenigstens mit Sanktionen bis zum Jahr 3000 zu drohen, rettet keine menschlichen Leben. Ihm jedoch einen Ausweg zur Kriegsbeendigung zu bieten, wäre eher sinnvoll.

---

[225] Neue Kriegsziele: Russische Armee will sich künftig auf „Befreiung" des Donbass konzentrieren (rnd.de), 25.03.2022.

Wie man das anstellt? Dazu haben wir hochbezahlte und einflussreiche Berater:innen in allen Regierungen, die durch Zusammenschalten noch effektiver würden, um dann die Regierungschefs und Präsidenten gemeinsam antreten zu lassen. Was sich allerdings verbietet, wäre die großzügige Ankündigung einer Amnestie. Die abendländische Lehre, dass ein Mensch ein Mensch bleibt, was er auch tut, könnte zur Kriegsbeendigung zum Einsatz kommen. Da bleibt dann unberücksichtigt, dass Präsident Putin morden lässt, lügt, täuscht, vertuscht, seine Gegenüber vorführt und lächerlich macht. All das kann ein gefestigter abendländischer Mensch ertragen, besonders, wenn er oder sie eine Regierung führt. Sieben oder zehn amerikanische und europäische Oberhäupter wären sich wohl für einen Kriegsbeendigungseinsatz nicht zu schade, wenn auch noch der Papst mitmachte. Diese Chance scheint allerdings längst vergeben.

Das bedeutet, dass die philosophischen Erkenntnisse zur menschlichen Realität nicht falsch sind, die sich in den Menschenrechten ausdrücken. Es ist falsch, sich vor lauter Schreck über die aggressiven Anwandlungen eines Mitmenschen nicht daran zu orientieren, sondern sich von wilden Zornesgefühlen und Rachebedürfnissen hinreißen zu lassen. Auch letztere sind menschlich, führen jedoch nach ihrem Aufwallen, das nicht zu verhindern ist, nicht weiter. Nur ein Mensch kann einen Krieg wieder beenden, den er begonnen hat. Ein Unmensch tut das nicht, besonders wenn er von allen anderen dafür gehalten wird und zumindest ahnt, dass sie damit richtig liegen. Das gilt selbst dann, wenn es gelungen ist, eine ganzes Land nahezu komplett in die legitimierenden Lügen hineinzuspinnen, wie jetzt in Russland.[226] Wie die Kriegsfolgen juristisch sind, muss ohnehin nach langen Ermittlungen später entschieden werden.

---

[226] Russlands Kriegstaktik: So will Putin die Ukraine langsam erdrücken (t-online.de). Russlands Propaganda ruft zur Vernichtung der Ukraine auf (t-online.de).

20. Folgerungen

Geschichten oder Narrative helfen in der Frage nach metaphysischen Erkenntnissen nicht weiter. Sie zeigen an, was Menschen antreibt, wie sie ihr Leben gestalten, wovor sie sich fürchten oder was ihnen unter Androhung von Tod und Elend eingebläut wird. Eine Geschichte wird also nicht wahr, d.h. dem wirklichen Geschehen angemessen, nur weil es sich um eine Geschichte handelt. Auch hier gilt wie bei Erkenntnissen aller Art, dass die Interessen derer, die die Geschichte erfinden, erzählen oder weitergeben, eine große Rolle spielen. Auch hier fragt man am besten: Wer erzählt wie, wann, warum und wozu diese Geschichte? Die Frage führt in die alltägliche Realität mit ihren Unklarheiten, Verwicklungen, falschen Schlüssen, erfolgreichen oder vernichtenden Erfahrungen und widersprüchlichen Ergebnissen - also hinein in die vielgestaltige, ambivalente Realität des menschlichen Lebens auf dieser Erde. Die Sozialwissenschaft spricht von der Komplexität der sozialen Phänomene, die gemeinsam die Wirklichkeit bilden. Dahinter eine feste beschreibbare Größe zu vermuten, kann so kaum gelingen. Nicht einmal die allgemeine Geltung der Vernunft kann so sichergestellt werden, ganz zu schweigen von der prinzipiellen Funktion z.B. der Menschenrechte. Die andere Funktion der Religionen wie die Verehrung, die Gemeinschaftsbildung oder Orte der Erinnerung schaffen, der Übergang ins Transzendente, die Repräsentanten der Transzendenz – all diese Funktionen fallen aus und werden hier und da durch gemeinsame Wahn- oder Verschwörungsideen gebildet. So scheint es zumindest.

Wenn man jedoch in die jüngere Vergangenheit blickt, gibt es durchaus solche Orte, die zumindest ins kollektive Gedächtnis vorgedrungen sind: Brokdorf und Gorleben (Aufstand gegen Atomenergie); Hambacher Forst gegen Kohleabbau bzw. Kohleverstromung und Vernichtung von Wäldern – im Hinblick auf Klimaschutz. Da wurden in der Tat nicht nur Orte der Erinnerung, sondern auch Gemeinschaften geschaffen. Die Begegnungen gingen zwar nicht in dauernde rituelle Begehungen über, haben aber doch für Beteiligte Bedeutungen verschiedener Art. Sie sind aber in keiner Weise transzendent, sondern Erinnerung an einen „Kampf" gegen die Staatsmacht. Dadurch haben sie auch mehrseitige Wirkungen. Beteiligte Demonstrierende und Polizei erinnern sich ebenso wie Unbeteiligte an diese Orte und Inhalte.

Die weltweite Erinnerung an den 11. September 2001, den vernichtenden Anschlag auf die beiden Hochhäuser des World-Trade-Centers in New York, haben (erfolglose und vernichtende) Kriege zur Folge gehabt. Sie rufen in der gesamten Welt Erinnerungen hervor. Fast jede und jeder damals lebende Mensch kann wohl sagen, wo er oder sie von diesem Ereignis zuerst hörte. Die praktisch live verfügbaren Bilder bildeten eine unmissverständliche Bedrohungslage durch den Islamismus ab. Sie sind Zeichen dafür, dass auch das Verkehrsmittel Flugzeug zur Waffe umfunktioniert werden kann. Aber sie sind zu eindeutig diesseitig zu verorten, um eine transzendente Bedeutung zu übernehmen. Wenn überhaupt, lassen sie sich im bestehenden Rahmen des Islamismus zu einer krasseren Gottesverehrung verdichten: Allah schenkt den Sieg mitten unter den Ungläubigen auch an den unvorhersehbarsten Stellen und das durch nur wenige Kämpfer mit erstaunlich präzisen Tötungsphantasien. Eine solche nie dagewesene Handlung muss man durchführen können und sich dabei sicher sein, dass man selbst durch die Tat zu Staub zermahlen wird. Selbst das reicht aber nicht zu einer religiösen Entwicklung, sondern zeigt lediglich, was ein fanatischer herkömmlicher und milliardenfach verbreiteter Glaube anrichten kann – so die nichtreligiöse Deutung. Für die Anhänger des Islamismus war es eine Offenbarung des Allmächtigen und ein großer Sieg. Rein säkular gesehen könnten solche Großereignisse im Namen einer Religion das Ende aller Religionen einleiten. Denn die meisten Menschen auf dieser Erde werden wohl eher glauben, dass eine solche

Religion sehr gefährlich ist.[227] Und die Religionsgemeinschaften werden betonen, dass diese religiöse Deutung ein Missbrauch des Glaubens von Milliarden Menschen sei. Damit aber stehlen sich Religionen aus der Verantwortung für die Interpretation ihrer heiligen Schriften.[228]

Religiöse Anschauungen einfach mal so aus dem Erfahrbaren und Wahrnehmbaren zu entwickeln – das scheint fast unmöglich zu sein. Religionen und Philosophien sind komplexe Gebilde der geistigen Anstrengungen in der Menschenwelt. Dabei geht es nicht um einzelne Anschauungen, sondern um Weltbilder, Menschenbilder und ethische Folgerungen. Es geht also nicht nur um die Bewältigung von Kontingenz, das Erklären von zunächst nicht Erklärbarem, dem scheinbar zufälligen außergewöhnlichen Ereignis. Aus einem der Psalmen Davids gehen die Fragen der Religion hervor. Es sind nicht die Fragen nach Kontingenzbewältigung, sondern die nach der Einordnung der Menschen in der bestehenden Welt Gottes:

Was ist der Mensch, dass du seiner gedenkst,
und des Menschen Kind, dass du dich seiner annimmst?
Du hast ihn wenig niedriger gemacht als Gott,
mit Ehre und Herrlichkeit hast du ihn gekrönt.
Du hast ihn zum Herrn gemacht über deiner Hände Werk,
alles hast du unter seine Füße getan:
Schafe und Rinder allzumal, dazu auch die wilden Tiere,
die Vögel unter dem Himmel und die Fische im Meer
und alles, was die Meere durchzieht.
(Psalm 8, 5-9)

Wenig niedriger als Gott – der Stolz der Menschen über ihre Stellung in dieser Welt ist es, der diesen Psalm durchweht: Sie beherrschen das Werk Gottes, dafür wird Gott gelobt. Die gottgewollte Rangordnung ist auf die Menschen ausgerichtet. Bei den Religionen handelt es sich zumindest um eine

---

[227] Rolf Schieder, Sind Religionen gefährlich?, Berlin: University Press, 2008.
[228] Martin Hagenmaier, Selbsteinladung ins Paradies, Sierksdorf: TBT Verlag 2016.

Standortangabe über Menschen in der Beziehung zur Schöpfung und zu einem Schöpfer. Das macht der oben zitierte Text der Sure 3, 26 ganz anders deutlich. Darin wird vor allem die allmächtige Souveränität Gottes betont, die die Menschenwelt je nach Gottes Vorstellung und Willen/Willkür ordnet. Im Psalm 8 geht es nicht um die Souveränität Gottes, sondern um die herausragende Stellung des Menschen.

Bei den nachaufklärerischen Darstellungen geht es darum auch noch aus der Sicht der Menschen. Gott ist eine Projektion oder eine Wunschvorstellung der Menschen und keine Realität. Manche sagen, der Mensch verehre sich in der Religion selber – als Gattung. Das Ganze sei sozusagen einfach nur eine Antwort darauf, dass nichts von selbst existieren kann. Wenn man nicht weiß, wo die Ursache zu finden ist, schafft man sich eine und bildet sie der täglichen Erfahrung nach. Oder man macht es abstrakt und stellt sich einen unendlich großen Knall vor, aus dem sich alles entwickelt.

Zuletzt könnte auch eine ganz andere Struktur vorhanden sein: Dass nämlich jedes Atom ein eigenes Universum sei, die Zahl der Universen unendlich. Hängen sie miteinander zusammen, expandieren und kollabieren sie, um sich neu zu formieren und das durch immer neue Urknalls (Urknälle), die jeweils neue Raum-Zeit-Einheiten produzieren? Sind etwa die häufig beschriebenen „Schwarzen Löcher" in Wahrheit Geburtskanäle zur Erzeugung neuer Universen?[229] All diese Erkenntnisversuche müssen den Horizont des menschlichen Verstandes überspringen, sofern sie nicht – wie das letztere - Versuche sind, die Lücken menschlicher Erkenntnis in der Quantenphysik zu füllen. Dabei geht es nur um eine Ursache und die Einzigartigkeit oder Vielheit der Welt(en). In den Religionen aber geht es, wie schon gesagt, um viel mehr: Um Ordnung und Zuordnung, um Stellenwerte und Verhalten in

---

[229] Vgl. Rüdiger Vaas, Das Matrjoschka-Multiversum. Besteht der Kosmos aus zahllosen Universen – in Schwarzen Löchern ineinander geschachtelt wie bei russischen Puppen?, Bild der Wissenschaft, 59. Jahrgang 2022, Heft 6, 27-31.

der Welt der Menschen und gegenüber allem anderen Geschaffenen oder Explodierten. Die Philosophien haben versucht, das, was die Religion sich vorstellte, mit vernünftiger Beweiskraft zu versehen oder aber es zu widerlegen. Manche haben sogar ganz eigene Religionsversionen erfunden, wie etwa Plato, Epikur oder die Stoa. Für bloße Funktionen interessierte sich niemand bis zur neuesten Zeit, als es nur noch um die Funktion von Religion in der Gesellschaft ging, nicht mehr um ihre allgemeine Bedeutung. Daraus erwuchs die Erkenntnis, dass die Funktionen vielfältig sind: Religionen sind Grundlage von altruistischem Verhalten, von einer ruhigen Gemütslage, von Angstfreiheit oder von Gottes Zorn in Menschenhand. Diese setzen eine zweite Welt hinter der wahrnehmbaren voraus, die dem wahrnehmbaren Leben korrespondiert. Auf diese bezogen spielt sich dann das Leben in dieser Welt ab.

Religionen haben gegenüber der Philosophie voraus, dass sie in einfachen Riten und Worten von der Schöpfung bis zur Ethik ausgreifen und dann noch einen Sinn des Lebens formulieren. Das tun sie für alle Menschen, die an sie glauben. Philosophie bemüht sich, alles in die verschiedensten Disziplinen aufzuteilen und es möglichst kompliziert zu formulieren. Nur eingeweihte, d.h. universitär gebildete Menschen können bei der Diskussion der Inhalte mitgehen. Die meisten anderen verstehen gar nicht, was philosophisch gedacht wird – jedenfalls denken sie das. Dennoch sieht sich die Philosophie als Sachwalter „wirklicher Erkenntnis":

„Die Aufgabe der Philosophie besteht darin, basierend auf reflektierter Erfahrung und Vernunft zu einer argumentativ begründeten Weltanschauung beizutragen und den Wahrheitsanspruch verschiedener Weltanschauungen vor dem Forum der Vernunft auf seine philosophische Überzeugungskraft hin zu untersuchen. Durch die Analyse der Plausibilität historisch gewachsener Weltanschauungen sowie ihrer konstitutiven Annahmen, Werte und Normen ist die Philosophie somit ein notwendiger Bestandteil jeder Weltanschauung, die einen Anspruch darauf erhebt, die

Wirklichkeit im Einklang mit Erfahrung und Vernunft zu erfassen, wie sie ist."[230]

Die in Religionen enthaltenen Weltanschauungen auf ihre Erfassung der Wirklichkeit nach vernünftigen Gesichtspunkten zu prüfen, gelingt nach der Auffassung dieses Autors nicht für die Religion allgemein, sondern nur im Rahmen einer Betrachtung der konkreten Religionen.

„Selbst in explizit areligiösen Weltanschauungen finden sich beispielsweise Glaubenssätze über die Beschaffenheit der Wirklichkeit, die nicht aufgrund ihrer wissenschaftlichen Plausibilität, sondern aufgrund eines subjektiven Fürwahrhaltens angenommen werden. Aufgrund der begrifflichen Schwierigkeiten, religiöse von areligiösen Weltanschauungen eindeutig zu unterscheiden, ist es daher wenig sinnvoll, pauschal von religiösen und areligiösen Weltanschauungen zu sprechen. So etwas, wie ‚die' Religion oder ‚die' Merkmale einer Religion gibt es nicht."[231]

So wäre also die jeweilige Weltanschauung der Gegenstand der Religionsphilosophie und nicht die Religion oder die Weltanschauung im Allgemeinen. „Glaubenssätze aufgrund subjektiven Für-Wahr-Haltens über die Beschaffenheit der Wirklichkeit" kommen überall vor und sind somit nicht Kennzeichen der Religion allein.

Meine Frage heißt hier: Kann die vernunftorientierte Philosophie darüber entscheiden, was in Weltanschauungen vernünftig ist? Wenn das so wäre, könnte sie keine Religion gelten lassen, da deren Inhalte vom Vernunftkonzept nicht als adäquat, sondern vorwissenschaftlich angesehen werden. Die Religionen ihrerseits könnten behaupten und tun es, ihre weltanschaulichen Aussagen seien göttlichen Ursprungs und daher der Vernunft enthoben. Damit wäre der Ausgangspunkt der Überlegungen wieder erreicht: Religion und Philosophie sind verschiedene Zugangsweisen zur Wirklichkeit.

---

[230] Benedict Paul Göcke, Religion, Philosophie und Religionsphilosophie – Praefaktisch.de. aufgerufen am 9.4.2022.
[231] Ebenda.

Allerdings wird das den Philosophien nicht gerecht, da sie ihre Wurzeln ebenso in Mythen und unwissenschaftlichen Vorstellungen finden wie bei Plato, der Stoa, Epikur oder aber Glauben und Wissen mischen wie Augustin oder Descartes mit dem „Ich" als Ankerpunkt der Wirklichkeit. Das Ziel philosophischer Bemühungen ist eher dasselbe wie das der Religionen:

„Das Ziel philosophischer Reflektion besteht im Verbund mit den Natur- und Geisteswissenschaften also darin, zu erkennen, wie die Wirklichkeit und ihr Grund beschaffen ist, um so zu einer Weltanschauung beizutragen, die dem Menschen auf Erfahrung und Vernunft gestützte und in ihrer Genese nachvollziehbare Antworten auf die fundamentalen philosophischen Fragen des Lebens bietet, damit ihm dadurch eine möglichst verlässliche praktische und theoretische Orientierung im Sein ermöglicht wird."[232]

Die umfassende Orientierung durch eine erfahrungs- und vernunftgestützte Weltanschauung als Ziel der Philosophie erweist sie als dasselbe wie Religion. Sie ersetzt Offenbarung durch Erfahrung und Vernunft, als ob die Religionen nicht auch auf derselben Basis operieren. Sie sehen es als vernünftig an, ihre Wahrheiten aus den Überlieferungen zu generieren, wie die Philosophien einen Vernunftbegriff aus Überlieferungen zusammenstellen. Der Skeptiker aber weiß: „Wähnen ist über alles gefügt."[233]

Da die behauptete Überlegenheit der Vernunft zumindest in Frage zu stellen ist, bleiben die „Funktionen" der Religionen, die schon aus den urgeschichtlichen Zeugnissen hervorgehen. Das Problem bleibt jedoch, dass die verschiedenen Religionen verschiedene Konzepte von Rationalität haben und daher nicht in der Lage sind, die Vernunft, also die Rationalität des Vernunftkonzeptes, zu ersetzen oder ihm auch nur nahe zu kommen. Das Vernunftkonzept gilt überall, die Reli-

---

[232] Ebenda.
[233] http://www.gottwein.de/Grie/vorsokr/VSXenoph01.php, Vorsokratische Philosophie, Xenophanes - Religionskritik und Ontologie.

gionen nur innerhalb ihrer Gemeinden. Manchmal hat man aber das Gefühl, auch dem Vernunftprinzip seien Grenzen gesetzt, wenn aus westlicher Sicht Vorgänge oder Handlungen nicht vernünftig zu erklären sind. Oder dann, wenn Menschen zu Präsidenten gewählt werden, die allem anderen als der Vernunft dienen. Bei den zumindest zwei Beispielen in jüngster Zeit – Trump und Putin – ging und geht an Stelle der Vernunft eher mit Lügen, Affekt und gewalttätiger Unvernunft zu. Viele Staaten der Erde werden nicht mit Vernunft und Gespräch, sondern mit Drohungen, Gewalt und Waffen regiert. Da die Postmoderne ohnehin den Primat der Vernunft in Frage stellte, fällt das Ende der Vernunft als Zentralstelle und Leitlinie gar nicht so sehr auf. Das öffentliche und nachvollziehbare Gespräch findet vielerorts nicht statt. Es wird durch Anschläge, Bomben und Selbstmordattentate ersetzt, die wieder Gegengewalt hervorrufen. Selbst bei politischen Vorgängen in vernunftorientierten Bereichen tritt immer wieder der Verdacht auf, sie seien gar nicht vernunftorientiert, sondern durch wirtschaftliche Überlegungen geleitet. Jedenfalls werfen die gewaltorientierten autoritären Staaten das den sogenannten liberalen Staaten vor. Dann ist von Doppelmoral die Rede: Die Amerikaner dürfen nach Äußerungen von Männern wie z.B. Sergej Lawrow[234] aus Russland alles kurz und klein bomben, Russland aber wird bei einer „Spezialoperation" jeden Verbrechens bezichtigt, das man sich vorstellen kann. Warum gilt da zweierlei Maß? Aus der Ukraine, die vom Westen mit Abwehrwaffen unterstützt wird und deren Flüchtlinge aufnimmt, heißt es: Deutschland denkt nur in wirtschaftlichem Eigeninteresse, statt Russland effektiv zu sanktionieren. Außerdem denkt man in Osteuropa, Deutschland denke nur an sich selber, wenn in Deutsch-

---

[234] „Lawrow sagte nun, Europas Politiker wollten Russland »zerstören, brechen, vernichten, erdrosseln«. Die vom Westen gepredigten Werte wie Meinungsfreiheit, Marktwirtschaft und die Unverletzlichkeit des Privateigentums sowie die Unschuldsvermutung seien wertlos." (Russland: Sergej Lawrow attackiert Westen mit NS-Vokabular - DER SPIEGEL, 25.03.2022).

land Skepsis im Blick auf „härtere" Maßnahmen gegen Russland herrscht. Die „westliche Welt" sieht in einem militärischen Überfall eine verbrecherische Handlung, während Russland der Meinung ist, durch viele Raketen auf Wohnblocks in der Ukraine „das Böse" zu bekämpfen. Daran ist zu sehen: Was den einen als vernünftig erscheint, wird von den anderen nicht als irgendwie gerechtfertigt anerkannt. Es sieht fast so aus, als habe in vielen politischen Belangen die Aufklärung nicht stattgefunden. Das alte Muster von Stärke und gewaltsamer Macht setzt sich immer wieder durch – und wird an manchen Orten wieder durch die organisierte Religion unterstützt – selbst wenn die Religion damit geltenden religiösen Übereinkünften widerspricht. Es ist nicht gelungen, die orthodoxe Religion in Russland zu zivilisieren. Für sie gilt die „Wahrheit russischer Befindlichkeit" mehr als der Frieden mit den Nachbarn. Das alte Religionsmodell wird dort zelebriert: „Ich oder Du". „Wir" gibt es nur unter russisch –orthodoxer Prämisse. Wer falsch lebt, also in der Ukraine, wird vernichtet oder vertrieben.

Es geht also nicht mehr darum, ob man Gott zweifelsfrei mit vernünftigen Mitteln erkennen oder ob man an Gott glauben und dennoch vernünftig bleiben kann. Vielmehr geht es darum, ob der eine Mensch den anderen Menschen anerkennen kann, sei es als Geschöpf Gottes oder als Mitglied der Gattung Mensch. Wenn die prinzipielle Gleichheit aller Menschen im Mittelpunkt steht, bedeutet das, dass das Recht des einen genau so gilt wie das des anderen. Dann gibt es nur Übereinkünfte als Lösung, keine Vorrechte für die einen oder anderen. Dann kann die eine nur so leben, dass sie die andere nicht ihrer Rechte beraubt. Das gilt trotz Glaubens, anderen Glaubens oder Unglaubens, trotz der einen oder der anderen Art der Erkenntnis Gottes. Man kann über die philosophischen Einsichten einen Wettstreit austragen, sie aber nicht über Leben und Tod entscheiden lassen. Das wiederum bedeutet, dass keiner „die Wahrheit" für sich reklamieren kann, dass das andere nicht „die Unwahrheit" ist. Es ist allenfalls eine andere Sichtweise, die in allen Folgerungen als zuträglich oder nicht buchstabiert werden kann.

Auch dafür gibt es ein Beispiel neuerer Art. In der Klimakrise meint ein immer größerer Teil der Menschheit, es müsse alles, was in Jahrhunderten an Mobilität und Wirtschaftsweise gewachsen ist und durch politische Machtausübung flankiert wurde, sofort abgestellt werden. Dies verlange die überaus deutliche Wahrnehmung wissenschaftlicher Art über das Fortschreiten der Erderwärmung. Das sei eine unbezweifelbare Wahrheit, der niemand durch Argumente entkommen könne. Die Klimakrise sei auch ohne jeden Zweifel menschengemacht. Und man könne ihr Fortschreiten an vielfachen Zeichen sehen. Die Zeichen sind Waldbrände, Wetterextreme wie Stürme oder Überschwemmungen.

Es handelt sich also nicht um einen ausschließlich wissenschaftlicher Erkenntnis zu verdankenden Wissenstand, sondern um eine für jedes Individuum wahrnehmbare Gefahr. Die Wissenschaft aber kann die Ursache für diese individuell wahrnehmbaren Gefahren benennen und erstmals nach dem Gottesbegriff eine Transzendenz beschreiben, die von der Immanenz gesteuert wird: Die katastrophale Entwicklung ist monokausal auf das Anwachsen der Weltbevölkerung und ihre Art zu leben zurückzuführen. Die Religionen stehen mit ihren je eigenen Wahrheiten derselben Katastrophentendenz gegenüber. Es geht jetzt nicht mehr um den Wettkampf der verschiedenen Wahrheiten im Hinblick auf den Gottesbegriff oder um die Erkennbarkeit einer metaphysischen Transzendenz, denn die Katastrophentendenz zeigt sich immanent physisch und als transzendenter Hintergrund gleichzeitig. Ulrich Beck hat an das Modell der Ringparabel[235] anknüpfend diese Aufgaben als kosmopolitische Utopie beschrieben:

---

[235] Nathan der Weise von Gotthold Ephraim Lessing.

„Die friedensfähigen Religionen und ihre theologischen Interpreten bedienen sich der Mehrdimensionalität der Wahrheit, der Kunst der Vieldeutigkeit, des Umgangs mit Ambivalenz, des Mehrebenenspiels im Kontextuellen des Ausgesprochenen und des Unausgesprochenen – soziologisch formuliert: sie bedienen sich der Unterscheidung des Formellen und des Informellen und der widerstreitenden Möglichkeiten, die diese Unterscheidung eröffnet, um eine *Pragmatik und Praxis des wechselseitigen Gewinnens über Grenzen hinweg zu entfalten.*"[236]

Da spielt es philosophisch und theologisch keine Rolle mehr, wer „die Wahrheit" nachweislich gepachtet hat. Der Streit darum kann zwischen den Theologen weitergehen. Aber: „Der Zusammenprall der Universalismen wird durch die Unterscheidung von Ebenen in der Praxis unterlaufen. Man muß zwischen der Ebene differenzieren, auf der die Dogmen und Absolutismen der Weltreligionen aufeinandertreffen, und den Ebenen der erfolgreich-pragmatischen Zusammenarbeit, die sich in der erfahrenen Dichte der Weltreligionen vor Ort längst herausgebildet haben. Jenseits aller Abgrenzungsschlachten und –kriege setzt sich die *Praxis des kooperativen Mehrwerts* durch."[237]

Die Geschichte der religiös und philosophisch herausgebildeten ‚Kenntnisse' des Transzendenten ist historisch und als Metaebene von Interesse, sollte aber kein Hindernis in der Praxis des Lebens darstellen. Der gemeinsame Horizont der Klimakatastrophe führt auf das zurück, was die Religionen sozusagen im Gepäck tragen: Es geht um die Menschheit und das Überleben der Schöpfung, was kein Einzelner leisten kann. Der universalistische Ansatz spricht gegen die Zersplitterung der Welt in Reiche und Arme, Herrschende und Unterdrückte, Rechthabende und Rechtlose, in Freunde und Feinde. Die Unterscheidung der Menschen nach Nationen weicht der Anschauung der Menschen in der einen Welt. Was den Religionen und Philosophien bisher nicht gelang,

---

[236] Ulrich Beck, Der eigene Gott, 244.
[237] Beck, a.a.O., 245f.

aber eigentlich logisch aus vielen ihrer Bemühen folgen müsste, das ist die kosmopolitische Utopie der Gerechtigkeit für alle. Die nahöstlichen Religionen haben „den Frieden" (salam-Islam; shalom; Friede sei mit Euch!) als zentralen Inhalt ihrer Offenbarungen und können ihn heute als Einbeziehung des anderen (andersgläubig, andere Herkunft, andere Geschichte) denken und formulieren, aber aufgrund territorialer und historischer Verflechtungen und theologisch / philosophischer Tradition nicht realisieren. Die Einheit der Schöpfung kommt aber aus der Immanenz der Klimabedrohung ganz neu auf. Sie muss nicht als Produkt theologischer oder philosophischer Arbeit hergeleitet werden. Sie ist platte Realität.

„Beim Klimawandel geht es gegenwärtig, soziologisch betrachtet, nicht nur um Wetter, Überschwemmungen, Flüchtlingsströme, drohende Kriege. Es geht auch darum, daß alle Bevölkerungen, Kulturen, Ethnien, Religionen und Regionen zum ersten Mal in der Geschichte in der gemeinsamen Gegenwart einer alle gefährdenden Zukunft leben. Anders gesagt: Man muß *den ausgeschlossenen Anderen einbeziehen, um zu überleben*. Klimapolitik wird zur Kosmopolitik, und zwar nicht aufgrund individualistischer Überzeugung, sondern aus einem Realismus des nackten Überlebens überall auf der Welt."[238]

Mit anderen Worten: Die Menschheit wird in unübersehbarer Weise als ganze angesprochen. Was als eher besserwisserische Weisheit oder dezidierte Weltanschauung bestimmter Ansätze Jahrzehnte lang herumschwebte: ‚Alles hängt mit allem zusammen', wird nun zur nachgerade bitteren Erfahrung. Der sprichwörtliche Flügelschlag des Schmetterlings in Südamerika, der irgendwo auf der Welt einen Sturm auslöst, und als Verbildlichung der ökologischen Einheit des Lebens gedacht war, weicht der Anschauung der Menschheit als Schicksalsgemeinschaft ihres Überlebens. Erlösungshoffnun-

---

[238] Beck, a.a.O., 247f.

gen und Paradiesphantasien werden abgelöst durch Schuld-zuweisungen. Die „reichen Länder" der Welt sind die Verur-sacher der schwierigen Lage der „dritten und vierten Welt". Daher sollen sie auch vorangehen und ihre eigenen Privile-gien abbauen, die vor allem in der Produktion des Klimaga-ses CO_2 bestehen. Ihr Fortschritt und ihre Gier töten Men-schen anderswo auf der Erde. Der „weiße (alte) Mann" wird zum Schimpfwort, da er alle Privilegien dazu ausgenutzt hat, die Welt zu verderben. Für sein Leben müssen sich Kinder und Ur-ur-ur-Enkel Jahrzehnte oder Jahrhunderte danach entschuldigen und geradestehen. Für Fehleinschätzungen aus früheren Jahren sollen sich vor allem Verantwortung Tragende schämen und in Sack und Asche gehen oder Schuldgefühle entwickeln. Das Jüngste Gericht, die große Abrechnung, wird ins Reale vorgezogen vor die Augen der Zeitgenossen und stellvertretend abgehandelt. Menschen werden für ihren „falschen Glauben", der eigentlich eine viel-leicht falsche, vielleicht aber auch eine angemessene Ansicht war, streng verurteilt. Sie haben mit ihrem „falschen Glau-ben" und dem Vertrauen, dass man Menschen glauben kann, die jetzige Situation verursacht. Sie müssen sich jetzt vor dem Gericht der Öffentlichkeit, der Medien, der Mehrheit als „Schuldige" verstehen. Das Jüngste Gericht kommt nicht als transzendente Erscheinung in die Welt. Es wird in der Welt der Menschen veranstaltet. Manche machen aber nicht als Schicksalsgemeinschaft mit, sondern aus alten Ressenti-ments:

Der eine aus alten religiösen Urteilen: „Wer hat die Welt erobert und versucht, alle fremden Kulturen und Religionen zu unterwer-fen? Die Geschichte des Kolonialismus ist lang und blutig. Und sie dauert bis heute an, in Form von Arroganz des Westens gegen-über allen anderen. "Wir gegen den Rest der Welt", das ist die

Antriebsformel des Westens. Wir Muslime leisten dagegen endlich erfolgreich Widerstand."[239]

Der andere aus alten nationalistischen und religiösen Urteilen: Russlands Präsident Putin schrieb, dass die Ukraine gar nicht existiere, sondern zum heiligen russischen Boden gehöre. Andererseits herrsche in der Ukraine ein Nazisystem, das die russischen Bevölkerungsteile unterdrücke.[240] Sein Angriff sollte als Befreiung verstanden werden.

Hier geht es um klare Eigeninteressen und Demonstrationen der Stärke und nicht um die Ahnung, dass es ein gemeinsames gefühltes oder tatsächliches Schicksal der Menschheit geben könnte. Das eigene Handeln gegen andere wird metaphysisch hergeleitet, obwohl niemand mehr wirkliche Metaphysik betreibt. So widerstreiten sich die Grenzerfahrungen der Menschheit als Allumgreifendes mit den metaphysisch hergeleiteten oder verstandenen Ansprüchen oder Rachebedürfnissen einzelner Menschengruppen. Das sagt für die Religionen, dass die einen metaphysische Schnipsel als Legitimation benutzen, während allen das gemeinsame Überleben wichtig werden müsste.

In beiden Fällen kommt das „Narrativ" vom Opfer, das sich wehren muss und darf, zum Einsatz. „Der Westen" will die anderen unterdrücken, sei es kulturell-religiös, sei es kulturell-politisch. Die Realität spielt dabei keine Rolle. Der Islam wird nicht unterdrückt und Russland wird von niemandem in die Ecke getrieben noch sein russischer Boden entheiligt. Gefühlte und echte Bedrohungsszenarien aus der Vergan-

---

[239] Hasnain, Kazim, Demokratie ist etwas für Ungläubige, Spiegel.de, 23.10.2014, www.spiegel.de/politik/ausland/is-islamischer-staat-streitgespraech-mit-einem-islamisten-a-998720.html vom zuletzt aufgerufen am 27.04.2022.

[240] Konstantin Eggert, Putin schreibt seine eigene Geschichte der Ukraine, www.dw.com/de/meinung-putin-schreibt-seine-eigene-geschichte-der-ukraine/a-58287305, zuletzt aufgerufen am 27.04.2022. »Neandertalerhafter und aggressiver Nationalismus und Neonazismus«, Putins Rede am 23.02.2022, www.spiegel.de/ausland/der-kremlchef-und-seine-drohungen-gegen-den-westen-putins-ukraine-rede-im-wortlaut-a-fab35f1d-3a2e-494c-af44-72798d2aa42c, zuletzt aufgerufen am 27.04.2022.

genheit steuern die Wahrnehmung. Dieses Gemisch von Opfererzählung und historischer Verflechtung lenkt in beiden Fällen aggressives Verhalten und das Abschlachten von Mitmenschen.

Die realen Opfer derartiger Aggression werden aus dem englischen Sprachverständnis kommend als fälschlicherweise als „unschuldig" bezeichnet. Das legt nahe, dass es auch das Gegenteil gäbe, also Menschen, die „schuldig" sind, wenn andere sie töten. Das ist aber nicht der Fall. Kein Mensch, auch nicht der größte Aggressor, kann jemand anders „mit Recht" umbringen. Kein Mensch kann des Todes durch Menschenhand schuldig sein. Es gibt alleine die Pflicht der Menschen in der Menschheit, miteinander zurechtzukommen und „die anderen" in ihr Denken einzubeziehen. Für diese Pflicht zum Zusammenleben gibt es keine rationale Begründung, nur einen Glauben. Religiös heißt der Glaube, dass Gott den Menschen durch Schöpfung verantwortet. Säkular wurde er nach und nach zu „Allgemeinen Menschenrechten", die jedoch nicht mit irgendeinem regelhaften Verfahren begründbar sind, noch von einem oder mehreren Akteuren durchgesetzt werden können. Es bleibt in diesem Falle allein die gegenseitige Übereinkunft, wenn man so will, der oft unausgesprochene zwischenmenschliche und zwischen-(multi)staatliche Vertrag. Sobald eine Seite diesen Vertrag bricht, stellt sie die ganze Übereinkunft in Frage. Wer die Übereinkunft erhalten will, wird dann ebenso zu Gedanken und Handlungen gezwungen, die der bisherigen gemeinsamen Annahme widersprechen. Es besteht vielleicht sogar die Pflicht, Aggressoren entgegenzutreten, z.B. um die Opfer der Aggression nach Möglichkeit zu schützen. Was in jedem Rechtssystem der Welt als „Notwehr" bezeichnet und gerechtfertigt wird, bleibt schon im Einzelfall in der Begründung kompliziert und ruft bestenfalls Diskussionen hervor. Der Staat pflegt die Begründung der öffentlichen „Sicherheit und Ordnung", wenn aus seiner Sicht Gewaltanwendung nötig wird. Echte oder staatliche Nachbarn fühlen sich bedroht und greifen dann zur „Gegengewalt". Das Dilemma scheint kaum auflösbar. Lediglich eine freiwillige Vereinbarung kann es lösen. Auch die freiwillige Vereinbarung ist problembehaftet, da sie auf „Bewährtes" oder Besitzstände etc. Rücksicht nehmen muss —allerdings freiwillig, da sie sonst nicht zu Stande kommt.

Diese Beispiele zeigen, wie man sich aus der Weltgemeinschaft der Menschen ausklinkt. Ein gemeinsamer Horizont wie etwa eine „geteilte Vernunft" oder eine gemeinsam wahrgenommene Metaphysik kann so nicht entstehen. Eine Ansicht, selbst als auserwählt oder als allein richtig zu gelten, fördert keinen Frieden, sondern im mildesten Falle die Auseinandersetzung mit anderen „absoluten" Wahrheiten. Da liegen also die wahren Fallstricke der Absolutismen: Dass sie die Menschheit nicht als ganze wahrnehmen, sondern nur sich und die anderen sehen. Das partikularistische Denken wirkt mit den jeweils enthaltenen Wertungen für „die anderen" bedrohlich bis zerstörerisch. Die Konzentration der Wahrheiten auf eine Einheit des Seins, auf einen Gott, auf eine Vernunft könnte die Menschen nur dann zum friedlichen Zusammenleben führen, wenn sich niemand davon als speziell auserwählt wähnt und auch noch mit der Aufgabe versehen, das auf der Erde gegen nicht ausgewählte durchzusetzen.

Es kommt nicht darauf an, was die Erkenntnisse der Philosophie und die Offenbarungen der Religionen beinhalten, sondern darauf, wie die beteiligten Menschen sie anwenden. Anders gesagt: Die Durchführungsleitlinien entscheiden über die Wirkung einer Erkenntnis. Die Form dominiert den Inhalt, das Informelle das Formelle, die Metapher die Bezeichnung, der Nebensinn den Sinn und die Differenz die Einheit.

Man könnte folgern: Kein „vernünftiger" Mensch würde einen vernichtenden Krieg anfangen, um den Nachbarn zu erledigen. Kein „vernünftiger" Mensch würde darauf setzen, dass seine Kinder oder Enkel den Hitzetod sterben müssen, wenn er das verhindern könnte. In der „vernünftigen Welt" tut niemand etwas, was ihm am Ende selbst am meisten schadet.

In der emotionalen Welt möchte man aber vom Nachbarn geschätzt werden und will ihn dazu zwingen oder nicht mehr sehen. In der emotionalen Welt sagt man sich, dass die anderen ja vielleicht nur neidisch auf die Errungenschaften der westlichen Welt und daher auf ihre Zerstörung aus sind. Daher müssen die Begehrlichkeiten anderer abgewehrt werden. In der emotionalen Welt schaden sich Menschen haufenweise selbst, indem sie beispielsweise zu verbotenen Mitteln greifen, um sich durchzusetzen. Was da „unvernünftig" erscheint, ist dort die wahrscheinlich meistgebrauchte Art zu leben.

Die Fähigkeiten der Vernunft und ihrer Erkenntnismöglichkeiten besitzen alle Menschen, von besonderen Beeinträchtigungen abgesehen. Ihr Einsatz wird jedoch durch die weitere „Ausstattung" gesteuert. Affekte und Emotionen gehören ebenso zur Grundausstattung der Menschen wie die Fähigkeiten zur Verknüpfung und der Speicherung von allem im Gedächtnis. Die Hirnforschung hat die Steuerung des Verhaltens durch das Gehirn gewissermaßen sichtbar gemacht, indem sie in einem bildgebenden Verfahren zeigen kann, welche Areale jeweils durch welche Aktivität beteiligt sind. Beherrscht das Gehirn in automatisierten Abläufen die Denk- und Verhaltensweisen individueller Menschen oder beherrscht das Individuum jeweils sein oder ihr Verhaltensrepertoire? Ist also menschliches Denken determiniert oder hat das Individuum Einfluss auf sein jeweiliges Verhalten und Denken? Dazu wissen wir, dass negative und positive Emotionen sich negativ oder positiv auf die Einschätzung der Widerfahrnisse auswirken. Hinzu kommen die Wahrnehmungsverzerrungen, die z.B. dazu führen, dass wir selektiv Nachrichten aufsammeln, die unsere bisherigen Annahmen bestätigen und Widersprechendes abweisen. Eine Bestätigung fühlt sich eben besser an als eine Abfuhr.

Das Beispiel Empathie

Ein schönes Beispiel bieten die sogenannten Spiegelneuronen. Sie bezeichnen die Fähigkeit, sich in andere hineinzuversetzen, zu fühlen, was andere fühlen.[241] Die Spiegelneuronen lassen es zu, dass man von einem intuitiven Verständnis von Menschen füreinander sprechen kann, dessen biologisches Instrument vor jedem bewussten ‚Denken' intuitiv in Gang kommt. Die Beschreibung dieser Funktionen endet bisweilen in einer Art Utopie von empathischer Weiterentwicklung der Welt. Das folgt aber nicht unmittelbar aus der natürlich angelegten Fähigkeit der Spiegelneuronen. *„Das unmittelbare Verstehen in erster Person der Emotionen der anderen, das vom Spiegelneuronenmechanismus ermöglicht wird, ist außerdem die notwendige Voraussetzung für das empathische Verhalten, das einem Großteil unserer interindividuellen Beziehungen zugrunde liegt. Auf viszeromotorischer Ebene den emotionalen Zustand eines anderen nachzuempfinden ist jedoch etwas anderes, als ihm gegenüber eine empathische Beziehung zu empfinden. Wenn wir zum Beispiel ein schmerzverzerrtes Gesicht sehen, veranlaßt uns das nicht automatisch, Mitgefühl zu empfinden. Dies geschieht oft, aber dennoch handelt es sich um zwei verschiedene Prozesse in dem Sinne, daß der zweite den ersten impliziert, aber nicht umgekehrt. Das Mitleid hängt außer vom Erkennen des Schmerzes noch von anderen Faktoren ab, zum Beispiel davon, wer der andere ist, welche Beziehungen wir zu ihm haben, ob wir uns in seine Lage versetzen können, ob wir die Absicht haben, uns mit seiner emotionalen Situation zu belasten, von seinen Wünschen, seinen Erwartungen usw. Wenn es jemand ist, den wir kennen oder*

---

[241] Giacomo Rizzolatti, Corrado Sinigaglia, Empathie und Spiegelneurone. Die biologische Basis des Mitgefühls, Frankfurt am Main: Suhrkamp Verlag 2008 (ital. Originalausgabe: so quel que fai, Mailand 2006). Marco Iacoboni, Woher wir wissen, was andere denken und fühlen, Iacoboni, Marco, Woher wir wissen, was andere denken und fühlen, Die neue Wissenschaft der Spiegelneuronen, München: Deutsche Verlagsanstalt, 2009. (englische Originalausgabe: Mirriring People, Farran, Strauß und Giroux, New York 2008). 2009. Joachim Bauer, Warum ich fühle, was du fühlst, 2005/2012.

gegen den wir nichts haben, kann die durch den Anblick seines Leids verursachte emotionale Resonanz uns zu Mitgefühl oder Mitleid bewegen; die Dinge können jedoch einen anderen Verlauf nehmen, wenn der andere ein Feind ist oder etwas tut, das in der gegebenen Lage eine potentielle Bedrohung für uns darstellt, oder wenn wir unverbesserliche Sadisten sind, wenn wir keine Gelegenheit auslassen, uns am Leid anderer zu weiden usw. In all diesen Fällen nehmen wir den Schmerz des anderen wahr, aber nicht in allen löst diese Wahrnehmung dieselbe Art von empathischer Teilnahme aus."[242]

Wenn wir also auf Mitmenschen treffen, was eigentlich immer der Fall ist, wird die Fähigkeit, zu fühlen, was andere fühlen, immer zur Beziehungsfrage in beide Richtungen: in meine Beziehung zu mir und meine Beziehung zu den anderen und umgekehrt. Empathie z.B. kann darüber hinaus „kalt oder warm" sein. Sie kann dazu dienen, andere zu durchschauen oder sie besser zu verstehen, sie zu (be-)nutzen oder sie zu unterstützen – und oftmals beides gleichzeitig. Das Beispiel Empathie dient hier zur Demonstration der - positiv gesagt - menschlichen Fähigkeit, Erkenntnisse polymorph zu gestalten – je nach Erfordernis. Aber auch die Erfordernisse sind vielgestaltig und formbar. Somit bleibt gewissermaßen alles in der Schwebe, nichts ist absolut. Und all das gilt auch für die Vernunft. Außer in streng naturwissenschaftlichen Bereichen ist auch die Vernunft vielgestaltig formbar. Die Ergebnisse vernünftigen Denkens können vielfältig umgesetzt werden. Die Beziehungen unter den Vernunftträgern entscheiden, wie sie gebraucht werden.

Das darf man allerdings nicht missverstehen. Wir gestalten diese Zusammenhänge nicht immer bewusst. Vieles hängt vom Verwobensein in die Gesellschaft ab: Traditionen, Gewohnheiten, Plausibilitäten, Abhängigkeiten, Glaubensvorstellungen, gesellschaftliche Normen, Position in der sozialen Ordnung, Selbstbild, Zu- oder Abneigung, weitere Gefühle

---

[242] Rizzolatti, a.a.O., 189f.

und Emotionen – all das steuert die „Vernunft" des biopsychosozialen Wesens Mensch in jeweils unterschiedlichem Ausmaß. Alles hängt noch dazu an der jeweiligen Dynamik in den Bezugsgruppen sowie an deren Eigen- und Fremdbewertung innerhalb der Weltbevölkerung. Die Vernunft ist also ein fragiles und multiperspektivisch zu erfassendes Gebilde. Das gilt ebenso für die Glaubensvorstellungen in den Religionen. Die entscheidende Frage, ob religiöser Glaube eine Realität erfasst oder nur in der Vorstellung existiert, kann auch die Vernunft nicht entscheiden, da ihr nach aller philosophischen Erkenntnis Grenzen der Erkennbarkeit gesetzt sind. Was nicht erkennbar ist, existiert nicht: Nach dieser Maxime zu urteilen verbietet sich die Vernunft selbst. Dass aber Nichterkennbares existiere, diesen Schluss verbietet die Vernunft ebenso. Da der Glaube nahelegt, Nichterkennbares für existierend zu halten, kann er sich nicht wie im Mittelalter durch die Vernunft bestätigen lassen, dass er Recht hat. Glaube und Vernunft bleiben unterschiedliche Zugänge zur Wirklichkeit. Die Vernunft kann dem Glauben nicht verbieten, in manchen Widerfahrnissen das Wirken eines Gottes oder vieler Götter zu sehen oder Gott als die Ursache allen Lebens zu betrachten. Der Glaube kann sich gegen die vernünftige Untersuchung und Herleitung der Widerfahrnisse verwahren oder die Ergebnisse der Untersuchungen ablehnen, er wird aber gegen methodisch nachvollziehbare Erkenntnisse nichts einwenden können.

Außerdem kann man nachlesen, dass die Vernunft und der Verstand auch in der Religion ihren Platz haben: „Er kommt nicht zur Einsicht; keine Vernunft und kein Verstand ist da, dass er dächte: Ich habe die eine Hälfte mit Feuer verbrannt und habe auf den Kohlen Brot gebacken und Fleisch gebraten und gegessen, und sollte die andere Hälfte zum Götzen machen und sollte knien vor einem Klotz?" (Jesaja 44, 19) Hier wird verlangt, dass man der Vernunft folgt und den „Klotz" aus irdischem Material nicht für einen Gott halten kann. Die Vernunft weiß, dass ein Stück

Materie nicht verehrt werden muss. Zu dieser Einsicht ist jeder fähig. Ein Stück aus der Weisheit weist der Vernunft einen zentralen Platz im Umgang der Menschen zu: „Ein Kluger tut alles mit Vernunft; ein Tor aber stellt Narrheit zur Schau." (Sprüche 3, 16) Die Gebote Gottes sind eine Sache des Verstandes: „So haltet sie nun und tut sie! Denn darin zeigt sich den Völkern eure Weisheit und euer Verstand. Wenn sie alle diese Gebote hören werden, dann müssen sie sagen: Was für weise und verständige Leute sind das, ein herrliches Volk!" (5. Mose 5, 4) Gott selbst setzt auf Vernunft und Verstand. Warum sollte die Religion das nicht tun? Darüber kann Navid Kermani erzählen:

„In ihren Ursprüngen war die islamische Theologie deshalb – ... - ursprünglich keine Glaubenslehre gewesen. Sie gehörte zu den anderen Naturwissenschaften wie Mathematik, Astronomie oder Physik. Überhaupt waren viele, wenn nicht die meisten großen Religionsgelehrten und Philosophen der früheren Zeit zugleich Forscher, Ärzte oder Astronomen - im Orient ebenso wie in Indien, im alten Griechenland oder in China. Und entgegen dem heutigen Vorurteil, Glaube und Wissenschaft seien Gegensätze, gehörte auch im Christentum die Naturwissenschaft lange Zeit zur Theologie. Gerade diejenigen Forscher, denen wir unser heutiges Weltbild und den technischen Fortschritt verdanken, Johannes Kepler, Isaac Newton und selbst Galileo Galilei, der 1632 in Rom vor die Inquisition gezerrt wurde – sie alle waren theologisch hochgebildet und tiefreligiös. Sie haben nur die überkommenen Dogmen ihrer Kirche verworfen, beziehungsweise hat die Kirche ein paar hundert Jahre gebraucht, bis sie ihnen schließlich doch recht geben musste. Dabei war es doch gerade der Glaube an die Vernunft des Weltenbaus und also einen Schöpfergott, der Kepler, Newton oder Galilei die Kraft, unbändige Neugierde und unermessliche Geduld verlieh, über Jahre und Jahrzehnte hinweg unter größten Entbehrungen, gegen den Widerstand aller damaligen Autoritäten und in völliger Einsamkeit die Gesetzmäßigkeit der Himmelssphären zu entwirren. Erinnerst du dich an das Staunen, von dem ich im ersten Kapitel erzählte, das Staunen über all die Dinge, Erscheinungen und Geschehnisse auf der Welt, die du siehst, aber nicht erklären kannst, weil sie über unseren begrenzten Verstand hinausgehen, manche davon beängstigend, viele wunderschön? Dieses Staunen, sagte ich, sei der Anfang der Religion. Aber genauso ist es der Anfang der Wissenschaft."[243]

Müssen wir also unbedingt annehmen, Religion sei das Gegenteil der Vernunft, nur weil manche Verfechter:innen beider Seiten das behaupten? Das Gegenteil der Vernunft ist die Unvernunft und das Gegenteil derer, der ihrer Religion folgen, sind, die ihr nicht folgen. Aber beide Gegenteile sind nicht objektiv definierbar. Um das nachdrücklich zu beweisen, sollten Sie sich zu ersterem mal gründlich mit Ihrer/m (Ehe)partner:in, zum anderen mit einer/m Glaubenden einer der Religionen unterhalten.

Zur Vernunft in der Religion könnte das Beispiel des Baumes dienen. Während die Ureinwohner:innen des amerikanischen Kontinents Bäume verehr(t)en, denken gewöhnliche Mitteleuropäer:innen, ein Baum sei eine Sache, ein Teil (toter) Materie. Bei Versicherungen ist der Baum ein Schadensrisiko, der auf Häuser, Bahngleise, Straßen oder Menschen fallen kann. In der Klimakrise mutiert der Baum zur Überlebensgarantie der Menschheit, wenn man ihn in Zusammenhang mit den CO^2 – Emmissionen stellt. Daher ist er durchaus auch für vernunft- und atheismus-orientierte Menschen verehrungswürdig. Also lautet der logische Schluss: Die Ureinwohner:innen des amerikanischen Kontinents waren in ihrer religiösen Verfasstheit in dieser Beziehung zum Baum sehr vernünftig. Wer schließlich in seiner näheren Umgebung einen Baum stehen hat oder ihn „persönlich" betreuen möchte und muss, kann auch als Europäer:in das Gefühl nachvollziehen, dass dieser Baum zumindest ein Lebewesen ist, das Platz benötigt, Schönheit und Schutz mitbringt, Vertrauen und Orientierung schafft, das zu fällen ihm oder ihr Schmerzen bereitet. Wessen Baum im Sturm abgebrochen ist, fühlt sich gar verantwortlich für Schäden, obwohl gesetz-

[243] Kermani, a.a.O., 60f.

lich gewöhnlich keine Haftpflicht für Sturmschäden besteht. Der Schaden wird dem Sturm zugerechnet, gegen den man sich versichern, aber nichts ausrichten kann. Das Waldsterben hat in den Hitzejahren nach 2010 heftige öffentliche Berichterstattung ausgelöst, zuvor in den 1970iger und 1980iger Jahren sogar für apokalyptische Ängste (saurer Regen, mögliche Unbewohnbarkeit etc.) und u.a. neben dem Atomkraftprotest für das Entstehen der damals ökologisch orientierten grünen Partei in Deutschland gesorgt. Das hitzebedingte Sterben der Wälder nach 2010 steht im direkten Zusammenhang mit der bereits eintretenden Klimakatastrophe.

Vernunft kann Religion nicht „wegargumentieren"

Mit der Vernunft die Religionen wegargumentieren zu wollen, wäre ein ebenso zum Scheitern verurteiltes Unterfangen wie der Versuch, die Existenz religiöser Inhalte per Vernunft „beweisen" zu wollen. Ob Religion als Gemeinschaft schaffende oder als separierende Größe gelten kann, hängt vom jeweiligen Zustand derer ab, die die jeweilige Religion darstellen. Ob Religion jeweils wir und Nicht-wir, ingroup ind outgroup, Gläubige und Ungläubige benennt, bekämpft, ein- und ausschließt, oder ob sie unter dem Impuls zum wir und wir Menschen als Menschheit ansieht, das wird ihre Zukunft ausmachen. Dafür müssten die Religionen auf ihren jeweiligen ausschließenden universalen Wahrheitsanspruch, nicht aber auf ihre inhaltlichen Beschreibungen von Schöpfung, Allmacht, Zuwendung, Menschen oder Gott verzichten. Im Gottesbegriff sind sich im Grunde alle Religionen einig, was Schöpfung, Erhaltung, Allmacht und Größe betrifft. Dass der Mensch eine großartige Schöpfung sei und sich nicht sich selbst verdankt, darüber streitet niemand. Dass Kirche, Moschee, Tempel und anderes Heiliges oder alle „Heiligen" von Menschen geschaffen sind, ist ebenso wenig umstritten wie das andere, dass nicht alles, was die Menschen aufgrund ihrer Religion und darüber hinaus tun oder lassen, stets förderlich sei.

Die Nähe mancher Formen von Religion zu Verschwörungstheorien kann die „Falschheit" der Religionen nicht beweisen, sondern allenfalls nahelegen. Die postmoderne Idee von Narrativen stützt Religionen, die Systemtheorie mit ihrer Reduzierung auf die systemischen Funktionen spricht weder dafür noch dagegen. Atheistische Ansätze führen sich z.T. selbst ad absurdum, wenn sie annehmen, sie hätten Argumente gegen Gott, die mehr gelten als die dafür. Gottesbeweise sind ebenso nur Ideen wie Philosophien, die versuchen Argumente zu kreieren und gegeneinander abzuwiegen.

Weder Philosophie noch Theologie können mittels der Vernunft aus Glauben eine nachweisbare Wahrheit machen. Nachweisbare Wahrheit bedeutet auch nichts anderes, als etwas zur realen Existenz zu bringen. Eine reale Existenz von religiösen Inhalten wäre das Ende von Religion, da sie nicht mehr gebraucht wird, wenn ihre Inhalte real existieren. Sie müssten dann nicht mehr nachgewiesen oder geglaubt werden. Alle könnten sie wahrnehmen. Darüber hinaus könnte man diesen real existierenden Wesen Vorhaltungen machen über die Fehler in ihrer ach so berühmten und verehrten „Schöpfungs- und Erhaltungstätigkeit". Oder man könnte sie real statt virtuell verehren.

Alles über das Existierende hinaus unterliegt der Spekulation. Beispielsweise glauben viele Menschen, die Voraussagen der Wirtschaftswissenschaftler:innen seien „wahr", weil wissenschaftlich errechnet, und richten ihre finanziellen Aktionen danach aus. Sie glauben an diese Aussagen ganz real. In Wirklichkeit handelt es sich um Spekulationen oder verlängerte Vergangenheitserfahrungen, die durch alle möglichen Einflüsse verändert werden können und in ihrer Komplexität kaum zu durchschauen sind. Es könnte sein, dass sich ein chinesischer Konzern verrechnet hat oder dass eine amerikanische Firma sich überschätzt hat und schon gibt es einen großen Knall in der Finanzwelt. Aber seltsamer Weise glauben auch danach wieder alle an die wissenschaftlichen Methoden zur Bewältigung der entstandenen Finanzkrise. Man sieht daran, dass vieles, was „real existiert", wie etwa Geld, eine Sache von Glauben und Vertrauen ist. Die Abstürze des Vertrauens und Glaubens werden dann so groß, dass erwachsene Menschen vor Gericht ziehen, weil sie auf etwas vertraut haben, was sich hinterher als nicht vertrauenswürdig erwies. Vor Gericht wird dann „geklärt", ob eine bewusste Täuschung durch einen Akteur vorlag, als das Erwartete nicht eintrat. Das geschieht, obwohl alle wissen, dass Geld an der Börse Risikogeld ist, das wachsen oder abnehmen kann.

Eine andere Art von Glauben kann als „Nichtwissen" bezeichnet werden. Die Mehrheit der Menschen glaubte mindestens bis zur Finanzkrise 2008, Banken seien „Geldhäuser", also Häuser mit Geld, das sie gewinnbringend verleihen. Erst damals kam der Irrtum ans Licht. Die Banken haben kaum Geld, das sie verleihen könnten. Sie verleihen im Gegenteil fast nur fremdes Geld aus Krediten oder Einlagen. Eine Bank hat also kein Geld, sie schöpft aus fremden Quellen. Da wusste der „normale" Mensch einfach nicht Bescheid und saß der Mutmaßung auf, die Banken hätten Geld in großen Mengen. Der „normale" Mensch wusste nicht, dass Banken Geld verleihen, das sie gar nicht haben. In diesem Fall konnte der Glaube durch konkretes Wissen als falscher Glaube zerstört werden. Dadurch benötigt man aber noch mehr Vertrauen in die und Glauben an die Seriosität von Bankgeschäften, um sich an diesem Geschäft z.B. durch Kreditfinanzierungen eigener Unternehmungen zu beteiligen oder Händlern sein Eigentum an Geld zur Finanzierung anderer Unternehmungen anzuvertrauen. Ebenso um Glauben und Vertrauen geht es beim Wert von Geld. Wir legen Geld an, um uns für die Zukunft abzusichern. Das Geld aber behält seinen Wert nicht, es wird durch die jeweilige Inflation geschmälert oder in manchen Fällen aufgefressen. Daher sinkt das Vertrauen in den Staat und seine Politik maßgeblich: Man kann sich nicht mehr das leisten, was man „versprochen bekommen" hatte. Es zeigt sich, dass auch ganz reale existierende Dinge mit Vertrauen und Glauben zu tun haben. Glauben und Vertrauen kann man nicht sehen, aber spüren oder anders wahrnehmen. Zerstörtes Vertrauen wieder aufzubauen gleicht einer Herkulesaufgabe, weil es sich nicht um eine umschreibbare Aufgabe mit realen Inhalten handelt, sondern (nur) um Beziehungsarbeit. Dass man sein Vertrauen oder seinen Glauben unter Beweis stellen muss, also in der Realität dinglich nachweisen muss, das kommt im kriminellen Milieu vor. In der Religion wird das als gefährlich angesehen.

Glauben kann nicht dinglich umgesetzt werden

So heißt es im Vater-Unser: „und führe uns nicht in Versuchung", also zu dem Versuch, Gott auf die Probe zu stellen, d.h. Glauben dinglich nachzuweisen. Die Versuchungsgeschichte Jesu stellt das konkret dar:

„Da führte ihn der Teufel mit sich in die heilige Stadt und stellte ihn auf die Zinne des Tempels und sprach zu ihm: Bist du Gottes Sohn, so wirf dich hinab; denn es steht geschrieben (Ps 91,11-12): ‚Er wird seinen Engeln für dich Befehl geben; und sie werden dich auf den Händen tragen, damit du deinen Fuß nicht an einen Stein stößt.' Da sprach Jesus zu ihm: Wiederum steht auch geschrieben (5. Mose 6,16): ‚Du sollst den Herrn, deinen Gott, nicht versuchen'." (Matthäus 4, 5-7)

Der Glaube und das Vertrauen können nicht dinglich und konkret umgesetzt werden. Der konkrete spezielle Gottesbeweis soll also unterbleiben. Er entsteht nur aus dem rückblickenden Glauben, dass Gott in diesem oder jenem Widerfahrnis aktiv war. Ihn damit real bei Vorhaben einzuplanen, wäre fehl am Platz. Auf das Wirken Gottes zu vertrauen, hilft aber dem einen und der anderen – und sei es dazu, sich in herausfordernden Situationen „sicher" zu fühlen, Angst niederzuhalten oder mit frohem Mut eine Aufgabe anzugehen.

Auch das ist nicht konkret und real nachweisbar, sondern nur mit Worten beschreibbar. Diese Worte kann man glauben oder auch nicht. Andere Menschen können es spüren oder mitfühlen, welche Realität da gemeint ist, ohne sie etwa lokalisieren zu können. Oder anders gesagt, von Gott und dem Glauben gibt es nur Geschichten oder Narrative.

Das gilt sowohl für das philosophische als auch für das theologische Nachdenken und erst recht für die ausgeübte Religion. Das bedeutet - wie gesagt - nicht, dass diese Narrative keine Wirkung hätten. Es bedeutet nur, dass sie sich ambivalent und polymorph entfalten. Die ewige Wahrheit metaphysischer Art zu finden, gelingt nicht. Dafür finden sich Plausibilitäten, beruhigende oder beunruhigende Träume, subjektives „Für-Wahr-Halten", psychische Klärungen und Verirrungen, eiferndes Durchsetzen. Religion dient als Erklärung für alles oder nichts, für Leben oder Tod, für Heil oder Unheil, fürs Angenommen- oder Verworfensein. Theologien und Philosophien versuchen, diese Themen methodisch aufzuarbeiten, manchmal als Freunde, mal als Gegner, mal sogar als Feinde. Beide sind verwickelt in die eher chaotischen, mindestens aber vielfältigen, Versuche der Bewältigung des menschlichen Daseins. Mit etwas Glück – die Glaubenden nennen es Gottvertrauen – kann es gelingen, das in für die Menschheit förderliche Leit-Gedanken umzusetzen, die in den Religionen und Philosophien vorkommen, damit die Welt Gottes oder die der Menschen oder der durch Knall geborene Kosmos erhalten bleiben können. Ein wenig wurde es bereits versucht wie in den Menschrechten.

Es wäre doch schade, wenn „der Mensch" seine biopsychosozialen Möglichkeiten zur Selbstausrottung nutzte. Das möchte in Wirklichkeit niemand auf dieser Welt. Wenn aber Menschen ihre „absoluten Wahrheiten" gegeneinander richten, statt sich zu versöhnen, wäre die Selbstausrottung eine reale Möglichkeit. Ob in diesem Fall noch ein „Jüngstes Gericht" stattfindet oder ob dann endlich das „Sein selbst" eintritt, können alle nach eingehender Selbstprüfung für sich entscheiden. Wer weiß, wie lange und wo sich Menschen „auf Erden" noch vor der Flammenhölle retten können, wenn sie weitermachen wie bisher.

Die menschlichen Grundfragen sind nicht beantwortet

In diesem Horizont spielen sich die Fragen der Individuen ab: Was bedeutet es, zu sterben? Geht das Leben weiter? Wenn ja, wie? Warum werde ich krank, meine Mitmenschen nicht? Warum lebe ich dort, wo das Überleben schwer ist? Wie kommt es, dass es überhaupt etwas gibt? Woher kommt alles? Wozu führt alles? Gibt es einen übergeordneten Sinn? Dürfen wir alles, was wir können? Warum führen Menschen Kriege, wo sie doch einen Mund zum Reden haben? Warum spricht ein Mensch einem anderen das Lebensrecht ab? Usw.

Diese und andere Fragen stellen sich immer wieder neu. Religionen und Philosophien versuchen ständig, sie zu beantworten oder Antworten zu versuchen. Bei den Religionen sind es die Antworten der Heiligen Schriften und Traditionen, die aber immer neu verstanden werden müssen. Bei Philosophien stehen meist denkerische einzelne Höchstleistungen zur Debatte, die von anderen denkerischen Höchstleistungen in Frage gestellt werden. Dann spielen bei beiden noch viele andere wissenschaftliche Erkenntnisse und Beschreibungen eine in der Geschichte zunehmende Rolle. Das sind neben den Humanwissenschaften, auch die Naturwissenschaften sowie die Medizin. Alles zusammenzuführen kann man als Aufgabe von Theologie und Philosophie bezeichnen. Daraus wird deutlich, welch fast überfordernde verantwortungsvolle Aufgabe Philosophien und Theologien zukommt.

Beide entwickeln ihre Antworten zum menschlichen Leben auf dem Boden weit zurückreichender Traditionen. Sie schaffen dadurch Bezüge zum Vergangenen, zu Menschen außerhalb der eigenen Gemeinschaft, sichern die eigene Gruppe, schaffen Bewusstsein für „die Menschheit" als Bezugsgröße und machen Angebote zur Regulierung gegenseitiger Beziehungen. Schließlich enthalten sie Hinweise auf eine der ablaufenden Zeit korrespondierende Nicht – Zeit in Gestalt der „Ewigkeit" und auf das „Woher", „Wohin" und „Wozu" des Ganzen. Daraus werden dann auch ethische Folgen entwickelt.

Religionen funktionieren nicht nach Logik

Die Religionen müssen sich bei diesen Vorstellungen weder um die Grenzen der Erkennbarkeit kümmern, die bei Philosophien eine große Rolle spielen, noch müssen sie Gesetze der Logik oder anderer Denkvorgänge beachten. Das Göttliche der Religionen braucht keine Gesetzmäßigkeiten, weil es nicht an Raum und Zeit gebunden ist. Man kann es jederzeit und gleichzeitig überall wahrnehmen. Das Göttliche kann Gefühlen folgen wie Zorn, Hass, Wut oder auch Liebe und Zuneigung. Gerade bei Letzterem tun sich die Philosophien schwer. Sie gehen vom immergleichen, gesetzmäßig ablaufenden Sein aus, das man an seinen Ausformungen erkunden kann, um die Gesetze zu finden und sich an ihnen zu orientieren. Religion kann widersinnig, widersprüchlich oder chaotisch auftreten. Allerdings hat auch die Philosophie eine Chaostheorie entwickelt, um Erkenntnis- oder Entwicklungsvorgänge zu erklären. Dadurch hat sie Platz für Neues geschaffen. Religion lebt von ihrer „Ausübung" im ritualisierten Vollzug und dessen immerwährender Erklärung durch Theologien. Doch auch Religionen enthalten ein anarchistisches Element in Form des „Heiligen Geistes" bei den Christen, in Form der allmächtigen göttlichen Willkür beim Islam (Sure 3, 26). Philosophien orientieren sich an Gesetzen der Logik, deren Kenntnis man sich durch Ausbildung erwerben kann.

Es handelt sich um verschiedene Wege und Methoden, den Raum und die Umstände menschlichen Daseins in der begrenzten Welt zu erschließen. Das geschieht im Bezug auf das denkbare oder fühlbare „Andere", das Menschen nicht einfach zugängliche Jenseits menschlichen Lebens. Für die einen ist es etwas begründendes, erhaltendes, begleitendes Göttliches für die anderen die leitende, strukturierende und transzendierende Vernunft, die es ermöglicht, Dinge von außen her und im Theoretischen denkend zu entwerfen. Das eine kann man glauben oder nicht, das andere kann man nachvollziehen, wenn man den Gesetzen der Logik folgen kann. [244] Die Übergänge zwischen beiden Wegen zum eigenen Bild der Welt sind fließend. Beide enthalten jeweils Denk- oder Erlebensweisen der anderen Seite. Daher ist es sinnvoll, beide Möglichkeiten der Annäherung zu nutzen. Dagegen verwahren sich wiederum manche Auslegungsvarianten von Religionen und Theologien. Wer in absoluten Wahrheiten denkt, kann mit anderen Möglichkeiten nichts anfangen. Dann ist aber auch der Weg zu einer vielfältigen Welt gestört, obwohl sie ganz real und wahrnehmbar ist.

Ob nun „der Mensch" unheilbar religiös ist, bleibt unsicher. Jedenfalls sind Frauen und Männer in der Lage, sich eine Vorstellung darüber zu machen, dass ihr Leben nicht „von selbst" da ist. Sie befinden sich in einem „Gespräch" mit überlieferten Vorstellungen von „Zeit und Ewigkeit", vom „Entstehen der Welt", vom „richtigen Leben", von der „Todesneigung und Todeswirklichkeit", vom „vernünftigen Dasein" und der „unvorstellbaren Unvernunft" mancher Zeitgenossen. Sie beschäftigen sich mit den Zusammenhängen ihrer vorgegebenen Welt, in der Dinge geschehen, die „niemand vorhersehen" konnte, in der sich Gegebenheiten ändern, wie etwa das Klima. Sie bangen um ihre Zukunft als Menschheit. Religionen schaffen immer noch ein Gefühl der

---

[244] Siehe beispielsweise die Darstellung von Steven Pinker, Mehr Rationalität. Eine Anleitung zum besseren Gebrauch des Verstandes, Frankfurt am Main: S Fischer Verlag 2021, E-Book. Pinker zählt 88 Verzerrungen und Fehlschlüsse auf, vom „Ad-hominem-Fehlschluss" bis zum „Zirkelbeweis" (413-414). Ohne akademische Ausbildung oder langes Training wird man nicht stets alle darstellen und anwenden können.

Zugehörigkeit und der Identität, selbst wenn sie bisweilen eher als Folklore auftreten.

Wer dazugehören möchte, mag „religiös" genannt werden. Es geht aber auch ohne religiösen Akzent, wenn man die überlieferten Weltanschauungen kennt und sich ihrer ohne Ehrfurcht einfach als Denkmöglichkeit bedienen mag. Die Religionen werden Objekte touristischer und intellektueller Neugier. Man muss nicht darin leben, aber dann und wann sind sie ‚ganz interessant' oder lohnen sogar eine Reise.

Virtuelle Asozialität

Die Philosophie führt ein Schattendasein anderer Art. Sie wird an den Universitäten gelehrt und berührt wenige Individuen persönlich. Sie bildet sich in Ethikräten ab wie zum Beispiel dem Deutschen Ethikrat, der über wichtige Fragen aus allen gesellschaftlichen Bereichen Gespräche führt und sich bisweilen auch öffentlich äußert. Hier arbeiten die Religionen unter anderen durch Vertreter:innen mit. Das ist ein Versuch der Politik, sich sachkundigen Rats in wichtigen gesellschaftlichen Fragen zu bedienen.

Nach seinem als kulturwissenschaftlich bezeichneten Gang durch die Fragen der Religionsphilosophie resümiert Peter Sloterdijk:

„Was von den historischen Religionen bleibt, sind Schriften, Gesten, Klangwelten, die noch den einzelnen unserer Tage gelegentlich helfen, sich mit aufgehobenen Formeln auf die Verlegenheit ihres einzigartigen Daseins zu beziehen. Das übrige ist Anhänglichkeit, begleitet vom Verlangen nach Teilhabe. Die Auslegung der Existenz in ihrer Singularität und Verwobenheit mit anderen Singularitäten bildet die nicht weiter reduzierbare nukleare Funktion religiöser und spiritueller Besinnung und ihrer Manifestation."[245] Darüber hinaus sei Religion sozial nutzlos geworden, da alle ihr zugedachten ‚Funktionen' in der Gesellschaft ohne sie genauso gut oder gar besser von anderen Agenten über-

---

[245] Sloterdijk, Den Himmel zum Sprechen bringen, 336.

nommen wurden. Die Freiheit von Zuständigkeiten und die Entlassung in die „virtuelle Asozialität"[246] teilt sie mit der Philosophie und der Kunst. Das bewirkt eine „überraschende, erhebende, skandalöse Nutzlosigkeit"[247], die ähnlich auch die Kunst und die Philosophie kennzeichnet. Dadurch gelingt es den drei ‚nutzlosen' Hervorbringungen wieder, Individuen und Gruppen in bewegenden oder erschütternden Momenten des Lebens anzusprechen.

Umsetzungsweltmeister

Es wäre jedoch auch möglich, das Gegenteil zu konstatieren. Zumindest die Religion Christentum hat viele ihrer Glaubensinhalte selbst oder durch andere Agenten zur realen Existenz gebracht: Der Herrscher spielt nicht mehr Gott. Herrschende müssen sich vor den Beherrschten verantworten. Der Feind ist auch ein Mensch. Die Ethik besteht darin, Gott nachzuahmen, indem jedes Leben zu erhalten versucht wird. Menschen in prosperierenden Lebensumständen tun vieles, um nicht so sehr gesegneten zu helfen. Beispiele sind sozialer Ausgleich, Krankenversorgung oder unverschuldete Armut, ja sogar verschuldete Armut. (Es ist nicht gelungen, Armut und Krankheit „auszurotten".) Das Justizwesen versucht, transparent zu arbeiten und seine Urteile zu begründen. Konflikte werden kompromisshaft gelöst statt absolut ausgekämpft. Die Todesstrafe ist abgeschafft, da ein Mensch kein Recht haben kann, andere zu töten. Menschen werden durch die Brille Gottes als Mitmenschen betrachtet, die sogar individuelle Rechte haben, also als schützenswerte Schöpfung. Menschen versuchen sogar, über ihre Sicht-, und Sprachgrenzen hinaus, mit anderen Menschen weltweit solidarisch zu sein. Das geht meist nicht individuell, aber in Gruppen und durch Staaten. All das sind nicht ganz vollendete oder vollkommene Umsetzungen, aber mehr oder weniger konzentrierte

---

[246] A.a.O., 333.
[247] A.a.O., 335.

Anfänge, die in der Jetztzeit für selbstverständlich genommen werden. Man sieht fast weltweite Empörung, wenn die Achtung des Mitmenschen so brutal untergeht, wie es im russischen Überfall auf die Ukraine im Jahr 2022 geschehen ist. Die Begründung des russischen Präsidenten, die Menschen in der Ukraine hätten kein Lebensrecht, gilt als radikal unmenschlich und verbrecherisch. Seine Kriegshandlungen sprechen gegen jedes Menschenrecht, gegen alle neueren Sichtweisen vom Zusammenleben auf der Erde. Auch wenn die russische Kirche sich an der Unmenschlichkeit beteiligt, widerspricht das den christlichen Glaubensvorstellungen in jeder nur denkbaren Hinsicht.

Die Vorstellung vom Rest der Religionen als Opfer der Säkularisierung wandelt sich damit in die Vorstellung vom Rest, weil die Aufgaben aus der Sicht des Glaubens erfolgreich angepackt sind. Das Motto: Was man nicht selber macht, macht keiner, gilt hier nicht. Was religiös vom Theologen Ernst Käsemann die „Solidarität der Sünder" genannt wurde, hat sich in weitgehende Solidarität der Menschen fortgesetzt. Dabei gibt es immer wieder und überall Rückfälle in die alte Sündenwelt, in der Einzelne und Gruppen (Banden) ihren Vorteil suchen. Nahezu niemand aber vertritt heute noch offen den Grundsatz, der andere sei auf jeden Fall zu beseitigen, weil Gott es so will. Bezugspunkt ist stets der zu schützende Nächste, der noch immense Verirrungen hervorruft. Alttestamentarisch anmutende Progrome und Völkermorde können nicht immer verhindert werden, sie rufen aber schon Abscheu, Entsetzen und auch Rechtsfolgen hervor. In den Köpfen vieler Menschen scheint das religiöse Rüstzeug Platz gefunden zu haben. Religion hat nun die Aufgabe, bei der Sicherung dieser Gedankenfolgen mitzumachen. Nicht alle erinnern sich an den religiösen Ursprung ihrer Lebensumstände. Die nutzlose Religion entpuppt sich als Lebenshintergrund, der vielen inzwischen entglitten ist. Was viele als selbstverständlich ansehen, ist mühsam errungen, teils gegen die Kirchen, teilweise jedoch als ihr verborgener Inhalt. Dieser Inhalt war und ist vorhanden, wurde aber durch andere Interpretationen verdeckt.

Die Gewerkschaften haben dafür gesorgt, dass der Sonntag bzw. das ganze Wochenende im Grundsatz arbeitsfrei wird und bleibt. Das benutzt fast keiner mehr als Gelegenheit zum Besuch des Sonntagsgottesdienstes. Aber der Grundgedanke des freien Tages und daraus folgend der „bezahlte Urlaub" kommt aus der Religion. Wer am freien Tag arbeiten muss, wird infolgedessen als Ausgleich besser bezahlt. Dass die gewerkschaftliche Organisation der Arbeitnehmer weniger wird und dadurch solche „Errungenschaften" tendenziell bedroht sind, ist auch Folge des Rückgangs religiöser Bindungen und neoliberaler Tendenzen. Der Sozialstaatsgedanke kann als Ergebnis der Glaubensidee verstanden werden, dass Gott allen die Lebensmöglichkeit schafft. Toleranz folgt dem Gedanken: „Denn er lässt seine Sonne aufgehen über Böse und Gute und lässt regnen über Gerechte und Ungerechte" (Matthäus 5,45). Die Gleichberechtigung von Mann und Frau stammt aus den Schöpfungsgeschichten. Die Gleichheit aller ergibt sich aus der Tatsache, dass niemand sich selbst erschaffen kann oder, dass Gott alle liebt. Die Wissenschaften folgen dem Ziel, sich „die Welt untertan zu machen". Selbst Menschen, die sich in kriminellen Handlungen gegen andere wenden, verlieren (in der Theorie und im Gesetz) nicht ihre Menschenwürde. Sie haben Anspruch auf Rückkehr in die „Normalität", was durchaus nicht jedem passt. Viele Glaubenssätze finden sich in der DNA der modernen Welt wieder, auch wenn noch nicht alle vollständig umgesetzt sind. Sie warten auf Verwirklichung in einer hoffentlich friedlicher werdenden Welt. Selbst für Rückfälle in die alte Welt des Hasses und der Gewalt auf allen Ebenen firmiert die Religion seit Alters her unübersehbar mit der Figur des Teufels oder des Teuflischen. Was dem vernünftigen Menschen nicht mehr erklärbar erscheint, muss wohl aus einer Gegenmacht entstehen. Das bedeutet, er verliert in dem Fall den Glauben an den guten Fortgang der Dinge und gibt seiner Verzweiflung einen Namen. Der Bösewicht wird am Ende vor ein Gericht gestellt, das ihn glücklicherweise nicht mehr im Namen Gottes verurteilt. Auch das ist religiös vorgebildet, indem Gott den Brudermörder Kain gegen seine Mitmenschen schützt (1. Mose 4, 13ff.).

All diese Entwicklungen kann man auch mit Steven Pinker auf zunehmende Rationalität zurückführen, also den größeren Einfluss der Vernunft auf das Denken von Menschen. „Als ich versucht habe, die Natur des moralischen Fortschritts zu ergründen, hat mich am meisten verblüfft, wie oft in der Geschichte der erste Dominostein ein fundiertes Argument gewesen ist. Ein Philosoph verfasste einen Abriss, in dem er darlegte, inwiefern ein bestimmtes Vorgehen unhaltbar oder irrational oder unvereinbar mit Werten sei, die jeder zu achten vorgebe. Das Pamphlet oder Manifest fand Verbreitung, wurde in andere Sprachen übersetzt, man diskutierte ... darüber, und schließlich beeinflusste es politische Führer, Gesetzgeber und das Volksempfinden. Zu guter Letzt fand die zentrale Aussage Eingang in die herkömmliche Meinung und die allgemeinen Regeln des Anstands und löschte dabei die Spuren der Argumente, aus denen sie sich entwickelt hatte. ... Sie (die Argumente) appellieren an eine Art der Vernunft, die Jahrhunderte überdauert, weil sie Prinzipien konzeptueller Folgerichtigkeit entsprechen, die ein Teil der Realität sind."[248] Als Beispiel nennt Pinker das ‚Plädoyer der Vernunft, der Religion und der Menschheit gegen Kriege‘, das letztlich Endes nach den beiden Weltkriegen des 20. Jahrhunderts die Verehrung des Krieges beendete.[249] Warum konnte Erasmus etwas denken und formulieren? Formulierte er aus „reiner Vernunft", was vorher angesichts der Heldenepen, Kreuzzüge, Siegesposen und des ewigen Ruhmes der Kriegshelden zu denken unmöglich war? Oder stützte er nur religiöse Sätze aus dem Neuen

---

[248] Pinker, Mehr Rationalität, 344f.
[249] A.a.O., 346.

Testament mit der Kraft der Vernunft? Immerhin war er Theologe.

Dass der Staat sich bemüht, die Kirchen und Religionen ähnlich wie das Individuum vor sich selbst (der staatlichen Macht) zu schützen, enthebt beide der gegenseitigen Machtkämpfe, die das Mittelalter und Teile der Neuzeit gestaltet haben. Durch die sogenannte Säkularisierung wurde es möglich, auch den Staat säkular zu betrachten und der unglücklichen Vermischung von Gottes und des Kaisers Herrschaft zu entkommen. Die Regierung ist nicht „von Gottes Gnaden". Gott ist kein Herrscher über alles im landläufigen Sinne. Sowohl die Individuen wie die Staaten leben auf dem Grund oder im Gegenüber Gottes. Die Regierenden sind menschliche Individuen, die Herrschaft nicht von Gott, sondern von ihren Mitmenschen erhalten. Allein die Säkularisierung ermöglicht wirkliche Machtkritik. Die Kritik der Religion war eine Notwendigkeit, um den Staat von seiner göttlichen Aura und die als Kirche konfigurierte Religion vom Staat zu befreien. Sie entwirrte die Legitimation staatlicher Herrschaft als göttlich und göttlicher Herrschaft als staatlich. Sie entwirrte ebenso Vernunft und Glauben aus ihrer unglücklichen Vermengung.

Man kann die Behauptung wagen: Die als transzendent angelegte Botschaft des Neuen Testaments und einige Mythen des Alten Testaments waren in der Immanenz unglaublich erfolgreich, besonders seit politische und kirchliche Macht weitgehend entflochten und eingedämmt wurden. Damit wurde dem Individuum die Freiheit ermöglicht, die es in manchen Teilen der Welt heute genießen kann. Die Individuen wurden aber auch frei, die Freiheit zu verspielen. Sie wurden frei, sich von Diktatoren, Konkurrenten, falschen Propheten, Konsumagenten des Kapitalismus oder rückwärtsgeneigten Besserwissern die Menschlichkeit in Gewalttätigkeit und Hass gegen andere umtauschen zu lassen. Und sie wurden frei, für alles auf dieser Erde verantwortlich zu sein. Sie spüren die Last der menschlichen Würde. Sie müssen selber in die Abgründe blicken, die der Klimawandel hervorbringt, die der Tod ihnen anbietet, die menschliche Entgleisungen erzeugen und die in ihnen selbst vorhanden sind. Die Zeit, in der man das Jammertal ‚tägliches Leben' in Gottes Verantwortung stellte, ihn der Ungerechtigkeit und der nichtsnutzigen Allmacht zeihen konnte, ist vergangen. Wer frei und verantwortlich leben kann, ist in der Regel selber schuld.

Es bleibt der unkalkulierbare Rest: Was ist Leben? Woher kommt es? Wie ist es entstanden? Wohin geht es? Was bedeutet das menschliche Bewusstsein? Warum erfreuen sich Menschen am Unglück anderer Menschen? Warum leiden einige und einige nicht? Kann man die Erde wirklich beherrschen in den natürlichen Gegebenheiten? Wohin führt der Tod? Dem einen und der anderen fallen bestimmt noch weitere unaufgeräumte Reste ein. Alle zusammen wären für befreite Religionen, Philosophien und Künste mehr als genug. Ohne all „die Reste" könnten die Individuen „die Verlegenheit ihres einzigartigen Daseins" mit der Formel zusammenfassen: Zufällig geboren, in Krippe und Schule aufbewahrt, der Wirtschaft gedient, zu zweit ein Kind in die Welt gesetzt, im Netz abgelegt, aussortiert und dann nach 30 Jahren unnütz gestorben- und das ist noch die bessere Version!

Was soll Menschen daran hindern, sich als einzigartige Schöpfung zu verstehen, die ihre Würde Gott verdankt? Das reklamieren Glaubende nicht nur für sich selbst, sondern sie betrachten auch ihre Mitmenschen unter diesem Aspekt. Das kann keine Philosophie als unvernünftig darstellen, obwohl es gelegentlich der Realität und dem Umgang von Menschen untereinander widerspricht. Unter dem „Wir" in Gottes Menschheit wirken Hass und kriegerische Überfälle wie teuflisch gottlose Verbrechen. Die Klimakrise zeigt die Überheblichkeit menschlicher Gottesferne, als seien die Menschen die Schöpfer der Welt, um sich selbst zu erledigen. Wenn schließlich Christen daran arbeiten, ihre Glaubens - Utopie von Frieden und Liebe umzusetzen, damit die Menschheit zusammen leben kann, kann keine Form der Vernunft dieses außerhalb der Erkenntnisfähigkeit der Menschen ansiedeln wollen. Die christliche Religion hat in langen Phasen ihrer Geschichte leider ganz andere Ziele verfolgt. Dazu gehören wohl heute noch als Reste die katholisch – männliche Institution sowie die zugehörige Sexualmoral.

Aufklärung und Religionskritik haben in langandauernden Auseinandersetzungen die Religion dazu befreit, ihrem eigenen Glauben zu folgen: „Er gab ihnen Vernunft, Sprache, Augen, Ohren und das Herz zum Denken." (Jesus Sirach, 17,6) Die Einschränkung des menschlichen Denkens auf die „reine Vernunft" scheint nach dieser Textstelle aus dem 2. Jahrhundert vor Christus ein Fehler zu sein. Das zu den Apokryphen gerechnete Buch Jesus Sirach ist von weisheitlicher Prägung. Daher fand es keine Aufnahme in den biblischen Kanon. Der Satz von der Vernunft bzw. dem Herzen zum Denken, kommt jedoch der neueren Kommunikationsidee nahe. Das Vernünftige kann ohne Sprache, Augen, Ohren und Herz nicht real werden. Es bleibt ohne den ganzen Menschen rein theoretisch. Menschen aber leben vollkommen und unbestreitbar real.

21. Apokalypse

Es gibt einen entscheidenden Unterschied zwischen Religion und Philosophie. Die Philosophie kümmert sich eher nicht um die Frage, wie oder wann das Ende der Welt in ihrer heute sichtbaren und wahrnehmbaren Gestalt bevorstehen könnte. Die Religionen dagegen stellen die Frage des Endes der Schöpfung ziemlich häufig. „Solange die Erde steht, soll nicht aufhören Saat und Ernte, Frost und Hitze, Sommer und Winter, Tag und Nacht." (1.Mose 8,22) Diese Zusage Gottes nach dem Ende der Sintflut und der Rettung des Lebens auf der Erde gilt nicht für immer. Offenbar war eine Zeit im Horizont der Schreiber, in der die Erde nicht mehr steht. Wie man auch immer den Mythos von der Sintflut verstehen mag, auch der hatte ein Ende gekennzeichnet, das jedoch gleichzeitig eine Rettung der Schöpfung einleitete. Dieses Ende betraf aber nur das Leben auf der Erde. Das Ende der gesamten Schöpfung wird zumindest als Möglichkeit geschildert. Damit betritt man dann das Gebiet der Kosmologie, das aber eher der Astronomie und der Physik als der Philosophie zugeschrieben wird. Die Annahme lautet, der Kosmos sei vor 13,8 Milliarden Jahren durch einen Urknall entstanden und dehne sich seither durch die ursprüngliche Expansion angetrieben immer weiter aus. Damit er nicht auseinanderplatzt wie ein Luftballon, bei dem man nicht aufhört Luft hineinzublasen, hemmt die Schwerkraft die Auswirkungen der Expansion. Es kommt nun darauf an, welche der einander entgegen wirkenden Kräfte sich als stärker erweist. Wenn es die Schwerkraft sein sollte, wird irgendwann das Universum wieder zusammengedrückt werden und möglicher Weise einen Zustand erreichen, in dem es wieder einen Urknall gibt. Dann beginnt das Ganze von vorne.

Man kann sich aber auch vorstellen, dass die entgegengesetzten Kräfte ein Pulsieren des Alls hervorrufen. Dadurch würden dann keine Endszenarien assoziiert. Andere Ideen laufen darauf hinaus, die Ausdehnung des Alls sei unendlich, wodurch die Menschen in ferner Zukunft wahrscheinlich einen anderen Eindruck vom All gewinnen müssten. Sie könnten mit irdischen Mitteln wie dem Hubble-Teleskop dann allenfalls die Ränder der Milchstraßengalaxie erreichen, da alles andere aus ihrem Blickfeld verschwunden wäre. Manche Forscher nehmen an, dass zur Erhaltung des Gleichgewichts im Kosmos stets neue Materie oder neuer Raum gebildet werden müsste, um den Ausdehnungsvorgang auszugleichen. Fast alle glauben, dass die Milchstraße und ihre Nachbargalaxie, der „Andromedanebel" miteinander relativ folgenlos kollidieren werden, wobei noch einige kleinere Galaxien einbezogen werden. Zusammen bilden sie danach eine Supergalaxie. Innerhalb der Sternensysteme gibt es neben den großen Einheiten auch Gefahren für das Leben auf der Erde. Gammastrahlen könnten die Erde treffen und alles Leben auslöschen oder zumindest stark verändern.

Derzeit stellt eine neue Theorie – vielleicht eher eine Idee - die Urknallidee als Anfang von allem in Frage.[250] Bruno Bento von der Universität Liverpool nutzt die ‚kausale Mengenlehre', Singularitäten wie den Urknall als einen Moment der Evolution zu verstehen. Es gäbe „keinen Urknall als Anfang in unserer Arbeit, da die Kausalmenge bis in die Vergangenheit unendlich wäre und daher immer etwas Davor ist." Die Idee bringt mit sich, „dass das Universum möglicherweise keinen Anfang hatte – dass es einfach immer existiert hat. Was wir als Urknall wahrnehmen, könnte nur ein besonderer Moment in der Evolution dieses immer existierenden kausalen Aggregats sein, und nicht der wahre Anfang."[251] Das führt nun in Diskussionsebenen, die nicht einfach nachzuvollziehen sind, hin zu einer Vorstellung von immerwährendem Universum. Dann gelten seine physikalischen und andere

---

[250] Das Universum hat keinen Anfang: Physiker widerlegen die Urknalltheorie, The European Times, Nachrichtenredaktion, 11. April 2022. Das Universum hat keinen Anfang: Physiker widerlegen die Urknall-Theorie – europeantimes.news, aufgerufen am 28.8.2022.
[251] Ebenda.

Natur - Gesetze in Ewigkeit. Hatten wir das nicht bereits in der Geschichte?

In den Theologien und Religionen denkt man beim Ende der Welt vor allem an Vorstellungen aus der Apokalypse. Dieser Begriff ist missverständlich. Apokalypse ist eine Enthüllung oder eine Offenbarung. Nach religiösem Verständnis offenbart Gott sich den Menschen von sich aus. Damit wären Bibel und Koran insgesamt Apokalypsen. Das Wort Apokalypse hat sich aber als die besondere endgültige Offenbarung Gottes eingebürgert, in der die Menschenwelt in ihren Erscheinungsformen völlig umgewälzt wird. Dabei spielt der Kosmos auch eine Rolle. Die Sonne verfinstert sich, der Mond wird blutrot, Kriege, Hunger und Verzweiflung nehmen Platz. Die Geschichte endet. Gott übernimmt die volle Herrschaft, Gegenmächte werden vernichtet.

Die Religion des Nordens schildert die Götterdämmerung (Ragnarök = Schicksal der Götter), nach deren chaotischem Verlauf eine neue Welt geschaffen werden kann. Im Zoroastrismus (Zarathustra) gibt es ein Ende im Kampf des Guten gegen das Böse oder des Lichts gegen die Finsternis. Er erinnert an die Gnosis.

Eine der christlichen Richtungen interpretiert die Apokalypse als Endzeit, nicht als Weltuntergang. Die Endzeit ist die Zeit bis zum zweiten Kommen Jesu Christi. Einmal ist er bereits gekommen, um die Erlösung von den Sünden durch den Tod am Kreuz durchzuführen. Er wird aber wiederkommen, als König und Herr, „um eine weltweite Herrschaft von Frieden und Gerechtigkeit hier auf der Erde zu errichten."[252] Dass es bald soweit ist, versucht Roger Liebi dadurch nachzuweisen, dass sich mindestens 180 Prophezeiungen aus der Bibel erfüllt haben und das Volk Israel aus aller Welt nach Palästina heimkehrt. Die Prophezeiungen der Bibel sind von dem „Ewigen", also einem Gott, der nicht an Zeit und Raum ge-

---

[252] Roger Liebi, Leben wir wirklich in der Endzeit?, 19.

bunden ist, eingegeben. Sie erfüllen sich alle. Gott ist gleichzeitig immanent und transzendent. Daher die Treffgenauigkeit.[253] Den Nachweis der Erfüllung legt Liebi auf 430 Seiten vor, indem er jedes Großereignis auf dieser Welt als Erfüllung einer Prophezeiung bewertet. Raum und Zeit spielen dabei keine Rolle. Die Propheten haben die Irakkriege vorhergesagt, natürlich auch die Weltkriege, Erdbeben, Epidemien, Revolutionen und gesellschaftliche Entwicklungen aller Art. Dass alles eingetreten ist, beweist den Wahrheitsgehalt, den niemand sonst für sich beanspruchen kann. Man kann auch sagen, dass es überhaupt Katastrophen gibt und dass in der Bibel etwas über Katastrophen geschrieben steht, beweist das Dasein Gottes. So einfach lassen sich apokalyptische Ahnungen und Träume in Gottesbeweise umarbeiten. Nur etwas, was nicht an Raum und Zeit gebunden ist, kann gleichzeitig überall sein. So hat man die Wahrheit im eigentlichen Sinne auf seiner Seite. Denn nur so kann die Prophezeiungserfüllung auf Gottes Ungebundenheit zurückgeführt werden. „Die erfüllte Prophetie der Bibel ist nämlich der definitive Todesstoss für den Atheismus. Gemäss dem Atheismus dürfte es die detaillierte und nachweisbar echte Prophetie gar nicht geben. Dieses Faktum widerspricht dieser Ideologie prinzipiell. Nun ist dieses Phänomen der Bibel jedoch eine nachweisliche Tatsache, wie wir gesehen haben."[254] Man muss also nur Behauptungen aufstellen, um zur ganzen Wahrheit zu gelangen. Das wäre eine sehr interessante Sicht auf alles vernünftige Denken und ein einfacher Zugriff auf die Apokalypse. Viele Menschen glauben das, wie die Verbreitung der Bücher von Roger Liebi zeigt. Und doch ist alles viel komplizierter, verlangt aber keine Behauptungs-, sondern eher eine Verstehenskultur.

---

[253] Liebi, 399ff.
[254] Liebi, 408.

Propheten

Das Alte Testament entwickelt die Apokalypse in Episoden und ganzen Schriften. Erste Texte finden sich bei den Propheten. Die werden im allgemeinen nicht als apokalyptisch bezeichnet, enthalten aber doch Elemente eines Endes der bekannten Welt oder Hinweise auf eine Ende der Geschichte mit ihren Gewaltverhältnissen. Jesaja hat in der Messiaserwartung apokalyptische Inhalte zur Hand. So ist in Jesaja 9,5f. zu lesen: „Denn uns ist ein Kind geboren, ein Sohn ist uns gegeben, und die Herrschaft ist auf seiner Schulter; und er heißt Wunder-Rat, Gott-Held, Ewig-Vater, Friede-Fürst; auf dass seine Herrschaft groß werde und des Friedens kein Ende auf dem Thron Davids und in seinem Königreich, dass er's stärke und stütze durch Recht und Gerechtigkeit von nun an bis in Ewigkeit. Solches wird tun der Eifer des HERRN Zebaoth." Das ist noch eine Hoffnung ohne Weltuntergang und bezieht sich auf den Thron Davids in Jerusalem. In Jesaja 11,6-8 beginnt aber eine neue Welt: „Da wird der Wolf beim Lamm wohnen und der Panther beim Böcklein lagern. Kalb und Löwe werden miteinander grasen, und ein kleiner Knabe wird sie leiten. Kuh und Bärin werden zusammen weiden, ihre Jungen beieinanderliegen, und der Löwe wird Stroh fressen wie das Rind. Und ein Säugling wird spielen am Loch der Otter, und ein kleines Kind wird seine Hand ausstrecken zur Höhle der Natter." Das wird noch gesteigert durch die Vision der Völkerwallfahrt zu Zion. „Es wird zur letzten Zeit der Berg, da des HERRN Haus ist, fest stehen, höher als alle Berge und über alle Hügel erhaben, und alle Heiden werden herzulaufen, und viele Völker werden hingehen und sagen: Kommt, lasst uns hinaufgehen zum Berg des HERRN, zum Hause des Gottes Jakobs, dass er uns lehre seine Wege und wir wandeln auf seinen Steigen! Denn von Zion wird Weisung ausgehen und des HERRN Wort von Jerusalem. Und er wird richten unter den Nationen und zurechtweisen viele Völker. Da werden sie ihre Schwerter zu Pflugscharen machen und ihre Spieße zu Sicheln. Denn es wird kein Volk wider das andere das Schwert erheben, und sie werden hinfort nicht mehr lernen, Krieg zu führen." (Jesaja 2,2-4) Beim Propheten Micha kommt die gleiche Vision vor mit einem interessanten Zusatz: „Ein jeder wird unter seinem Weinstock und Feigenbaum wohnen, und niemand wird sie schrecken." (Micha 4, 4) Es ist zu vermuten, dass weder Jesaja noch Micha die Vision gehabt haben. Der Text wurde wohl in beide Bücher eingefügt. Das in Richtung Apokalypse zielende Element ist der Welthorizont und die friedliche Gemeinschaft der Völker. Sie war im Alten Orient undenkbar. „Schwerter zu Pfugscharen" hat bis heute einen faszinierenden Klang. Gottes Wirken in der Welt zielt auf den Frieden zwischen den Völkern und ihre gegenseitige Anerkennung unter der Anleitung Gottes. Sollte das eintreten, wäre in der Tat ein Ende der Geschichte erreicht. Das alles aber geschieht noch ohne die Weltuntergangsphantasie. Es ist einfach die Hoffnung auf eine friedliche Welt.

Sacharja

Bei dem Propheten Sacharja ist der vorherrschende Eindruck, seine Visionen beschäftigten sich mit den Auseinandersetzungen seiner Zeit und der Vergangenheit im Schicksal des Volkes Israel. Darauf deutet hin, dass auf die vier „Unterjochungen" durch Babylon, die Meder, die Perser und die Griechen angespielt wird. Das Volk Israel soll durchhalten, der Herr wird alles vollenden, auch wenn seine Handlungen viel Geduld verlangen. Es geht also nicht um die Endzeit als den kosmischen Kampf zwischen Gut und Böse, sondern eher um das Überleben des Gottesvolkes und die Wiedererrichtung des Tempels. Die Eroberer sind von Gott gesandt, um Gottes Zorn über Israel umzusetzen.

Sacharja ist nicht einheitlich, seine Visionen und Prophezeiungen gehen hin und her. Die Entstehung des Buches knüpft an die Nachexilszeit an. Der Erste Teil (Kapitel 1-8) soll in der Tat auf die Zeit Darius des Großen zurückgehen, wie die Zeitangabe in 1,1 (518 vor Chr.) verrät. Er endet mit einer Zusage, dass Völker und Bürger vieler Städte den Herrn suchen werden (8,20-22). Das ist keine Apokalypse.

Die Kapitel 9-11 und 12-14 sind zeitlich nicht klar einzuordnen. Manche deuten sie als Reaktion auf die Eroberungen Alexanders des Großen und evtl. später auf Antiochus IV., der den Zeuskult im Tempel einführte. Die Ausrottung der falschen Propheten in Kap. 13 könnte darauf gerichtet sein. Vielleicht handelt es sich um eine Sammlung von Einzelverkündigungen. Für das Christentum wurde Sacharja wichtig, weil die Evangelien mehrfach darauf Bezug nehmen: Markus 11, 1-11; Matthäus 21,1-11, Lukas 19, 29-40 und Johannes 12,12-19 stellen mit der Schilderung des „Einzugs in Jerusalem" den Bezug zu Sacharja 9,9 her, zum Teil wörtlich: „Du, Tochter Zion, freue dich sehr, und du, Tochter Jerusalem, jauchze! Siehe, dein König kommt zu dir, ein Gerechter und ein Helfer, arm und reitet auf einem Esel, auf einem Füllen der Eselin." Dieser erwartete König ist nicht der Weltenherrscher, den die Apokalypse imaginiert. Die „Tempelreinigung" wurde mit Sacharja 14,21 in Verbindung gebracht. Den Lanzenstich am Kreuz begleitet Johannes 19,37 mit einem Zitat von Sacharja 12,10. Der Judaslohn kann mit Sacharja 11,13 verbunden werden (Matthäus 26,15). Allerdings sind bei diesen Bezügen keine apokalyptischen Elemente zu erkennen. Sie dienten der Interpretation des Jesusgeschehens durch die Evangelisten.

Daniel

Das Buch Daniel, wahrscheinlich das letzte der Bücher des AT aus dem 2. Jahrhundert vor Chr., gilt als echt apokalyptisch. Es prophezeit das Ende der Reiche dieser Welt und deren Ablösung durch die Herrschaft des Menschensohns. (Daniel 7,13ff.) Die Beschreibung der „vier Reiche" soll die Zeit seit der Eroberung Jerusalems durch Nebukadnezar im Jahre 597 v. Chr. darstellen, die sich zum Ende hin durch Ränkespiele und Gottlosigkeit verbrauchen. Es gibt unter den rivalisierenden Herrschern und Eroberern viele Schlachten, viel auf und nieder. Der Ziegenbock mit dem großen Horn ist wohl Alexander der Große, der den Widder mit den beiden Hörnern (Meder und Perser) schlägt. Über die Diadochen in der

Nachfolge Alexanders gelangt Daniel bis in seine „Jetztzeit" unter der Herrschaft von Antiochus IV. Die Wiedereinrichtung des Tempelkults in Jerusalem im Jahre 164 v. Chr. kommt in dem Buch jedoch nicht (mehr) vor. So lag der Gegenstand der Prophezeiung noch in der Zukunft:

„Und zur Zeit des Endes wird sich der König des Südens mit ihm messen, und der König des Nordens wird mit Wagen, Reitern und vielen Schiffen gegen ihn anstürmen und wird in die Länder einfallen und sie überschwemmen und überfluten. Und er wird in das herrliche Land einfallen und viele werden umkommen. Es werden aber seiner Hand entrinnen Edom, Moab und der Hauptteil der Ammoniter. Und er wird seine Hand ausstrecken nach den Ländern und Ägypten wird ihm nicht entrinnen, sondern er wird Herr werden über die goldenen und silbernen Schätze und über alle Kostbarkeiten Ägyptens; Libyer und Kuschiter werden ihm folgen müssen. Es werden ihn aber Gerüchte erschrecken aus Osten und Norden, und er wird mit großem Grimm ausziehen, um viele zu vertilgen und zu verderben. Und er wird seine prächtigen Zelte aufschlagen zwischen dem Meer und dem herrlichen, heiligen Berg; aber es wird mit ihm ein Ende nehmen und niemand wird ihm helfen.

Zu jener Zeit wird Michael, der große Engelfürst, der für dein Volk eintritt, sich aufmachen. Denn es wird eine Zeit so großer Trübsal sein, wie sie nie gewesen ist, seitdem es Menschen gibt, bis zu jener Zeit. Aber zu jener Zeit wird dein Volk errettet werden, alle, die im Buch geschrieben stehen. Und viele, die unter der Erde schlafen liegen, werden aufwachen, die einen zum ewigen Leben, die andern zu ewiger Schmach und Schande. Und die da lehren, werden leuchten wie des Himmels Glanz, und die viele zur Gerechtigkeit weisen, wie die Sterne immer und ewiglich." (Daniel 11,40-12,3)

Was zunächst als Geschichte beschrieben wird, die im Chaos der Gewalten von anmaßenden Herrschern daherkommt, endet in der großen Trübsal, die in Wirklichkeit der Anbruch der neuen Zeit ist. Hier ist der Ausführende der Erzengel Michael. Auferstehung und Zuweisung zu den Himmel- oder Höllenresidenzen folgen seinem Eingreifen. Und die „Lehrenden" werden immer und ewig leuchten, viele zur Gerechtigkeit weisend. Das Apokalyptische bzw. das was man heute dafür hält, ist wohl eher das Gebaren der „Herren dieser Welt", die die große Trübsal hervorrufen. Man muss dabei heute nicht unbedingt an die autoritär regierten Länder der Erde denken, denen ihre eigene Bevölkerung egal ist und Menschen ohnehin nichts wert sind, kann es aber. Dass diesem widerlichen Treiben ein Ende gesetzt wird, das bleibt bis heute eine unerfüllte Hoffnung.

Wenn die Eroberer oder Reiche der alten Welt als Tiere bezeichnet werden, liegt das wohl daran, dass man diese Verhältnisse nicht einfach so beschreiben konnte. Das hätte sicher mit einem Todesurteil geendet. Insofern sind die apokalyptischen Beschwörungen vielleicht Flug- und Trostblätter für die Zeitgenossen gewesen, damit sie angesichts der teuflischen Verhältnisse die Hoffnung nicht verlieren. In den machtkritischen Schriften findet sich der Trost, dass Tiere der Macht nicht wissen, dass ihr Ende schon sichtbar ist. Sogar die Toten werden in den Genuss der neuen Zeit kommen. Bei dem Propheten Daniel spielt sich der Kampf nur bedingt unter den kosmischen Gewalten ab. Vielmehr geht es um den richtigen Glauben an Gott, die einzige wirkliche Kraft. Wenn diese richtige Kraft eintritt, merken es alle. Vorher aber könnte man das auch schon merken. Denn die Daniel-Legenden schildern, wie Daniel und seine Gefährten einen siebenfach überhitzten Feuerofen ohne Brandgeruch überstehen. Ebenso verbringt Daniel eine Nacht ohne Blessuren in einem Löwenkäfig. Das bedeutet, das letztliche Eingreifen Gottes oder eines Engelfürsten ist nur die Bestätigung des ohnehin Geglaubten.

Die Offenbarung des Johannes

Ein paar Schritte weiter führt die „Mutter" aller Apokalypsen. Die hier geschilderte Übertötung der fehlgeleiteten menschlichen Spezies brennt ein wahres Großfeuerwerk an

Vernichtungsideen ab. Die Schrift beginnt mit der Beauftragung des Johannes „durch einen, der einem Menschensohn gleich war". Der Auftrag: Sieben Briefe an die Gemeinden in Kleinasien. Die Briefe beschreiben relativ vernünftig die Vorzüge und Schwächen der sieben Gemeinden. In der Auslegung wurden die Briefe bisweilen als (vorausweisende) Beschreibung von Zeitaltern der Kirche und/oder der Geschichte verstanden. Geschrieben aber sind sie auf konkrete Gemeindesituationen bezogen. Die Gemeinden sollen ihren Glauben nicht durch die verschiedenen konkreten „Anfechtungen" ausmergeln lassen.

Im Thronraum Gottes wird dann Johannes das Kommende offenbart. Das Buch mit den sieben Siegeln wird vom Lamm, das geschlachtet war, aber so gar keinen geschlachteten Eindruck macht, geöffnet. Vorher preisen die 24 Ältesten und die vier himmlische Gestalten im Thronraum das Lamm und befinden es für würdig, das Buch zu öffnen. Den Siegeln entsteigen zunächst vier Pferde, das vierte ist der Tod. Im fünften Siegel verbergen sich die Märtyrer, die wegen des Zeugnisses ihres Glaubens getötet wurden. Sie werden erst mal vertröstet. Das sechste Siegel enthält die kosmische Beteiligung wie Erdbeben, schwarze Sonne, blutiger Mond und Sternenfall. Himmel, Berge und Inseln werden weggerissen. Das alles löst große Furcht auf der Erde aus. Die Knechte Gottes werden anschließend gesiegelt. Im siebten Siegel erhalten die sieben Engel Posaunen. Bei der ersten Posaune verbrennt ein Drittel der Erde. Bei der zweiten geht ein Drittel des Meeres zugrunde mit Schiffen und Tieren. Dann wieder sterben Menschen, „viele". Ein Drittel der Sterne und des Mondes wird vernichtet. Wer jetzt nicht den Götzendienst lässt, wenn die Menschen links und rechts umkommen, dem ist sozusagen nicht mehr zu helfen. Der siebte Engel wird eigens angekündigt und mit der Vollendung verbunden. Diese Ankündigung geht mit dem Verschlucken eines Buches einher, das ein anderer Engel herbringt. Nach weiteren zwei

Zeugen bläst der siebte Engel die siebte Posaune, die die Proklamation der Gottesherrschaft ankündigt, „die Zeit, die Toten zu richten und deinen Knechten, den Propheten, den Lohn zu geben und den Heiligen und denen, die deinen Namen fürchten, den Kleinen und den Großen, und zu verderben, die die Erde verderben." (Offenbarung 11, 18) Es folgt der eschatologische Kampf zwischen dem Engelsfürsten Michael und dem Drachen (Teufel oder Satan). Der Drache landet auf der Erde und hat nur noch wenig Zeit. Er bekommt noch Gesellschaft von zwei Tieren aus dem Meer und aus der Erde, die erneut die Menschen verführen und mit einem Zeichen versehen. Später folgen die letzten sieben Plagen, die Schalen des Zorns. Sie verursachen Geschwüre, Tod der Meerestiere, Quellen werden zu Blut, die Sonne versengt die Menschen, Verfinsterung des Reiches des Tieres, Versiegen des Euphrat, riesige Erdbeben und zentnerschweren Hagel.

Nach diesen tödlichen Plagen wird die Hure Babylon extra vor- und dem Verderben zugeführt. Die Vögel fressen sich satt am Fleisch der Herrscher und ihrer Untergebenen und aller, die das Tier bzw. sein Bild angebetet hatten. Das Tier und der falsche Prophet landen im feurigen Pfuhl. Der Teufel wird für tausend Jahre gefesselt und in den Abgrund geworfen. Er wird vorgehalten für das wirkliche Ende. Während der darauf folgenden tausend Jahre regieren nun die Märtyrer mit Christus. Erst nach tausend Jahren wird der Satan wieder losgelassen, um die Völker zum Kampf zu verführen. Sie ziehen gegen die „geliebte Stadt". Dort werden sie vom himmlischen Feuer vernichtet. Und der Teufel landet nun endlich im Pfuhl von Feuer und Schwefel. Zusammen mit dem Tier und dem falschen Propheten „werden sie gequält werden. Tag und Nacht, von Ewigkeit zu Ewigkeit" (Offenbarung 20,10). Für die Toten folgt das Gericht. Der Tod und die Totenwelt werden in den Pfuhl geworfen genauso wie die, die nicht im Buch des Lebens stehen. Erde und Himmel wurden nicht mehr an ihrem Platz gefunden. Dann schließlich erscheinen der neue Himmel und die neue Erde. Das neue Jerusalem kommt vom Himmel herab, ist herrlich anzusehen und zu bewohnen.

Wie das alles in den Kopf des Johannes kam, der um das Jahr 95 auf Patmos schrieb, muss man sich nicht vorstellen. Dass bei dem tausendfachen Tod der Sünder und Ungläubigen sowie all den Qualen und Grausamkeiten tatsächlich noch Menschen übrigbleiben, die bei Gott leben, obwohl die Erde und der Himmel verschwunden sind – das bleibt der Vorstellungskraft der Leser*innen überlassen. Dass jedoch das alles überhaupt aufgeschrieben wurde und noch heute Menschen so begeistert, dass sie eine Rolle in diesem Drama übernehmen wollen, muss man nicht verstehen. Es mag manchen Mann begeistern, sich als Teil der kosmischen Vernichtung via Selbstmordattentäter aufzuspielen. Manche mögen sich (klamm)heimlich freuen, dass den Ungläubigen eindeutige Lektionen erteilt werden sollen.

Kosmische Anklänge

Erstaunlich sind die kosmischen Anklänge, die beschrieben werden. So ist die Verfinsterung der Sonne durchaus im kosmologischen Repertoire – wenn auch erst nach 4,6 Milliarden Jahren. Dass Felsen auf die Erde stürzen, kann man mit dem möglichen Aufprall von irrlichternden Kometen oder Meteoriten vergleichen. Dass der Mond als Blutmond erscheint, können alle bei Mondfinsternissen beobachten. Und dass das Meer über die Ufer tritt, ist kein unmögliches Szenario – beschworen in der Klimakrise der nachindustriellen Zeit. Das Tier könnte eine Umschreibung für die Herrscher in Rom sein, je nach Zeit der Abfassung. Mit der „Hure Babylon" kann Rom gemeint sein. Babylon ist ja schon lange Geschichte.

Weshalb derartige Phantasien zur Aufmachung einer Kritik der Großmacht Rom sich aufdrängen, kann man verstehen, wenn man nach Russland schaut. Die gnadenlose Gewalttätigkeit des Präsidenten gegenüber der Ukraine (und anderen) kann offenbar niemand stoppen. Sein falscher Prophet steht ihm bei. Das eigene Volk hat fast keine Möglichkeit, sich der Propaganda zu entziehen. Dennoch kommt niemand auf die Idee, daraus ein kosmisches Drama zu entfalten.

Ohne diese vermuteten Zwecke fungiert die Apokalypse in den Evangelien als Hintergrundidee. Nach einer Zeit der Verwirrung der Köpfe durch falsche Propheten sowie Kriegsgeschrei wird Folgendes geschehen: „Sogleich aber nach der Bedrängnis jener Tage wird die Sonne sich verfinstern und der Mond seinen Schein verlieren, und die Sterne werden vom Himmel fallen und die Kräfte der Himmel werden ins Wanken kommen. Und dann wird erscheinen das Zeichen des Menschensohns am Himmel. Und dann werden wehklagen alle Stämme der Erde und werden sehen den Menschensohn kommen auf den Wolken des Himmels mit großer Kraft und Herrlichkeit. Und er wird seine Engel senden mit hellen Posaunen, und sie werden seine Auserwählten sammeln von den vier Winden, von einem Ende des Himmels bis zum andern." (Matthäus 24, 29-31; vgl. Markus 13,24-27; Lukas 21,25-28) Hier sind alle Elemente der Kosmosbeteiligung sozusagen zitiert. Die Ereignisse dienen der Ankunft des Menschsohns auf den Wolken des Himmels mit Posaunenbegleitung. Danach aber geht die Schilderung des Jüngsten Gerichts in eine ganz andere Tonlage über (Matthäus 25).

Der Grundgedanke heißt: Der Kosmos ist endlich und die Lebenswelt kann nicht ewig bestehen. Alles wird durch Neues ersetzt. Nur der Menschensohn ist davon ausgenommen. Er übernimmt nun die Herrschaft durch seine Gerichtshoheit. Das jedoch ist christlicher Glaubensinhalt, der keiner philosophischen Logik folgt. Der Gedanke des Endes ist jüdisch – christlich. Dem folgt dann auch der Koran. Der übernimmt auch die Zusammenschau des Endes mit einem Gericht.

Koran

Der Koran stimmt in den Suren 81, 82, 84 und 99 apokalyptische Töne an, die an das Neue Testament erinnern. Wahrscheinlich waren in Arabien die Schriften der syrischen Christen bekannt. Der Kosmos zerstreut sich zum Tag des Gerichts, „und wenn die Hölle angefacht wird, und wenn das
Paradies herangebracht wird, dann wird jeder erfahren, was
er vorgebracht hat." (Koran 81,12-14). Ähnlich wird es in der
Sure 82 formuliert: „Wenn der Himmel zerbricht, und wenn
die Sterne sich zerstreuen, und wenn die Meere zum Aus-
brechen gebracht werden, und wenn die Gräber umgewühlt
werden, dann wird jeder erfahren, was er vorausgeschickt
und zurückgestellt hat. ... Die Frommen leben in Wonne. Und
diejenigen, die voller Laster sind, leben in einer Hölle, in der
sie am Tag des Gerichtes brennen." (Koran 82,1-5;13-15) Hier
werden die kosmischen Beben mit dem Endgericht zusam-
mengeführt. Hölle und Paradies bleiben den kosmischen
Ereignissen zum Trotz bestehen. Ganz deutlich geht es bei
dieser koranischen Version nicht um die Gewaltverhältnisse
auf der Erde und eine Zerstörung irdischer Geschichte, sondern nur um das letztgültige Urteil Gottes über die individuellen Menschen. Interessant, dass dabei auch die arabische
Tradition der Tötung weiblichen Nachwuchses zur Sprache
kommt: „wenn das Mädchen, das verscharrt wurde, gefragt
wird, wegen welcher Sünde es denn getötet wurde", gehört
das in der Sure 81 (Koran 81, 8f.) zu den kosmischen Ereignissen vor dem Jüngsten Gericht. Im Übrigen wird betont,
dass der Gesandte dieser Botschaft kein Besessener sei (Koran 81, 22). Das ist aus der Entstehung der Sure in Mekka zu
erklären, wo Mohammed dieses Gerücht begleitete.

Religion, Apokalypse und Vernunft

Jetzt kommt die Frage auf, was die Apokalypse mit logischem
und überschaubarem Nachdenken zu tun haben soll. Einerseits entspricht es der menschlichen Wahrnehmung, dass

alles, was beginnt, auch ein Ende haben muss. Da das Ende des Kosmos ebenso wie sein Anfang nicht im menschlichen Wahrnehmungshorizont liegt, ist Phantasietätigkeit gefragt. Wenn der Ursprung ein Knall war, kann das Ende eine große Katastrophe sein. Somit ruhen die physikalischen und kosmologischen Theorien über das Ende des Kosmos auf den Wahrnehmungen und Vermutungen über seinen Anfang. Nur die Methodik ist anders. Was die Kosmologie berechnet, entspringt Annahmen und Messungen der physikalischen Zusammenhänge im Kosmos. Als diese noch nicht bekannt waren, legten die Menschen ihre „Erkenntnisse" über die Entstehung durch einen allmächtigen Gott an und vermuteten das Ende in derselben Hand. Dass sie dabei ähnliche kosmische Ereignisse annahmen wie sie auch heute zur Sprache kommen, erscheint zunächst verblüffend. Möglicherweise aber ist der „religiöse Rest" noch so fest im menschlichen Gehirn verwoben, dass Berechnungen der „Restlaufzeit der Erde" einfach an diese Quellen anknüpfen und sich daher ähneln. Während die Religion an einen Herrschaftswechsel glaubt, in dem Gott sozusagen seine Schöpfung erneuert, also an eine z.T. selige Zukunft, errechnet die Kosmologie ein bloßes Ende menschlicher Lebensmöglichkeit. Das erste wäre hoffnungsfroh, das zweite trostlos. Die Herrlichkeit der Schöpfung Welt und Mensch verschwindet in einem bloßen „Das war's".

Zurzeit befinden wir uns, wie schon mehrfach bemerkt, in der Klimakrise. In dieser geht es um die Bewohnbarkeit der Erde. Das ist schon für sich genommen ein apokalyptisches Szenario mit Stürmen, zu viel Regen, Trockenheit und Überhitzung. Verteilungskämpfe für Wasser tauchen am Horizont ebenso auf wie Hungersnöte und Kriege aller Art. „Vielen Menschen scheint nach wie vor nicht bewusst zu sein, in welch einer klimatisch friedlichen, außergewöhnlich menschenfreundlichen Zeit die menschliche Zivilisation entstanden ist. Und dass diese friedliche, stabile Zeit gerade endet. Verursacht durch uns, die Menschheit. Genauer: verursacht vor allem durch die gegenwärtige und historische Bevölkerung des sogenannten Globalen Nordens im erdgeschichtlich betrachtet wirklich winzigen Zeitraum von gut 200 Jahren. Die einzigen Ereignisse, die sich nur halbwegs mit dem Zerstörungstempo menschlichen Handelns vergleichen lassen, sind Asteroideneinschläge."[255]

Weltkonferenzen versuchen den zu erwartenden Trend aufzuhalten. Interessengruppen malen Bilder der Unbewohnbarkeit an die Wand. Es geht nicht um Glauben, sondern um Wissenschaft. D.h. die Interessengruppen treten nicht als Interessengruppen an, sondern zur Durchsetzung der Wahrheit: Es gibt nur eine richtige Lösung. Die besteht in der Einsparung von CO^2. Menschen dürfen nicht mehr leben, wie sie wollen. Sie müssen der durch wissenschaftliche Erkenntnisse vorgegebenen Linie folgen. Nur das garantiert die Fortexistenz der Menschheit. Nicht alle akzeptieren dieses „Diktat" der Wissenschaft.

Die Grenzen des Wachstums

Mit anderen Worten, nicht alle glauben an die Objektivität der wissenschaftlichen Erkenntnis, auch wenn die mit nachvollziehbaren Berechnungen von einer großen Gruppe von Wissenschaftler*innen mithilfe gigantischer Computer angestellt wurde. Der durchschnittliche Mensch wird sich eher einreden, 1,5 Grad Celsius Erwärmung in anderthalb Jahrhunderten sei doch wohl keine große Abweichung. Wenn aber schon diese „kleine Abweichung" Meeresspiegel steigen lässt oder Klimazonen durcheinanderbringt, dann wird ziemlich deutlich: Es geht um gleichbleibende Bedingungen auf der Erde. Diese aber können nie und von niemand garantiert werden. Wenn die Zahl der Menschen um ein vielfaches steigt, wird der Platz auf der Erde enger. Schon die bloße gleichzeitige Anwesenheit führt zur Verdrängung anderer

---

[255] Christian Stöcker, *Willkommen in Ihrer neuen Realität. Spiegel Kolumne, 14.08.2022,* Dürre, Waldbrände, schmelzende Gletscher: Willkommen in Ihrer neuen Realität - DER SPIEGEL.

Lebewesen und zur Einengung des Lebensraums. Zu Beginn unserer Zeitrechnung sollen schätzungsweise 300 Millionen Menschen gleichzeitig auf der Erde gelebt haben. Heute (2022) zählt bzw. schätzt man sie auf rund 7,8 Milliarden, noch Ende des Jahres auf 8 Millarden, also über das Sechsundzwanzigfache.[256] Alle Menschen müssen ernährt werden, müssen kochen, heizen bzw. kühlen und verbrauchen Energie. Die Menschheit verbraucht das Sechsundzwanzigfache an Ressourcen, die auch noch ungleich verteilt sind. Das allein scheint den einen schon apokalyptisch. Andere fühlen sich nicht betroffen. Dass das Auswirkungen auf die Umwelt haben muss, kann man verleugnen, also nicht glauben. Es ist aber ein Faktum. Um dieses Faktum zu verbreiten, braucht man heute keinen Propheten, der im Thronraum Gottes lauscht. Es reichen Menschen, die mithilfe einer großen Rechenmaschine namens Computer riesige Datenmengen verarbeiten und aus den Ergebnissen Schlussfolgerungen ziehen. Solches taten die Berichterstatter des Club of Rome seit dem Jahre 1972 mit ihrem ersten Buch: „Die Grenzen des Wachstums" und seinen Fortschreibungen.[257] Die Veröffentlichung von 1972 war sozusagen der Startschuss der Umweltbewegungen. Eine der Botschaften von 1972 lautete:

„Wenn die gegenwärtige Zunahme der Weltbevölkerung, der Industrialisierung, der Umweltverschmutzung, der Nahrungsmittelproduktion und der Ausbeutung von natürlichen Rohstoffen unverändert anhält, werden die absoluten Wachstumsgrenzen auf der Erde im Laufe der nächsten hundert Jahre erreicht."[258]

Das ist ein Aufruf zur Änderung des Verhaltens in den verschiedenen Bereichen. Was droht beim Ende des Wachs-

---

[256] Entwicklung der Weltbevölkerung | Statista. Zur weiteren Entwicklung siehe u.a.: Uno: Weltbevölkerung wächst immer langsamer - DER SPIEGEL vom 11.07.2022.

[257] Dennis Meadows u.a., die Grenzen des Wachstums. Bericht des Club of Rome zur Lage der Menschheit, München: Deutsche Verlagsanstalt 1972. Jorgen Randers, 2052. Der neue Bericht an den Club of Rome: Eine globale Prognose für die nächsten 40 Jahre, München: oekom Verlag 2016.

[258] Grenzen des Wachstums, 17.

tums? Wäre ein Ende der Zivilisation denkbar? Jedenfalls geht es um ein Umdenken im Sinne des Gleichgewichts zwischen Ressourcen und Verbrauch. Mit dem „endogenen systemdynamischen Modell" hat der Club of Rome das Projekt Earth4All (survivalguide) entwickelt, bei dem besonders die soziale Ungleichheit im Focus steht.[259] Eine Apokalypse ist das nicht, könnte ihr aber gleichen, wenn die Ungleichheit bei der Erdbevölkerung weiter anwächst. Das Gefühl, man brauche eine neue Erde ist jedenfalls schon aufgekommen. Gedankenspiele kreisen um den Mars oder doch um eine zumindest virtuelle Erde wie in dem Projekt earth2.io. Beim letzteren handelt es sich wohl am ehesten um ein Computerspiel mit dem Charakter der Abzocke.[260]

Die apokalyptischen Gedankenspiele setzen sich mit anderen Mitteln und anderen Szenarien fort. Ein gemeinsamer Gedanke ist der, dass die Erde zu erschöpfen droht. Das Verhalten der Menschen bringt sie an den Rand der Bewohnbarkeit. Sei es das Wirtschaften als Überbeanspruchung der Ressourcen, sei es das wütende Gebaren mancher ihrer Herrscher oder die wachsende soziale Spannung. Dass das ein Ende haben muss, ist Stimmung heute wie damals. Damals war es Gott, der einen Neuanfang herbeiführen sollte, heute tun wir das selber. Ob die menschliche Spezies sich irgendwann wird einigen können, das zu schaffen, steht dahin. Dass wir kaum im Stande sein werden, kosmische Gewalten loszutreten, braucht uns nicht zu beunruhigen. Unser Verhalten generiert das bei unverändertem Ressourcenverbrauch und unvermindertem Wachstum real von selbst – ganz ohne Apokalypse. Falls wir das „Überleben" (survival) zustande bringen, geht das nicht auf Gott / Götter zurück,

---

[259] Sandrine Dixson-Declève, u.a., Earth for All, Ein Survuvalguide für unseren Planeten, Der neue Bericht an den Club of Rome, 50 Jahre nach „Die Grenzen des Wachstums", München: oekom verlag 2022.
[260] Digitale Spekulation: Eine virtuelle Kopie der Erde wird versteigert | Qiio Magazin

sondern auf ein gigantisches wissenschaftliches Rechen- und Modellierungsmodell. Mit diesem Modell können Frauen, Kinder und Männer nach ihrem Gutdünken spielen.[261] Daher bleibt es ein Modell mit Anregungscharakter für reales Handeln.

Theologie bleibt dann für die, die entgegen der Realität durch Glauben zu überleben meinen. Ihr Glaube könnte aber hilfreich sein oder zum Handeln motivieren. Philosophie wäre das unnütze Gefühl, der Logik gefolgt zu sein und alles bereits durch die Kraft der Vernunft gewusst zu haben. Und dann?

Der Philosoph hat für die Ratlosigkeit eine Warnung zur Hand oder im Kopf, die letzten Endes auf die Erwählungslehre (Prädestination) Augustins zurückweist und Platons Unterscheidung von Meinung und Wissen einbezieht: „Der Universalismus des Christentums hat mit dem epistemologischen und philosophischen gemeinsam, bloß einer sich selbst ernennenden und sich selbst auswählenden Elite zugänglich zu sein."[262] **Daran wird sich wenig ändern, weshalb die Apokalypse wie die Klimakrise die Sache einer „auserwählten Schar", eines „heiligen Rests" oder der Helden des Glaubens bzw. des Intellekts zu bleiben droht. Ob das Prinzip allen Verständnisses nun Vernunft oder Gott heißt, bleibt letzten Endes Geschmacks oder Glaubenssache.**

---

[261] Earth4All-Spiel, a.a.O., 234.
[262] Sloterdijk, Den Himmel zum Sprechen bringen, 293.

Index (Begriffe und Namen)

Literatur

Orthodoxer Patriarch bezeichnet ukrainische Soldaten als "Kräfte des Bösen" (deutschlandfunkkultur.de), 27.02.2022.

Anselm von Canterbury, proslogion, Kapitel 2-4, https://www.ub.uni-freiburg.de/fileadmin/ ub/referate/04/verweyen/anselm8.htm

Augustinus, De vera religione, Über die wahre Religion, Übersetzung und Anmerkungen von Wilhelm Thimme, Stuttgart 1983

Aurelius Augustinus, Vom Gottesstaat, München 2007, Zweiter Teil

Marc Aurel, Selbstbetrachtungen, Musaicum Books, 2018 OK Publishig

Karl Barth, Der Römerbrief. München: Chr. Kaiser Verlag, Vierter Abdruck der neuen Bearbeitung 1926

Karl Barth, Kirchliche Dogmatik I,2, Zürich, 2. Aufl. 1948

Ulrich Beck, Risikogesellschaft. Auf dem Weg in eine andere Moderne Taschenbuch, Berlin: Suhrkamp Verlag, 23. Auflage 2016

Ulrich Beck, Der eigene Gott. Friedensfähigkeit und Gewaltpotential der Religionen, Frankfurt und Leipzig: Verlag der Weltreligionen 2008

Ulrich Beck, Die Metamorphose der Welt, Reinbek: Suhrkamp Verlag, 2. Aufl. 2016

Axel Bergmann, Die Grundbedeutung des lateinischen Wortes Religion, Marburg: diagonal-Verlag, 1998

Ralf Bergmann, Gott und die Erklärung der Welt. Christlicher Glaube oder atheistische Weltanschauung: Was ist vernünftiger? Gießen 2019

Anat Berko, The Path to Paradise, Praeger Security International 2007

Dietrich Bonhoeffer, Widerstand und Ergebung, München 19.Aufl. 2008

Michael Bordt, Religion und Rationalität von Homer bis Aristoteles, https://www.hfph.de/ hochschule/lehrende/prof-dr-michael-bordt-sj/artikel-beitraege/bordt_religion_rationalitat.Pdf.

Annika Brockschmidt, Amerikas Gotteskrieger: Wie die Religiöse Rechte die Demokratie gefährdet, Rowohldt, Reinbek 2021

Michael Butter, Nichts ist wie es scheint: Über Verschwörungstheorien, Berlin, Suhrkamp Verlag, 5. Aufl. 2021, 22

Michael Butter, Verschwörungstheorien erkennen und entlarven (lpb-bw.de), Landeszentrale für politische Bildung (lpb-bw.de), aufgerufen am 28.02.2022

Cicero, de natura deorum, Über das Wesen der Götter, Stuttgart 2003

Das Universum hat keinen Anfang: Physiker widerlegen die Urknall-Theorie – europeantimes.news, aufgerufen am 28.8.2022

Rene Descartes, Meditationes de prima philosophia

Deutsche Gesellschaft für Psychiatrie, Psychotherapie, Psychosomatik und Nervenheilkunde (DGPPN), u.a. zu finden unter Psychische Erkrankungen: Hohes Aufkommen, niedrige Behandlungsrate (aerzteblatt.de)

Sandrine Dixson-Declève, u.a., Earth for All, Ein Survivalguide für unseren Planeten, Der neue Bericht an den Club of Rome, 50 Jahre nach „Die Grenzen des Wachstums", München: oekom verlag 2022

Konstantin Eggert, Putin schreibt seine eigene Geschichte der Ukraine, www.dw.com/ de/meinung-putin-schreibt-seine-eigene-geschichte-der-ukraine/a-58287305, zuletzt auf-gerufen am 27.04.2022

Evangelisches Gesangbuch Nr. 449, Paul Gerhard 1666

Ludwig Feuerbach, Vorläufige Thesen zur Reformation der Philosophie, Kleine philosophische Schriften, Leipzig 1950, 55-79, zuerst abgedruckt in: Das literarische Comptoir 1843

Ders., Grundsätze der Philosophie der Zukunft, Kleine philosophische Schriften, 87-171, § 24, 2. Absatz. Erstdruck ebenfalls 1843

Thomas Fischer, Unser Krieg: Nur die Wahrheit!, Spiegel.de, 01.04.2022

Kurt Flasch, Nachwort in De vera religione von Augustin, 215ff

Papst Franziskus am 2. Februar 2019 zum italienischen Tag des Lebens-schutzes. https://www.die-tagespost.de/kirche-aktuell/online/Papst-Franziskus-Abtreibung-ist-kein-Menschenrecht;art4691,195490

Clifford Geertz, Religion als kulturelles System, zitiert nach Jens Schlieter, Hrsg., Was ist Religion?, Stuttgart 2. Aufl. 2018

Patrick Gensing, Wulf Rohwedder, Verschwörungsanhänger: Was ist QAnon? | tagesschau.de, 31.3.2022

Benedict Paul Göcke, Religion, Philosophie und Religionsphilosophie – Praefaktisch.de. aufgerufen am 9.4.2022

Martin Hagenmaier, Selbsteinladung ins Paradies, Sierksdorf: TBT Verlag 2016.

Stephen W. Hawking: Eine kurze Geschichte der Zeit. Reinbek 1991

Georg Wilhelm Friedrich Hegel, Grundlinien der Philosophie des Rechts, Georg Wilhelm Friedrich Hegel: Werke. Band 7, Frankfurt a. M. 1979 (urspr. 1820/21)

Rainer Hempelmann, Vision einer religionsfreien Welt, Herder Korres-pondenz S1/2014, 2-5

Christopher Hitchens, Der Herr ist kein Hirte. Wie Religion die Welt ver-giftet, München 2007; Original: God Is Not Great. How Religion Poisons Everyting, USA 2007

Kerstin Holm, Feldzug gegen die Sünde, aktualisiert am 08.03.2022. Russ-lands Patriarch: Ukraine-Krieg als Kampf gegen die Sünde (faz.net)

Horatius, Auswahl, Text von Dr. Julius Tambornino, Paderborn: Schöningh Verlag, (heute: Westermann Group) Carmina Buch I

David Hume, Eine Untersuchung über den menschlichen Verstand, Ham-burg 1964, engl. Urfassung 1748

David Hume, Die Naturgeschichte der Religion, Hrsg. Lothar Leimendahl, Hamburg, 2. Auflage 2000, urspr. engl. 1757.

David Hume, Dialoge über natürliche Religion, Hrsg. Norbert Hoerster, Stuttgart 2016, 4f., urspr. engl. posthum 1779, Nachwort des Herausgebers

Iacoboni, Marco, Woher wir wissen, was andere denken und fühlen, Die neue Wissenschaft der Spiegelneuronen, München: Deutsche Verlagsanstalt, 2009

Immanuel Kant, Kritik der reinen Vernunft, Hamburg 1956 (Ausgabe von 1781)

Immanuel Kant, Beantwortung der Frage: Was ist Aufklärung?, Berlinische Monatsschrift, 1784, 2, S. 481–494

Hasnain Kazim, Demokratie ist etwas für Ungläubige, Spiegel.de, 23.10.2014, www.spiegel.de/politik/ausland/is-islamischer-staat-streitgespraech-mit-einem-islamisten-a-998720.html, zuletzt aufgerufen am 27.04.2022

Navid Kermani, Jeder soll von da, wo er ist, einen Schritt näher kommen. Fragen nach Gott, München: Carl Hanser Verlag 2022

Ernst Klingemann, Nachtwachen des Bonaventura, 1804

Tobias Kniebe. Modewort "Narrativ" - Erzähl! - Kultur - SZ.de (sueddeutsche.de), aufgerufen am 27.03.2022, Artikel: Erzähl! Vom 25.8.2017

Lactantius, Divinae Institutionis

Gotthold Ephraim Lessing, Nathan der Weise von 1779

Roger Liebi, Leben wir wirklich in der Endzeit? 180 erfüllte Prophezeiungen, Dübendorf: Verlag Mitternachtsruf; Dillenburg: Christliche Verlagsgesellschaft, 14. Auflage 2022

John Locke, The Reasonableness of Christianity as Deliver'd in the Scriptures, 1695

Hermann Lübbe, Religion nach der Aufklärung, Zeitschrift für philosophische Forschung, Nr. 33, 1979, 164-183

Tim Leberecht, Gegen die Diktatur der Gewinner. Wie wir verlieren können, ohne Verlierer zu sein. München: Droemer Verlag, 2020

Niklas Luhmann, Soziale Systeme, Frankfurt a.M. 1984

Niklas Luhmann, Zur Ausdifferenzierung der Religion, In: Gesellschaftsstruktur und Semantik, Band 3, Frankfurt a.M. 1989

Jean-Francois Lyotard, Das postmoderne Wissen. Ein Bericht, Wien: Passagen-Verlag, 9. Aufl. 2019

John Leslie Mackie, Das Wunder des Theismus, Stuttgart 1982. (Engl. Originalfassung Oxford 1982)

Mammut: Das magische Mammut, Der Spiegel vom 2.7.2007, http://www.spiegel.de/ spiegel/ print/d-521091 51.html

Karl Marx, Einleitung zur Kritik der Hegelschen Rechtsphilosophie, Marx-Engels-Werke Band 1

Dennis Meadows u.a., die Grenzen des Wachstums. Bericht des Club of Rome zur Lage der Menschheit, München: Deutsche Verlagsanstalt 1972

Andreas Meier, Der politische Auftrag des Islam, 1994

Stephanie Mehl, Verschwörungstheorien und paranoider Wahn: Lassen sich Aspekte kognitionspsychologischer Modelle zu Entstehung und Aufrechterhaltung von paranoiden Wahnüberzeugungen auf Verschwörungstheorien übertragen? Journal: Forensische Psychiatrie, Psychologie, Kriminologie, Springer Nature, 2022, DOI: 10.1007/978-3-658-31701-0_4

Jaques Monod, Zufall und Notwendigkeit. Philosophische Fragen der modernen Biologie. Übers. Friedrich Griese, München 1971

Friedrich Max Müller, Vorlesungen über den Ursprung und die Entwicklung der Religion: mit besonderer Rücksicht auf die Religionen des alten Indiens — Strassburg, 1881, 298. https://digi.ub.uni-heidelberg.de/diglit/mueller1881/0320

Thomas Müntzer, Fürstenpredigt am 13. 7. 1524, in: Die Fürstenpredigt, Stuttgart 1967

Friedrich Wilhelm Nietzsche, Die Fröhliche Wissenschaft, 6. Buch Nr. 125, 1882 http://gutenberg.spiegel.de/buch/die-frohliche-wissenschaft-3245/6

Ronald L. Numbers, The Creationists, First Havard University Press, Expanded edition 2006

Jean Paul, Siebenkäs, Erstes Blumenstück, http://gutenberg.spiegel.de/buch/siebenkas-3215/47

Christian Pinter, Verwirrspiel im Weinviertel, https://www.wienerzeitung.at/ themen chan-nel/wissen/forschung/453717Verwirrspiel-im-Weinviertel.html, vom 27.04.2012.https://www.geschkult.fuberlin.de/e/praehist/forschungsprojekte/Aktuelle_Forschungsprojekte/Gebautes_Wissen/KGA.pdf

Alvin Plantinga, Gewährleisteter christlicher Glaube, Berlin/Boston 2015

Platon, Apologie des Sokrates, Stuttgart, 77. Aufl. 1966, Abschnitt XIX, Seite 23f., zugänglich unter: http://gutenberg. Spiegel.de/buch/apologie-des-sokrates-4887/8.

Platon, Das Gastmahl, Werke Band 3, hg. Günther Eichler, Sonderausgabe der Wissenschaftlichen Buchgesellschaft Darmstadt 1990

Platon, Parmenides, Werke Band 5

Platon, Phaidros, Werke, Band 5

Platon, Phaidon, Werke Band 3

Platon, Politeia, Werke, Band 4

Platon, Politikos, Werke Band 6

Platon, Theaitetos, Platon, Werke Band 6

Platon, Timaios, Werke Band 7

Plinius an Trajan Buch 10,96, Ziffer 10

Papst Paul VI: Enzklika Seiner Heiligkeit Paul PP. VI., Humanae Vitae, Über die Weitergabe des Lebens, 25.6.1968

Franz Putz, Priester und Partisan, Die Zeit vom 30. Mai 1969, aktualisiert 21. 11. 2012. https://www.zeit.de/1969/22/priester-und-partisan

Sayyid Qutb, Wegmarken, Kairo, 10. Auflage 1983

Giacomo Rizzolatti, Corrado Sinigaglia, Empathie und Spiegelneurone. Die biologische Basis des Mitgefühls, Frankfurt am Main: Suhrkamp Verlag 2008 (ital. Originalausgabe: so quel que fai, Mailand 2006)

Jorgen Randers, 2052. Der neue Bericht an den Club of Rome: Eine globale Prognose für die nächsten 40 Jahre, München: oekom Verlag 2016

Behnam T. Said, Islamischer Staat, München 2015

Dennis Scheck in Druckfrisch vom 25.11.2018, https://www.daserste.de/information/ wissen-kultur/druck-frisch /top-ten/sachbuch-108.html

Rolf Schieder, Sind Religionen gefährlich? Berlin: University Press 2008

Friedrich Schleiermacher, Über die Religion. Reden an die Gebildeten unter ihren Verächtern, Stuttgart 1969, orig. 1799

Christian Stöcker, Morden für Putin, Lügen für Putin, spiegel.de, 03.04.2022. Mediale Gleichschaltung in Russland: Morden für Putin, lügen für Putin - DER SPIEGEL.

Christian Stöcker, *Willkommen in Ihrer neuen Realität. Spiegel Kolumne, 14.08.2022,* Dürre, Waldbrände, schmelzende Gletscher: Willkommen in Ihrer neuen Realität - DER SPIEGEL.

Lars Svendsen, Philosophie der Lüge, München: S. Marix Verlag 2022

Seneca, Epistulae morales ad Lucilium, Brief 47

Reinhardt Schmidt-Rost, Massenmedium Evangelium. Das „andere" Programm, Hannover: Amt der VELKD, 2011

Richard Shaull, Befreiung durch Veränderung, Mainz 1970

Stefan Simons, Eine Tropfsteinhöhle aus Beton, Der Spiegel vom 10.4.2015: http://www.spiegel.de/wissenschaft/mensch/chauvet-hoehle-nachbau-mit-hoehlenmalerei-in-der-ardeche-eroeffnet-a-1027692.html

Peter Sloterdijk, Den Himmel zum Sprechen bringen. Über Theopoesie, Berlin: Suhrkamp Verlag, 1. Taschenbuchauflage 2022

Holm Tetens, Gott denken. Ein Versuch über rationale Theologie, Ditzingen 6. Aufl. 2015

Thomas von Aquino, Summe der Theologie, Hg., Joseph Bernhart, Band 1, Stuttgart, 3. Aufl. 1985

Camilo Torres, Revolution als Aufgabe der Christen"; aus dem Spanischen von Johann Hoffmann-Herreros; Matthias-Grünewald-Verlag, Mainz 1969

Christopher Tyerman, Die Kreuzzüge, Stuttgart 2009

Rüdiger Vaas, Das Matrjoschka-Multiversum. Besteht der Kosmos aus zahllosen Universen – in Schwarzen Löchern ineinander geschachtelt wie bei russischen Puppen?, Bild der Wissenschaft, 59. Jahrgang 2022, Heft 6, 27-31

Alfred North Whitehead: Process and Reality. An Essay on Cosmology. Cambridge 1929

Lars Wienand, Jeder achte Deutsche ist offen für QAnon-Verschwörung, Erste große Studie: Jeder Achte ist offen für QAnon-Verschwörung (t-online.de), 31.03.2022

Xenophanes http://www.gottwein.de/Grie/vorsokr/VSXenoph01.php, Vorsokratische Philo-sophie, Xenophanes - Religionskritik und Ontologie.

Zenon von Kition – Enzyklopädie der Weltgeschichte (worldhistory.org), 20. 03.22

„Zwölf Artikel" der Bauern über Arbeitsleistungen (Fron), Abgaben, Erbschaftssteuern und Pfarrerwahl von 1525

Webseiten

Digitale Spekulation: Eine virtuelle Kopie der Erde wird versteigert | Qiio Magazin

Statista.de: Entwicklung der Weltbevölkerung

http://www.scinexx.de/wissen-aktuell-14784-2012-05-25.html

http://www.loewenmensch.de

https://www.wissenschaft.de/geschichte-archaeologie/im-bann-der-loewenmenschen, Absatz 9

https://www.bretagne-tip.de/megalithkultur/menhir-champ-dolent.htm.

https://www.focus.de/wissen/mensch/archaeologie/legenden/stonehenge-die-entstehung- des-mythischen-steinkreises_id_10163390.html - vom 3.2.2019.

https://www.planet-wissen.de/geschichte/antike/ pyramidenbau/index.html.

http://www.deism.com/deismgerman.htm.

www.pfarrbriefservice.de/file/zur-geschichte-und-bedeutung-der-heiligenverehrung

https://de.wikisource.org/wiki/Zur_Kritik_der_Hegel'schen_Rechtsphilosophie, Einleitung, Absätze 1-7 oder Marx-Engels-Werke, Band 1, Seite 378-379

https://www.zeit.de/2010/37/Atheismus-Empirie/komplettansicht. Siehe auch: https://hpd. de/artikel/atheisten-werden-weltweit-diskriminiert-15080

https://rechtsaussen.berlin/2014/08/deutschland-treibt-sich-ab-organisierter-lebensschutz- christlicher-fundamentalismus-und-antifeminismus

https://www.bundesverband-lebensrecht.de/mehr-selbstmorde-nach-abtreibung.

https://taz.de/Unabhaengige-Medien-in-Russland/!5834993/, 27.02.2022

Alternative für Deutschland: Weidel verurteilt Angriff - und kritisiert den Westen | ZEIT ONLINE

https://www.spiegel.de/wissenschaft/mensch/ukraine-invasion-wladimir-pu-tins-globale-rechte-demaskiert-sich-selbst-kolumne-a-cd3e7e84-0aef-45f1-8c96-960273c1f6f2. Aufgerufen am 27.02.2022.

https://www.t-online.de/nachrichten/ausland/usa/id_91740642/us-republikaner-huldigen-wladimir-putin-ein-schreckensszenario-fuer-europa.html, Aufgerufen am 28.02.2022.

Orthodoxer Patriarch bezeichnet ukrainische Soldaten als "Kräfte des Bösen" (deutschlandfunkkultur.de), 27.02.2022.

An den Händen von Patriarch Kyrill I. „klebt Blut" : idea.de (aufgerufen am 22.04.2022). www.tagesspiegel.de/politik/oligarch-der-religionen-patriarch-kyrill-und-putins-krieg/ 28147128.html (aufgerufen am 22.04.2022).

www.tagesschau.de/ausland/europa/kyrill-moskau-orthodoxie-101.html (aufgerufen am 22. 04.2022).

www.ekd.de/gott-selbst-an-der-seite-der-gemarterten-72853.htm (aufgerufen am 22. 04.2022).

Unglück: Deutsches Ehepaar von herabstürzendem Fels erschlagen - Unglücke - FAZ

Orthodoxer Patriarch bezeichnet ukrainische Soldaten als "Kräfte des Bösen" (deutschlandfunkkultur.de), 27.02.2022.

Wie 30 Ukrainer den russischen Konvoi vor Kiew stoppten (t-online.de), 28.03.2022.

Ukraine-Krieg – Presse zu Butscha: "Westen darf sich keine Illusionen machen" (t-online.de)

Butscha: Russland bezichtigt USA, Aufnahmen von Gräueltaten gestellt zu haben - DER SPIEGEL

Russlands Kriegstaktik: So will Putin die Ukraine langsam erdrücken (t-online.de). Russlands Propaganda ruft zur Vernichtung der Ukraine auf (t-online.de)

Russland: Sergej Lawrow attackiert Westen mit NS-Vokabular - DER SPIEGEL, 25.03.2022

»Neandertalerhafter und aggressiver Nationalismus und Neonazismus«, Putins Rede am 23.02.2022, www.spiegel.de/ausland/der-kremlchef-und-seine-drohungen-gegen-den-wes-ten-putins-ukraine-rede-im-wortlaut-a-fab35f1d-3a2e-494c-af44-72798d2aa42c, zuletzt aufgerufen am 27.04.2022

CPSIA information can be obtained
at www.ICGtesting.com
Printed in the USA
BVHW091328290922
648302BV00016B/507

9 783756 226627